21世纪学前教师教育系列教材

学前教育科学研究方法

（第二版）

主　编　何慧华
副主编　李　辉

中国人民大学出版社
·北京·

第2版前言

“幼有所育”是习近平总书记一直记挂在心上的民生大事，学前教育高质量发展也是我国实现教育现代化征程中的重要组成部分。教师队伍是支撑教育高质量发展的重要保障。近年来，教育部对于教师队伍建设特别重视，连续发布《关于全面深化新时代教师队伍建设改革的意见》以及《教师教育振兴行动计划（2018—2022年）》等文件。2012年教育部颁布的《幼儿园教师专业标准（试行）》指出，要重视幼儿园教师的反思和自主专业发展能力，幼儿园教师要具有不断进行专业化学习、实践、反思和提高研究的意识与能力。这一要求明确了科研能力是幼儿园教师专业能力的重要组成部分，是现代幼儿园教师专业发展的内涵之一。此外，教研制度是我国基础教育的特色，是支撑基础教育高质量现代化发展的重要抓手，也是促进教师专业发展的主要手段。幼儿园的教研工作也是基础教育教研网络构建的重要结点，《国务院关于当前发展学前教育的若干意见》提出，要“健全学前教育教研指导网络”。因此，“学前教育科学研究方法”课程的开设是培养能够胜任学前教育教学科研任务、具有创新精神和实践能力的高素质卓越幼儿园教师的重要举措，要从职前开始重视师范生研究意识的形成、研究思维的构建、研究方法的获得、研究成果的撰写等初步的研究能力，为其将来踏上职业岗位后积极参与教研、有效参与教研、善于自主开展教研夯实基础，为其从经验型教师向研究型教师转变夯实基础，为其掌握通过研究成果反哺教育实践的奥秘夯实基础，为其科研工作的规范化、科学化和实证化夯实基础。

然而，学前教育的现象和研究对象与自然科学的现象和研究对象不同，学前教育研究不太可能像在实验室里那样严格控制、精准测量。在学前教育科研领域，研究者需要将自然与社会、科学与人文统一起来，揭示学前儿童发展以及学前教育现象的本质和规律。本书围绕教育研究的基本步骤，基于师范生的视角介绍完成一项科学研究应该经历的每一个步骤，学生能够跟着教材的指引，体验一次科学研究的整个过程。并且，本书也非常注重培养学生的反思能力，对学生本科毕业论文的撰写给出了直接、具体、有效的指导。教材案例的选择来自真实的毕业论文，并展示了学生撰写毕业论文的常见问题与解决方案，为学生本科毕业论文的撰写提供了切实的指引。本书可作为应用型本科与高职院校学前教育专业学生的教学用书，还可作为幼儿园教师继续教育课程的教材。

本书由何慧华负责全书的策划、提纲编写与统稿等工作。第一版主要由兰玉荣、徐瑾劼、汪光珩、朱晓虎和罗园园老师参与编写。第二版主要由李辉参与修订和编写，同时也感谢居雪儿和陈怡婷对研究案例的整理。还要感谢中国人民大学出版社的编辑王雪颖等人为此书的出版所付出的时间与努力。此书编写过程中引用了大量优秀的国内外文献和研究报告，在此也向所有文献的作者表示诚挚的谢意！

由于编者学识浅陋，此书难免存在一些疏漏与不足，恳请同行和读者指正。

何慧华

2022 年 11 月

目录

第一章

教育研究：用科学方法改善教育实践

本章的目的有三：一是引导学生了解科学研究，并懂得研究方法在科学研究中的重要性；二是引导学生认识不同教育研究的范式与研究路径；三是引导学生理解学前教育研究的特殊性，以及学前教育研究对一名从事幼儿教育的工作者或研究者的工作起到什么样的作用。要想了解学前教育研究与幼儿园一线教师的关系，需要学生在学习教育科学研究的本质与基本方法的基础上，细细品味，不断总结，会用、善用、乐用科学研究解决问题、改善教育实践，真正将科学研究作为教师专业发展道路上的一根拐杖。

第一节　教育研究的本质

一、教育研究的定义与科学原则

（一）教育研究的定义

要弄明白教育研究，首先要弄明白科学研究。科学研究就是运用科学的方法来回答问题的研究活动。教育研究即教育科学研究，是指研究者运用科学方法探究教育现象的本质，摸索并总结教育规律与经验，得出科学的结论，用于解决教育问题、改善教育实践的研究活动。[①] 一般来讲，教育研究的对象是教育现象，教育研究者会有目的、有意识地以教育理论为基础，通过科学的方法来揭示教育现象背后所隐藏的规律或本质，发现新信息，总结新经验，这是一个具有创造性的过程。

---

① NEUMAN W L. Social research methods：qualitative and quantitative approaches［M］. New York：Pearson Education，2006：2.

（二）教育研究的科学原则

教育研究必须遵循的科学研究的原则主要包括以下六点：

1. 客观性

客观性原则是科学研究的首要原则。教育研究者必须尊重客观事实，并且以客观事实为依据，严谨、准确地进行研究设计，遵循科学规律来操作研究过程。在研究过程中，不能以研究者的主观经验来进行研究①。因此，研究结论是基于研究对象所进行的客观研究而得出的，不以研究者的主观意志为转移。尽管教育科学研究经常无法像自然科学那样运用精确的数量分析，但其客观性依然毋庸置疑。

2. 教育性

教育性可以说是教育科学研究的根本属性。教育的目的是使教育对象的身心各方面得到长足的发展。教育者将通过各种不同的教育手段达到不同的教育目的。

教育研究的目的是揭示教育现象的本质，进而改善教育实践。因此，教育科学研究的教育性就体现在通过各种教育手段来促进教育对象全面发展的教育过程之中。如果教育研究是为了研究而研究，而不是最终作用于教育对象的话，那么教育研究将难以持续，失去意义。只有遵循教育原则的教育科学研究才是有意义、有价值的。

3. 实用性

研究的实用性是研究者必须考虑的一个重要原则。一般来讲，我们建议研究者在选题之时、开展具体研究工作之前，一定要思考一下本研究的价值到底体现在哪些方面。比如，是否能够揭示更为丰富的教育信息，是否有助于政府的教育决策部门进行决策，是否能够为教育实践提供指导，是否能为其他的研究者提供今后研究的依据，等等。

4. 科学性

科学研究当然要使用科学的方法，虽然教育活动是动态的，具有生成性、情景性与不可确定性，但研究者不能放弃对教育科学研究“科学性”的追求。首先，科学性体现在研究方法的准确性上。无论是量性研究还是质性研究，方法均要适宜，方法要为研究目的服务，整个研究的过程要尽量控制干扰因素或无关因素。其次，科学性体现在研究的信度和效度上。研究的信度是指研究结果的一致性程度，具体是指研究过程是否按照预定的研究计划实施。如果研究结果客观可靠，那么其他研究者采用相同的方法也能够得到相似的结论。研究的效度是指研究者所采用的方法是否确实与所要探究的问题相关，是否搜集到了

---

① NEUMAN W L. Social research methods：qualitative and quantitative approaches [M]. New York：Pearson Education，2006：10－11.

所要搜集的信息①。一项优秀的科学研究通常都能够保证一定的信度和效度。

5. 创新性

教育研究也需要不断创新与创造，需要研究者能够熟悉并了解当前与其选题有关的国内外相关研究的动态，掌握比较前沿的研究文献，运用最新的研究方法，选择有创造性的课题，提出新的理论，解决新的问题，或创造性地解决老问题。因此，我们建议教育研究者在选题之时就要深入地考虑本研究的创新之处，以保障教育研究的前瞻性与开拓性。

6. 可行性

教育研究的可行性主要是指研究者在确定选题与设计研究的过程中，要客观、实事求是地考虑人力、物力、研究者本身的兴趣与能力等具体情况，以确保研究设计有效可行，研究过程能够顺利完成，研究结果能够科学有效。

作为研究者，开展研究有时需要协调很多外部资源，有时有些问题并非研究者本身能够控制的。因此，我们提醒各位研究新手，在设计研究计划阶段，要尽量考虑周全，保证研究的可行。研究的兴趣与热情是推动研究进一步前进并且最终完成的重要动力，希望每一位研究者都能够做自己喜爱的研究，并将其进行到底。

二、教育研究的类型

（一）按照研究目的划分

一般来讲，教育科学研究按照研究目的的维度可以分为两类，即基础研究与应用研究。有学者认为，基础研究与应用研究可以被认为是线段的两端，各种不同的教育研究都会涵盖这两种研究类型，但比例会有所不同。此外，也有学者根据研究目的，将教育研究分为五种类型，即基础研究、应用研究、评价研究、行动研究以及取向性研究②。

1. 基础研究

基础研究的研究目的是解释科学和世界及人类社会发展的基本原理。在学前教育研究领域，最具代表性的基础研究就是致力于探讨学前儿童大脑机制的研究。一般来讲，基础研究所揭示的新规律或信息无法直接影响人类的日常生活，但基础研究的研究结论为其他研究奠定了理论基础或实践基础，而应用研究则能够推进基础研究的实际运用。

比如，在发表于《学前教育研究》的一篇文章《4～6 岁幼儿持续性注意的发展：基于时间进程的证据》中，研究者以 121 名 4～6 岁的幼儿为被试，采用连续作业任务从整体特点和在时间进程中的变化特点两个方面考察幼儿持续性注意的发展，结果发现 4～6

① NEUMAN W L. Social research methods: qualitative and quantitative approaches [M]. New York: Pearson Education, 2006: 188-189.

② 同①24-28.

岁幼儿持续性注意的反应时随年龄增长而逐渐缩短，感受性和击中率随年龄增长而不断提高，其中 4～5 岁是持续性注意的快速发展期；在整体发展和随时间变化的过程中均未发现 4～6 岁幼儿持续性注意存在性别差异；就任务进程来看，4～6 岁幼儿的持续性注意随着时间不断衰减，击中率在阶段间的差异达到显著水平，其中 5 分钟是一个重要的波动转折点，并且不同年龄组在阶段间的波动差异显著。教育者可以根据幼儿持续性注意的特点及波动规律恰当地安排课程及活动，有意识地引导幼儿持续性注意的发展①。

2. 应用研究

应用研究的研究目的主要是回答具体的教育问题，为具体的问题提供解决方案。这类研究一般与平常的教育实践联系紧密、息息相关，也是学前教育工作者接触最多的研究类型。比如，某个幼儿园小班教师曾对小班幼儿入园适应的情况非常困惑，基于实践中遇到的问题，这位教师开展了关于“小班幼儿入园适应情况及教师有效应对策略”的研究，研究从情绪情感、自我服务、人际交往、活动参与、规则意识五个角度探讨了幼儿入园的适应情况，并详细分析了入园、离园、教师与幼儿的对话方式，以及教学活动开展等环节的应对策略。

3. 评价研究

评价研究也可以说是应用研究的一种，主要是指在某个项目或干预方案实施以后，对其进行价值或效果评价的一种研究，同时也能够用于判断该项目或方案是否能够继续推广。在学前教育领域，这类研究比比皆是，比如关于英国“确保开端计划”的评价研究就是世界上影响较大的评价研究之一。“确保开端计划”于 1999 年开始，旨在为贫困家庭的幼儿提供由政府资助的早期教育。针对此方案的评价研究表明，该计划对 3 岁幼儿的社会性发展产生了积极的影响：与没有参与该计划的对照组相比，参加该计划的实验组的幼儿在亲社会行为以及独立的自我调节方面都体现出了显著的优势②。

4. 行动研究

行动研究也可以算是应用研究的一种范例，主要是指教育工作者在教育现场发现了某个问题或产生了某些需要后，由教育实践者共同参与的解决教育实践问题的研究活动。行动研究的核心是在行动中做研究，或者说是“边行动、边研究”。在行动研究中，教师既是教育者，也是研究者，要关注自身的直接经验，在自己所处的教育现场中进行研究，以解决自己“课堂内”的教育难题。在学前教育领域，行动研究通常适用于某一幼儿园，或者幼儿园中的某一个班级，只针对一个十分微观的问题进行不断的实践、修正、再实践

---

① 杨莉，耿达，柳铭心，等．4～6 岁幼儿持续性注意的发展：基于时间进程的证据［J］．学前教育研究，2019（2）：48－56.

② 王峥，朱家雄．建立以社区为基础的学前儿童整合性服务：英国“确保开端”项目的启示［J］．幼儿教育，2005（5）：12－13.

（比如，如何通过音乐缓解小班幼儿的入学焦虑等）。行动研究是与学前教育工作者联系最紧密的一种研究类型，具有很强的实用价值。

比如，一项名为“教育戏剧冲突与幼儿问题解决能力的提高”的研究发现，在当前的幼儿园教育戏剧实践活动中或存在着明显的表演性质，没有凸显教育戏剧“以问题为中心”的特质，且幼儿无法专注地沉浸在戏剧情境中进行深层次思考并解决问题。对此研究采用支持式行动研究，通过一线教师实施了 7 个主题共 15 次教育戏剧活动，运用文件分析法、观察法和访谈法，发现目前幼儿园教育戏剧活动在使用戏剧冲突时，常出现戏剧冲突缺位、戏剧冲突冗余、戏剧冲突张力匮乏等问题。在分析其产生原因的基础上提出了以下解决策略：解构绘本故事，设计适宜的戏剧冲突；巧用戏剧范式，彰显戏剧冲突的张力；利用多方资源，促进教师设计与实施教育戏剧活动能力的发展①。

5. 取向性研究

历史上，取向性研究被称为批判理论研究，用以揭示世界上阶级的不平等及其所带来的有害影响，其理论基础是卡尔·马克思的经济、社会与革命理论。从事该研究的研究者特别关注社会上的不公与歧视，旨在通过研究来改善社会底层的生活状况。教育中的取向性研究主要是揭示传统教育实践中所维护的具有压迫性的教与学的实践，以达到对教育实践进行批判的目的②。

（二）按照研究范围划分

1. 横向研究

横向研究也叫横断研究，一般指在某一时刻点上，对某一事物或社会现象所进行的“横截面”的研究。在教育研究中，横向研究应用很广，它有助于分析和比较属于不同群体、不同阶层或具有不同性别、不同年龄、不同文化背景等特征的研究对象，在一定时间和空间范围内的学习状况和特征。比如，对美国与中国父母的文化价值观以及家庭教养策略进行横向比较研究，以探究不同文化背景对其所在家庭的家庭教养方式的影响③。

2. 纵向研究

纵向研究也叫追踪研究，是指在一段相对长的时间内对同一个或同一批研究对象进行重复的研究。在前后不同的时间里分别对某教育现象进行调查，搜集该教育现象在当时的资料，将这些资料结合起来分析，以描述某教育现象的发展变化，以及解释时间前后之间的联系。

比如，有研究者研究看电视对幼儿执行功能的即时与长时影响，该研究采取间隔 6 个

---

① 黄佩珊，蔡黎曼．教育戏剧冲突与幼儿问题解决能力的提高［J］．学前教育研究，2018（6）：34-43.

② NEUMAN W L. Social research methods：qualitative and quantitative approaches［M］. New York：Pearson Education，2006：94-95.

③ Huihua He，Satoshi Usami，Yuuki，et al. Cultural roots of parenting：mother's parental social cognitions and practices from Western US and Shanghai/China［J］. Frontiers in psychology，2021（12）：1-11.

月、持续1年的追踪设计，利用交叉滞后分析，验证看电视对幼儿执行功能的即时与长时影响。结果发现，随着时间的推移，幼儿12个月后的执行功能得分显著高于幼儿在研究开始时和6个月时的执行功能得分；在研究开始、6个月和12个月这3个时间点上，幼儿周末看电视的时间都显著多于平时；在这3个时间点上，幼儿每周看电视时间均与其执行功能呈负相关，表明看电视对幼儿执行功能有即时的消极影响，但是看电视不能长时预测幼儿的执行功能，表明看电视时间与幼儿执行功能的纵向关联不显著。最后总结出：为保护幼儿的执行功能不受电视的即时负面影响，父母应避免让幼儿过早接触电视，科学控制幼儿的电视收看行为，丰富幼儿假期在家的一日生活，增加亲子相处时间，用现实游戏等真实互动代替媒体形式的活动①。

三、教育研究的功能

（一）描述

教育研究的功能之一在于对教育现象进行深入与细致的描述。对各种现象及其相互关联性进行完整、贴切的描述能够帮助教育工作者积累大量的历史资料和现状资料，认识到实践中所产生的问题和需求，以反思与改善教育实践。比如，对幼儿园幼儿某一行为特征的描述、对幼儿园园本特色课程的描述、对不同类型的家庭教育的描述等，均可能为教育实践提供有效的依据。描述教育现象的方法包括搜集与分析数字信息，也包括依靠访谈数据、历史记录或民族志数据等文字信息进行描述。

比如，在《上海市社区0～3岁婴幼儿家庭教养实践现状调查——以杨浦区五角场街道为例》中，研究者对社区家庭婴幼儿教养方式的基本情况、家庭早期教养理念以及家庭早期教养实践等数据进行了统计分析并做出了细致描述。结果表明：

（1）65%的家庭是以祖辈参与教养为主。

（2）32.6%的家长认为科学的早期教育应该从“胎教”开始。

（3）79%的家长倾向于给宝宝购买益智玩具，而只有4.2%的家长会考虑为宝宝购买电子产品。

（4）家长相对更为注重婴幼儿日常饮食与睡眠的情况，其次是动手（精细动作）能力的发展。

（5）总体来看，大部分家长不会主动关注社区的相关服务信息；大部分家长当与祖父辈在教养孩子的问题上发生分歧时，会选择妥协；能够花时间与孩子互动的家长占多数；当孩子发脾气时，有一部分家长不知道如何处理，也有相当比例的家长对训练孩子的特长

① 熊怡程，喻昊雪，刘玉平，等．看电视对幼儿执行功能的即时与长时影响：基于一项追踪研究的发现［J］．学前教育研究，2022（8）：53-63.

持不确定的态度。

以上这些社区家庭婴幼儿早期教养现状的结果能够比较精确地为社区科学育儿指导服务中心提供详细的数据，也是其设计家庭育儿指导服务与咨询项目的重要依据。这类描述性的科学研究通常可以厘清某一社会现象的特征，还可以为决策者提供决策依据。

（二）预测

预测是指在某一时间点搜集的信息能够预测以后某一时间点的行为或事件，又或者是指根据现有的信息来推断事情发展的趋势，以预先了解事情发展的结果①。比如，气象学家就能够根据一些气象数据来推断未来几日的气温和风向，经济学家可以通过经济学的数据来推断某个经济指数的发展趋势等。以《幼儿心理素质与良好行为习惯、问题行为的关系》为例，该研究采用问卷法考察幼儿心理素质与良好行为习惯、问题行为的预测性关系。结果表明：幼儿心理素质与良好行为习惯、问题行为的关系非常密切，心理素质对良好行为习惯具有显著的正向预测作用，对问题行为具有显著负向预测作用；就心理素质具体维度而言，认知品质、个性品质、适应性品质均对幼儿良好行为习惯具有显著的正向预测作用，认知品质、适应性品质对幼儿问题行为具有显著的负向预测作用，个性品质对问题行为的预测作用不显著，可见心理素质对良好行为习惯的预测作用更为全面。因此，家长和教师可以通过幼儿心理素质教育和良好行为习惯养成教育，促进幼儿身心健康发展②。

（三）解释

每一个教育现象的背后一定会有原因，教育研究的又一个功能就是合理说明或解释某一教育现象产生的原因、现象的本质以及规律。研究者可以通过客观数据进行解释，也可以通过主观认识进行解释，无论哪种类型的解释都可能为理解学前教育实践提供依据和参考。以《幼儿自发性游戏行为的价值与支持策略》为例，该研究系统地阐述了自发性游戏行为的价值以及产生原因，揭示了幼儿自发性游戏具有偶发性、情境性、生成性、自主性等特征，且其发生与有效开展依赖于开放且具有支持性的环境。结果表明，教师应在认同自发性游戏对于幼儿发展的积极作用的基础上坚持正面引导的原则，并善于通过调整教育活动方案的实施方式来适应和支持幼儿自发性游戏的开展③。

（四）干预

教育研究的干预功能体现在通过研究提出解决问题的方法与策略，提出某些干预措施来控制或改善教育实践。之前我们介绍的行动研究与评价研究都体现了教育研究的这

① NEUMAN W L. Social research methods：qualitative and quantitative approaches［M］. New York：Pearson Education，2006：34.

② 罗世兰，王智，张大均，等．幼儿心理素质与良好行为习惯、问题行为的关系［J］．学前教育研究，2017（4）：56－63.

③ 邓雪梅．幼儿自发性游戏行为的价值与支持策略［J］．学前教育研究，2021（3）：89－92.

一功能。从宏观上讲，教育研究能够为制定教育政策、教育法律法规提供政策上的干预；从微观上讲，通过教育研究和干预，能够改善某一幼儿的行为。

又比如，《阅读干预：促进学前流动儿童心理弹性发展的有效途径》一文指出，学前流动儿童的心理弹性对促进其健康成长具有重要意义。该研究从以流动儿童为主的两所幼儿园中选取 167 名流动儿童作为研究对象，对其中的干预组实施为期 16 周的阅读干预。学前流动儿童的心理弹性具有可塑性，图画书阅读干预是改善学前流动儿童心理弹性的经济而有效的重要途径，教师和家长可以基于图画书治疗过程，在日常的教育教学或者亲子互动中，根据儿童在心理弹性方面的不足，选取包含相应心理弹性要素且适宜儿童阅读的图画书，开展有针对性的师幼或亲子共读，帮助儿童掌握问题解决策略和方法，促进其心理弹性的发展①。

第二节 教育研究的范式与路径

一、四种研究范式

不同的个体对于什么是知识，也就是知识的本质持不同的看法。关于对知识的本质的看法被称为“认识论”。假定社会环境和个体特征存在客观真实性，那么这些研究者所持的就是实证主义的认识论。另一些研究者认为，社会环境与个体特征是由参与其中的个体建构的，离开了个体的建构，社会环境的方方面面就不存在了，那么这些研究者所持的认识论被称为解释主义的认识论②。

研究者所持的认识论将会影响到研究范式的选择，又将直接影响研究方法的类型的选择。“范式”一词最早由托马斯·库恩在《科学革命的结构》一书中提出。库恩认为，范式是某一领域的研究共同体所共同遵循的假设、研究问题以及研究方法和理论。研究范式为研究者提供了研究框架，就像一个相框，而里面装的是一项具体的研究，并且会在很大程度上影响研究者对研究问题的看法。根据库恩的说法，每一种范式都具有自己独特的看待问题的视角，并且有自己的方法论。范式与范式之间只有区别，没有对错，也都不完美，最好的办法就是利用各种范式的优势来解决研究问题，为我们的研究所用。

以下将主要介绍目前应用于教育研究比较广泛的四种研究范式，即实证主义研究

---

① 张莉，周兢，田怡楠，等．阅读干预：促进学前流动儿童心理弹性发展的有效途径［J］．学前教育研究，2019（12）：20－29.

② NEUMAN W L. Social research methods：qualitative and quantitative approaches［M］. New York：Pearson Education，2006：80.

范式、解释主义研究范式、结构主义研究范式以及后结构主义研究范式。一般来说，实证主义研究主要采取量性研究路径，主要适用于探究因果关系或大样本的研究，而后三种范式主要采取的是质性研究路径，主要适用于小群体、小样本的研究，比如个案研究。

（一）实证主义研究范式

实证主义的认识论认为，现象或事件的背后总是隐藏着普遍的规律，可以通过探究两个变量的因果关系来预测另一个事件或现象的发生。规律是客观世界的反映，具有客观性与普适性，是不以人的主观意志和偏见为转移的，一切现象与事件都能够被理性地进行研究。从方法论上说，实证主义是以归纳法为主要逻辑框架的，也就是要通过多次的观察、总结，并从经验中归纳提炼出普遍规律。实证主义研究范式长期以来一直是社会研究领域的主要研究框架，而定量研究是其主要的研究方法。

例如，某研究者认为父母养育方式与亲子关系对学前儿童的社会适应有非常重要的影响。为探讨父母养育方式、亲子关系、学前儿童社会适应问题三者之间的关系，该研究从某市 6 所幼儿园抽取 446 名中班儿童及其父母作为被试，采用父母养育方式问卷、亲子关系量表测查第一年的父母养育方式及亲子关系，一年后采用儿童社会能力与行为评价量表测查儿童的社会适应问题。结果发现，母亲消极养育行为的影响范围大于父亲；父子冲突在父亲消极养育行为与儿童愤怒攻击之间起完全中介作用，母子冲突在母亲消极养育行为与儿童愤怒攻击和焦虑退缩之间均起完全中介作用。最后得出父母应重视自身养育行为与亲子关系对学前儿童发展的潜在影响，注意避免或改正威胁强迫、体罚责骂、过度保护等消极养育行为，积极与儿童建立亲密型亲子关系，从而促进儿童社会适应的良好发展①。

（二）解释主义研究范式

解释主义的哲学渊源可追溯到唯心论的哲学观点，同时，其很多观点起源于阐释学和现象学。解释主义者反对实证主义者对知识与世界的认识方式，反对通过理性与量化分析的方法来进行研究。他们认为存在于社会中的人具有独特性，而社会又是由不同的个体组成的，因此，无法通过传统的量性研究路径来研究社会或个体。解释主义者认为，现实世界并不客观存在，而需要人们去发现和认识，其具体存在的意义是由人们主观建构的，任何人都可以通过自己的建构来看待现实世界的存在意义。当然，个体对现实社会的解读也会反过来影响个体在社会中的行为表现。社会是复杂且动态的，随着时间的推移，处于社会中的个体将不断地创造着社会。因此，探究世界需要细致地研究社会中个体的思想与行为，研究者应该通过深入现实生活来解释现实世界。基于解释主义范式的研究通常都属于

① 梁宗保，吴安莲，张光珍．父母消极养育方式与学前儿童社会适应问题的关系：亲子冲突的中介作用［J］．学前教育研究，2022（3）：43－52．

质性研究的范畴，一般来讲使用无结构访谈与参与式观察的方法，更多的关注质性的数据与资料，研究规模一般较小，侧重对于某个问题具体、深入的探究，而非总结或概括式地下结论。但这里也要强调一下，无论是实证主义还是解释主义研究范式，都可以采用质性与量性研究的方法。

比如，李召存、李玉华、俞裕芝完成了一项关于《学前教育本科生对专业理论的认识与理解》的研究。其研究目标是通过隐喻研究法和访谈法，探讨学前教育本科生对专业理论的认识和理解。研究调查对象为上海市和浙江省 3 所高校学前教育专业大四和大三下学期的本科生。他们完成了大部分的专业理论课程，对专业理论的认识和感受较为深刻。研究者随机抽取了 210 名研究对象，请他们写下对本专业理论的隐喻，并有针对性地进行了非结构性访谈。结果发现他们普遍对专业理论抱有积极乐观的态度，但也存在矛盾心态；体现出较为强烈的实践关照意识，但将理论转化为实践的意识较低；初步具有了对专业理论性质特点的认识。高校学前教育专业理论课的教学应注意引导学生参与专业理论学习的探究过程，提升他们对专业理论本身性质的理解，培养他们合理的专业理论转化意识①。

（三）结构主义研究范式

结构主义者认为，对客观事物的认识并不是简单地根据该事物的内在特质与特征进行解释。世界是一个关系系统的集合，对于现实世界的认识，关键在于探讨事物与事物之间的关系。比如，幼儿的某一个行为本身并没有任何意义，但当此行为与其他行为、个体发生关系，或发生在某一个情景当中时，行为的意义就得到了体现。支持“结构主义”的各学科领域的学者均认为，理解世界的最好途径并不是解读个体经验，而是在于解读将世界万物紧密联结起来的关系系统。

一般来说，结构主义者会采取细致的观察与分析来揭示某一现象的本质，而单一的现象仅仅是某一关系系统中的一个要素，为了揭示这一现象，就要论证该现象与系统中其他要素之间的关系。比如，在《幼儿告状情境下师幼互动行为分析及其教育价值审视》中，研究者基于符号互动理论和生态系统理论，采用内容分析法，对 213 个幼儿告状案例进行编码分析。结果发现，幼儿与班级原任教师、代课教师之间的互动频率有明显差异，发生在异性之间的同伴互动居多，女孩是主要互动发起者；互动内容以维护规则为主；等等。该研究提出了师幼互动仍然存在问题。研究表明幼儿园应重视非集体教学活动中的师幼互动质量，通过分级专题培训等途径，促使教师改变观念，尊重儿童，提高师幼随机互动技

---

① 李召存，李玉华，俞裕芝．学前教育本科生对专业理论的认识与理解［J］．学前教育研究，2015（2）：37－41.

能，更好地满足幼儿的发展需要①。

（四）后结构主义研究范式

后结构主义者认为，单一的个体与事件在不断地发生变化，因此需要揭示这种“永恒的不稳定性”。这种不稳定性的产生，主要与主体对于世界的理解与其特定的经历有关，主体本身也会受到其生存的社会与物质环境的影响。例如，幼儿对动画片的理解通常与其生活的家庭环境、自身的性别和成长经历相关。在后结构主义者眼里，世界是复杂与变化的，而不是封闭与清晰的，这种所谓的“动态机制”是研究者无法确定的，只能暂时性地理解。

比如，虞永平在《在疫情中重新认识学前教育可持续发展》中对教育的可持续发展进行了探讨，认为学前教育的可持续性发展已经成为全世界关注的问题，它涉及政策、环境、课程等多个层面，需要社会各方面共同努力，不断深入地探究和探索。同时，除了在政策层面上进一步落实普及普惠优质安全的发展，在幼儿园层面上，环境的改进和课程的变革也是影响学前教育可持续发展的关键。因此，在学前教育可持续发展过程中，有很多重大的问题需要用新的立场和方法加以探索和突破。该研究体现了后结构主义所提出的“永恒的不稳定性”，即学前教育的可持续发展会随着多方面的影响而不断变化发展②。

二、研究路径

研究者为得出研究结论而通过某种路径来获取资料与知识，如果选择的路径不同，显然获得资料的类型也会不同。一般来讲，研究路径有两种，即量性研究与质性研究。

（一）量性研究

量性研究（定量研究）是运用数量方式对客观事物可量化的部分进行测量和统计分析，以检验研究者所提出的研究假设的一种研究路径。量性研究以实证主义范式为理论基础，以演绎推理为逻辑，以假设检验的方式来确定事物之间的相关关系或因果关系。研究者通过运用量表、问卷、结构性观察等方式搜集量性数据，通过描述性或推断统计的方式来得出相关结果，并且强调研究者的客观与中立，以排除其他因素对研究变量的干扰，保障研究的客观性。量性研究的操作程序如图 1－1 所示。

---

① 邓进红，李祥，刘莉．幼儿告状情境下师幼互动行为分析及其教育价值审视［J］．学前教育研究，2021（6）：58－69.

② 虞永平．在疫情中重新认识学前教育可持续发展［J］．学前教育研究，2020（6）：3－8.

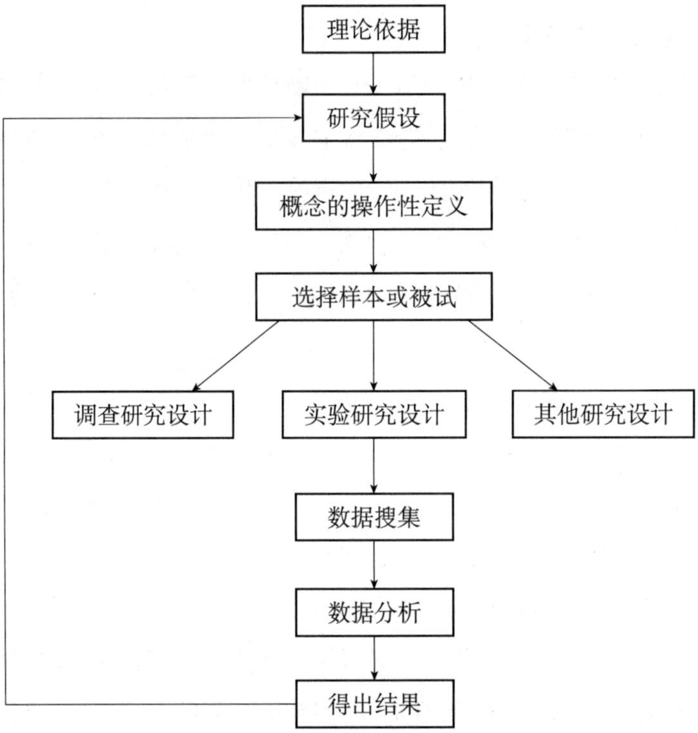

图 1-1　量性研究的操作程序

（二）质性研究

质性研究是根据人种学、现象学、解释学等学科的研究方法形成的一种社会科学研究方法。质性研究（定性研究）是研究者以本人为研究工具，在自然情景下采用多种方法搜集资料，并对教育现象进行整体性的研究，运用归纳法分析资料，最终形成属于该研究的理论，以解释教育现象。质性研究以人文主义范式为理论基础，以归纳推理为逻辑，通过建构理论来解释现象，通过参与式观察与深度访谈来挖掘现象背后的内在成因。然而，与量性研究相反，质性研究注重描述性资料的搜集，同时也注重研究者本身的主观解释。质性研究的操作程序如下：

（1）确定研究的现象、问题与对象。

（2）建构概念框架。

（3）多种方法组合进行资料搜集：参观、访谈、文献查阅、实物搜集等。

（4）资料整理与分析。

（5）撰写研究报告。

量性研究与质性研究的比较如表 1-1 所示。

表 1-1　量性研究与质性研究的比较①

	质性研究	量性研究
研究范式	人文主义（解释性、理解性）	实证主义（证实假设，预测）
研究内容	事件、过程、意义	事实、原因、影响
研究对象	微观（个案）	宏观（样本代表总体）
研究问题	在过程中产生	事先确定（研究假设）
研究方法	个案研究、行动研究	实验设计、调查研究等
研究数据	描述性资料、实地笔记	量化的资料、可操作的变量
数据分析	描述分析（语言、图像、编码、归类、提出结论）	数字、计算、统计分析
研究报告	解释性的研究报告（研究者的解读与建构）	客观的研究报告
推广度	推广度低	推广度高（可由样本推广到总体）

（三）量性研究与质性研究的历史演变

整个 19 世纪可谓是“量性研究的世纪”，以量性研究为主的实证主义范式在社会科学研究领域一直占据着主流地位。实验与测量等科学方法被认为是证明世界现象的唯一手段。英国著名学者哈拉兰博斯在其所著的《社会学基础：观点、方法、学说》中写道：“只有当社会世界能够运用数学语言来表示时，它的各个组成部分之间的确切关系才能得到证实。只有当资料可以通过可信的计量工具用数量来加以表示时，不同研究者的研究成果才能加以比较。没有量化，社会学就只能停留在印象主义的臆想和未经证实的见解这一种水平上。因而也就无法进行重复研究，确定因果关系和提供证实的通则。”② 当时社会学领域的大量研究都像自然科学一样，通过统计分析总结社会现象的规律。

但是，社会科学与自然科学的本质区别注定了社会科学的研究对象无法像自然科学的研究对象那么客观与稳定。社会科学还承担着研究社会现象对人们所产生的影响的责任，也就是要诠释统计数据背后的实际价值与现实意义。因此，到了 20 世纪中下叶，量性研究的局限性逐渐明显，人文主义范式下的质性研究开始进入人们的视野，并被广泛地使用，但对于量性研究的运用一直没有消失。20 世纪 80 年代以来，两种研究路径的争斗日益白热化。在 20 世纪 90 年代以前，量性研究一直占据上风，直到 1994 年，古巴与林肯出版了《质性研究手册》，标志着质性研究打了“翻身仗”，特别是在教育研究领域，获得了更多的支持。

（四）混合方法

从上述对量性研究与质性研究的定义、特点、操作步骤以及区别的分析，我们可以发

① NEUMAN W L. Social research methods: qualitative and quantitative approaches [M]. New York: Pearson Education, 2006: 13.

② 哈拉兰博斯. 社会学基础：观点、方法、学说 [M]. 孟还，卢汉龙，费涓洪，译. 上海：上海社会科学院出版社，1986：60-61.

现，两种路径各有千秋，只是不同的研究者站在不同的角度，采用了不同的研究方式来解决问题。为了更加全面地认识世界，历史上的争论到今天已经趋于融合，混合方法（mixed methods）的运用在心理学、教育学等各个学科领域已经成为一种趋势。美国的研究者甚至提出，混合方法研究是“第三种研究路径”，是质性研究与量性研究的天然补充。事实证明，越来越多的学术研究采用了这一整合性的新方法。

比如，在对学前儿童家长教养行为研究的过程中，研究者既可以通过问卷的方式搜集家长教养类型的量性数据，也可以通过观察或个别访谈的方式探究家长采用不同教养策略的原因以及效果，而这部分数据是质性数据。研究者可以通过行为编码进行统计分析，也可以通过对描述性文字的整理提出相关理论。统计分析在对教养行为的类型与特点方面可以看出某些规律，甚至具有预测作用，而质性分析则可以深入了解家长采用某种教养策略背后的原因，两者的结合能够对家长教养行为给出更加综合与深入的解释。

三、典型的教育研究方法

这里介绍四种比较典型的具体的研究方法，即文献研究、调查研究、实验研究与实地研究（见表 1-2）。

（一）文献研究

文献研究是一种通过搜集和分析现有以文字、数字、符号、照片、视频等信息形式出现的文献资料，来探讨和分析教育现象与教育问题的研究方式。文献既可以是论文、日志和报纸，也可以是玩具等人工制品。在选择文献时，必须确保文献的真实性和代表性。在对文献进行表面和深层的分析时，研究者也要考虑文献的主观性，比如日志这类文献，作者的主观性不可忽略。内容分析法是文献研究的主要方式。与其他研究方式相比，文献研究的优点如下：首先，文献研究相对节省费用与时间，对人力、物力以及资金和时间的要求比较低；其次，研究者无法对研究资料产生任何影响，但研究者的主观性有可能在分析资料时有所体现；最后，文献研究可以超越时空去探索历史上或远离研究者的相关资料，还可以做深入的纵向分析，按时间顺序梳理出一个时间的纵向发展过程①。

表 1-2　社会研究基本方法

研究方法	子类型	资料搜集方法	研究路径
文献研究	统计资料分析 内容分析	官方统计资料 他人原始数据 文字声像文献	系统综述、范围性综述、文献计量、元分析等

① NEUMAN W L. Social research methods: qualitative and quantitative approaches [M]. New York: Pearson Education, 2006: 26.

续表

研究方法	子类型	资料搜集方法	研究路径
调查研究	普遍调查 抽样调查	统计报表 自填式问卷 结构式访谈	量性分析
实验研究	标准实验 准实验 前实验	自填式问卷 结构式访谈 结构式观察 量表测量	量性分析
实地研究	参与观察 个案研究	参与式观察 无结构访谈	质性分析

比如，华中师范大学教育学院的刘丽伟和修钰颖曾经研究美国的婴幼儿照护服务体系，在《美国 0～3 岁婴幼儿照护服务体系及借鉴》中梳理了 19 世纪 90 年代以来，美国在婴幼儿照护服务发展历程与组织机构、婴幼儿照护服务模式以及婴幼儿照护财政支持这三个方面的政策与演变，且表明美国目前已形成政府主导、社会各类组织积极响应的婴幼儿照护服务体系，它包括中心式和家庭式两大服务模式，家庭可以获得政府财政和社会资金的支持，用于支付获得婴幼儿照护服务的成本。同时作者还分析了美国婴幼儿照护服务体系的特点：因地制宜、公私结合、财政支持灵活多样、服务对象覆盖广。借鉴美国的经验，我国在建设 0～3 岁婴幼儿照护服务体系时应注意建立健全政府在该领域的工作和管理机制，完善相关法律制度和规范标准，加强对家庭的支持、援助和指导，重视社区服务建设，鼓励社会力量积极参与，努力满足不同家庭和人群的各类照护需求①。

（二）调查研究

调查研究是教育研究中最常见的一种研究方式，是一种采用问卷或访谈的方法系统地搜集样本资料，并通过对资料的统计分析来揭示教育现象的本质与规律的研究方式。这一研究方式特别适合研究一个比较大的群体，可以通过搜集一部分有代表性的群体成员（样本）的信息资料来推断整个群体的状况，市场调查与民意调查都属于典型的调查研究。有研究者提出，调查研究具有以下特点：一是客观性，即研究样本的选择需要谨慎，避免研究者或研究团队中人员的偏好或偏见；二是代表性，即研究样本的选择需要能够代表该研究总体，同时保证研究结果能够被推广；三是以量性研究为主，当然也不排除质性研究的可能性；四是可重复性，即其他研究者使用同样的方法也能够得出相似的结论。

比如，南京师范大学的蔡菡完成了一项有关"'课程游戏化项目'背景下江苏省幼儿园课程建设的效果与启示——基于教师评价的视角"的研究。该研究的目标是深入了解江

① 刘丽伟，修钰颖．美国 0～3 岁婴幼儿照护服务体系及借鉴［J］．学前教育研究，2020（12）：16－25．

苏省推行“课程游戏化项目”的效果，及其对学前教育质量整体提升的影响。该研究采用自编问卷，以分层抽样的方式对苏中、苏南、苏北地区5市共90所幼儿园3 742名教师进行了问卷调查，共回收问卷3 742份。调查数据采用SPSS 18.0统计软件进行分析处理。结果显示：从整体来看此次改革极大地促进了江苏省幼儿园的课程建设水平，主要表现在教师课程观念更新、课程活动形式多样、课程资源开发活跃、课程审议普及、教师课程策略选择更为灵活、课程建设倾向于以园为本、教师专业能力得到了提升等方面，但同时也发现存在对家长育儿需求关照不足、农村园所缺乏专业引领、教师课程参与内容较窄和参与比例不高等问题。在总结改革经验的基础上，未来需要进一步深化改革，从构建良好课程生态的视角出发，关注课程改革过程中多因素的协同作用①。

（三）实验研究

实验研究源于自然科学，是一种探索变量之间关系的研究方式，也属于典型的量性研究。实验研究的实施必须通过精心的设计、严密的控制和对某一变量的改变来推断变量之间的因果关系。实验研究最大的优点就是严密的逻辑性，这使得其研究结果能够被反复验证。如果研究者需要探究因果关系，那么实验研究最适合不过了。通过前测后测、实验组与对照组的不同操作，就能够比较准确地揭示自变量和因变量之间的因果关系。（具体的实验研究设计请见本教材第四章。）

比如，天津师范大学心理与行为科学学院和教育科学学院共同完成了一项不同情境下移情训练对幼儿助人行为的影响的研究②。该研究目标是，采用情境实验研究的方法将幼儿置于无冲突和冲突两种情境下，研究在这两种不同情境下移情训练对幼儿助人行为的影响。该研究选取中班和大班各两个班共108名幼儿为研究对象，中班和大班各选取一个班为实验班，另一个班为对照班。其实验设计采用2×2×2三因素混合设计。（因素A为年龄，分为中班和大班两个水平，为被试间设计；因素B为移情干预训练，包括干预和不干预两种水平，为被试间设计；因素C为情境，分为无冲突情境和冲突情境，为被试内重复设计。）实验步骤为先前测，对两种不同情境下幼儿助人行为进行测查。然后加入移情干预训练。最后实验后测，即两种不同情境下幼儿助人行为的后测。对幼儿助人行为的测查采取计分的办法。经过统计分析，得出年龄、移情训练和情境对幼儿助人行为的影响。最后得出实验结论：无论是在无冲突情境下还是在冲突情境下，实验班幼儿的助人行为均显著高于对照班。这表明无冲突和冲突情境下的移情训练对幼儿的助人行为均有促进作用。单从情境因素看，幼儿在无冲突情境下的助人行为显著高于冲突情境，但是当问及原因后

---

① 蔡菡．“课程游戏化项目”背景下江苏省幼儿园课程建设的效果与启示：基于教师评价的视角［J］．学前教育研究，2018（12）：39-51.

② 李幼穗，韩映虹，陈淑芳．不同情境下移情训练对幼儿助人行为的影响［J］．学前教育研究，2013（2）：42-47.

我们可以发现，幼儿大部分的助人行为其实是在保留自己利益下的助人行为，而不是真正从受助者的角度出发实施的助人行为。从年龄因素总体来看，幼儿助人行为会随着年龄的增长而增加，即大班幼儿的助人行为高于中班幼儿的助人行为。在无冲突情境下，幼儿助人行为会随着年龄的增长而增加，即大班幼儿的助人行为高于中班幼儿的助人行为，但在冲突情境中，幼儿助人行为在不同年龄段并没有表现出显著性差异。这也就是说，相对于大班的幼儿来说，中班幼儿的可塑性更强，对其进行移情能力训练的效果更好，其助人行为发展较为迅速，所以经过移情训练后，无冲突情境下中大班幼儿的助人行为年龄差异不显著。

（四）实地研究

实地研究是一种深入研究对象的生活之中，以参与式观察与无结构访谈的方式搜集资料，并通过对这些资料进行质性分析来解释现象的研究方式，是一种典型的质性研究。实地研究来源于人类学，也被称作田野研究，指的就是研究的具体场景通常是研究对象的生活环境，研究者要努力融入研究对象的生活场景中，不仅仅是简单的旁观与记录，而要能够深入地接触研究对象，并努力获得关于研究对象的信息，以用于日后的分析。个案研究就是实地研究的一种典型方式，个案不一定是一个人，也可能是一个特定的团体，比如某一个幼儿园，或者幼儿园的某一个班级等。参与式观察与无结构访谈是实地研究的主要方式，由于研究者通过深入场景获得了大量的关于研究对象的信息，因此实地研究的研究效度很高，但信度相对比较低，很难将研究结果进行推广；实地研究的灵活性比较大，但相对逻辑性不够强，而且费时、费力。

比如，南京师范大学的三位研究者曾研究知识建构理论能否应用于家庭环境中、如何应用、能否促进儿童的科学教育。该研究首先在理论上论证了知识建构理论用于家庭科学教育的可能性和价值，然后采用人种志的研究方法，追踪了一个 7 岁男孩及其家庭在 3 年半的时间里出现的 3 个典型科学探究活动案例。研究者为 7 岁男孩的母亲，是高校教育技术工作者，有多年丰富的知识建构理论教学经验，她在长期与研究对象共同生活和交互的自然情景中有意识地进行知识建构活动。结果发现，从直观形式来看，知识建构活动能够显著促进儿童科学“观点”的持续改进；从“人—活动—知识”三维建构层面来看，家庭成员能够形成知识建构理论倡导的动态社区，经过设计的活动能够极大地促进儿童的主动学习，儿童的问题数量和观点深度都有了明显的提高。这表明，知识建构理论能够用于家庭非正式学习环境中，有效支持儿童基于偶发性科学问题开展探究学习①。

① 胡金艳，蒋纪平，张义兵．知识建构理论能用在家庭非正式学习环境中吗?：基于儿童偶发性科学探究的个案追踪研究［J］．学前教育研究，2020（5）：67－79.

第三节 学前教育研究

一、学前教育研究的定义

学前教育指的是教育的一个学段，即针对3～6岁幼儿所实施的教育。那么，学前教育研究则是教育研究的一个分支，是学前教育研究者运用相关理论，有计划地采用科学的方法，探究学前教育中的各种现象与问题，揭示现象背后的规律与本质，进而改善学前教育实践、提高学前教育质量、促进学前儿童身心健康发展的研究活动。研究对象除了该年龄段的早期儿童之外，还有与这个年龄段的早期儿童有关的群体，比如教师与家长。

二、学前教育科学研究的开始

1806年，德国教育家赫尔巴特的著作《普通教育学》出版，这是历史上最早的以“教育学”命名的学术著作，也是教育学成为一门独立的学科的标志。1879年，德国实验心理学家冯特创立了心理学实验室，使心理学从哲学中独立出来，成了一个全新的学科领域。20世纪初，在欧美兴起了使用“实验教育学”进行教育研究的思潮，其代表人物拉伊与梅伊曼受到了冯特的影响，把实验心理学的成果运用于教育理论与实践，于1901年创办了实验教育学，1908年由他们合作创作的《实验教育学》出版，强调教育研究要有科学依据，并使用量性分析的方法，提出要运用观察、统计分析等实验的方法来揭示教育现象，从而使教育研究更加科学。这段历史可以被理解为教育研究历史上的一个里程碑①。

在学前教育领域，德国幼儿教育家福禄培尔于1840年创建了世界上第一所“幼儿园”，并且在与实践紧密结合的情况下，创立了学前教育理论体系，学前教育学逐步从教育学中分化出来。19世纪末，福禄培尔的学前教育理论誉满全球。20世纪初，世界各国开始广泛兴起儿童研究运动，很多心理学家和教育家在学前教育领域做了大量的研究，获得了丰硕的研究成果。如要追溯学前教育领域最早的实验研究，可能就是出现在由蒙台梭利于20世纪初在意大利罗马创办的“儿童之家”里了。蒙台梭利注重通过科学的观察来了解儿童，主张教师必须拥有观察儿童的意愿和能力，如此才能揭示幼儿的发展规律，理解并追随幼儿的成长。蒙台梭利在不同的情境中观察幼儿的行为，并且进行重复验证，这就是最早的运用自然实验法进行儿童研究的实例②。

---

① 瞿葆奎．拉伊和他的《实验教育学》[J]．华东师范大学学报（教育科学版），1999（4）.

② 霍力岩．蒙台梭利教育法与幼儿教育改革：借鉴蒙氏教育法的两个基本思路 [J]．比较教育研究，1999（5）：55－58.

陈鹤琴是中国学前教育研究的开创者。从 1920 年开始，陈鹤琴就开始对自己的子女进行跟踪观察与实验，以文字和照片的方式，详细地记录了其子女的身心变化，总结了儿童身体、动作、语言、情绪与绘画等领域的发展规律。陈鹤琴以此为基础，创作了专著《儿童心理之研究》。不仅如此，陈鹤琴在 1923 年创办了南京鼓楼幼稚园，1925 年这所幼稚园成为我国第一所幼儿教育实验中心。通过大量的实验研究，陈鹤琴总结出了一整套学前教育的实践经验，并于 1927 年发表了《我们的主张》，利用 15 条主张，系统地阐述了我国学前教育的发展方向和核心任务。陈鹤琴的长期研究成果是 1932 年民国政府教育部颁布的《幼稚园课程标准》的重要依据，也为推动我国学前教育改革和发展做出了重要的贡献①。

三、学前教育研究的对象

学前教育事业涉及不同的人群，主要包括 0～6 岁的学前儿童及其家庭成员、幼儿园教师与管理者以及相关政策制定者等。学前教育研究的核心对象主要是学前儿童及其家长、幼儿园教师。学前教育研究是通过揭示这些核心研究对象的特征与需求，致力于改善学前教育实践、优化学前儿童发展环境，使更多的学前儿童及其家庭受益。

（一）学前儿童

从学前儿童的角度来说，他们具备与成人完全不同的身心发展特点。比如，注意力集中时间短暂，容易受外界环境的影响；好动、喜欢模仿；以具体形象思维为主；语言表达能力跟不上思维能力；等等。在对学前儿童进行研究时，要充分考虑到学前儿童的相关发展特点与规律，以促进学前儿童身心发展为大前提，在保障学前儿童权利的基础上，进行科学、可行、安全的研究。另外，对于研究数据的解释也要充分考虑学前儿童身心发展的局限性，避免浮夸、依据不足地做出结论。此外，科学研究的伦理规范需要特别关注（关于学前教育研究的伦理问题将在本书第二章中深入讨论）。

虽然每一个学前儿童的学习与发展历程充满了许许多多的个体差异，但以往的研究和经验可以证实，大多数学前儿童的正常发展过程是可以预知的，大多数学前儿童会在合理的时间范围内达到发展里程碑。这些以往的经典研究为我们后来的儿童教育事业工作者提供了相对准确并且稳定的研究基础，因此，当我们再次将学前儿童作为研究对象时，作为研究者的我们应该熟悉并牢记研究对象所处年龄阶段的发展需求与规律。我想，这些需求与规律是我们对学前儿童进行科学研究的基础，包括发展理论与教养实践两方面的依据。

虽然学前儿童发展看上去是可预知的，但个体差异或者说儿童的多样性也需要研究者

① 程秀兰．陈鹤琴幼儿教育思想及其成因［J］．学前教育研究，2006（3）：17－21.

关注。儿童的个性特征受到其气质类型以及所处外界环境的影响比较大。有些幼儿先天就具备随和的气质，生活有规律且容易适应不同的环境；有些幼儿脾气急躁，令带养人难以控制。因此，研究者也需要同时考虑研究对象的个性特征，避免下错结论。

（二）学前儿童的家长及其他家庭成员

正如我们前面所提到的，学前儿童是学前教育研究的核心研究对象。但是，学前儿童生活在其家庭中，是其家庭不可或缺的家庭成员，甚至是整个家庭的中心。其所处家庭的家庭观念及文化与学前儿童的学习和发展不可分割。因此，学前儿童的家长或其家庭也是学前教育研究的核心研究对象。近些年来，家园共育成为我国学前教育研究的又一个重要领域，其中还包括对祖辈育儿行为的研究。通过家园合作，可以确保儿童体验到家庭与幼儿园经验之间的连续性，这一点对于幼儿来说非常重要。因此，大量的实践研究开始探索如何做好家园共育这项工作，如何从认识上到实践上再到效果上体现家园共育的价值所在。令人欣慰的是，大部分教师已经从观念上认同了家园共育的重要性，同时，也在积极探索家园共育的方式与手段，不断提升共育的效果。

从家长的角度来说，初为人父人母，必定有所困惑。一个家庭从开始备孕，到孩子的出生，再到孩子的逐渐成长，都将面临诸多方面的调整，甚至面临重重困难。诸位家长或其他家庭成员都将在思想上、情感上、行动上发生巨大的变化。因此，育儿的过程是一个充满挑战的过程，也是千家万户享受幸福的过程。对家庭、家长及其他家庭成员就“教养”这个问题进行研究可以揭示家庭育儿的现状、困惑以及父母教养理念、教养行为等方面的特点与规律，可以更专业地分析家庭或者家长在提供资源、参与课堂、参与决策方面的价值，从而为学前儿童的发展营造更加适宜的“大环境”。

（三）幼儿园教师

根据教育部颁布的《幼儿园教师专业标准》，幼儿园教师是履行幼儿园教育工作职责的专业人员，需要经过严格的培养和培训，具有良好的职业道德，掌握系统的专业知识和专业技能。在实际工作中，专业的幼儿园教师需要具备教育教学的决策力，并且能够将儿童发展理论运用到师幼互动的过程中去。教师的质量将直接影响学前儿童在托幼机构的一日生活与学习和发展，因此，幼儿园教师无疑也应该是学前教育研究的核心研究对象之一。

当然，学前教育研究的对象也包括托幼机构的保育员。一般来讲，托幼机构将保育员与教师进行了区分，保育员是在托幼机构负责照顾学前儿童生活起居、卫生保健等方面工作的人员，而教师承担着“教育”的职责。但是，教师也会“照顾”儿童，保育员也会“教育”儿童。教师都为孩子们擦过汗和鼻涕，而保育员也曾教导过孩子们如何拉衣服的拉链、如何分享食物等。在实际工作中，这两种“工种”应该有机结合。因此，学前教育研究的对象也包括保育员这支队伍。

四、学前教育研究常用研究方法

（一）常用研究方法

很多研究者都认为，观察法是最适合研究儿童、研究学前教育的研究方法。首先，相对于问卷法和访谈法而言，观察法能够在自然的情境中，在学前儿童不受任何干扰的情景中获得幼儿的资料，比如其行为、语言、表情等。这样获得的研究数据相对真实，这点对于解读研究结果，得出科学、有价值的研究结论十分重要。其次，之前我们提到过，现在的学前教育研究需要带班教师的参与，因此，观察法是最适合带班教师的一种研究方法。幼儿园一线教师可在一日活动的各个环节中观察孩子的行为、语言和情绪，通过观察了解孩子，调整教学活动。最后，观察记录一般会包括对于事件发生环境的描述，包括物质环境和人文环境，一般也会记录事件发生的起因、经过和结果，这些资料能够为研究者或教师提供更加全面和细致的资料，为解读儿童提供更多有力的依据。

除了观察法之外，访谈法和问卷法也是学前教育研究的常用研究方法。有些研究者认为，受语言和思维能力的限制，学前儿童无法准确理解访谈问题，也不能准确表达自己的想法，因此，在实施过程中，访谈法一般用于访谈成人，即教师或家长，从侧面了解学前儿童某方面的特征。但是，现今的儿童观主张，学前儿童拥有独立的观点和人格，学前儿童在熟悉的环境中，和熟悉的成人在一起，当被问及能够理解的问题时，可以回答访谈问题。但由于学前儿童有其发展特点，因此，对学前儿童开展的访谈需要有特别注意的地方，比如尊重儿童的隐私，平等地对待儿童，简化问题，利用图片或玩具加以提示等。问卷法是现代教育研究，特别是调查研究中最常用的方法。一般其对象不是儿童，而是成人，包括教师、家长、政策制定者等。

除此之外，学前教育领域的研究还包括量表测量法、内容分析法等，这些方法将逐一在第五章中做详细的介绍。

（二）学前教育研究方法的发展趋势

学前教育领域的研究方法也随着研究人员对于研究的不断深入而不断地朝前发展。正如之前提到的，混合研究方法的使用是科学研究的重要发展趋势之一。虽然质性研究与量性研究有不同的研究范式和研究策略，但它们各有所长，因此，采用混合研究方法能够起到互补缺陷的效果，使研究结果更加可靠、可行、可推广。近年来，跨学科研究也成为学前研究领域的又一个热点。不同学科领域的学者拥有不同的观点和方法，对于某些比较宽泛的研究问题的探讨会比较适合采用这种方式，比如关于早期儿童家庭教养的政策研究，如果能够组织社会学家、教育学家以及学前教育学家共同参与，肯定比“一家之言”要考虑周到，如果用于政府决策咨询，就会更具有前瞻性。但对于一些比较窄的研究领域，可能不需要跨学科研究，比如关于增加幼儿阅读兴趣，或者研讨如何克服分离焦虑等实践研究。因此，跨学科研究很有价值，但不一定适合每一项研究。

学前教育研究方法的另一个发展趋势是从文化价值观与社会学的视角来探究学前儿童，进行儿童研究。儿童社会学研究即尝试以社会学的研究方法与研究视野来进行儿童研究与童年研究。20世纪80年代，新童年社会学开始在儿童社会学领域崭露头角。新童年社会学是在批判传统社会化理论与传统童年研究的基础上发展起来的，它否认童年仅仅是一种生物学事实，否认儿童的消极地位，提倡把童年作为一种积极建构的社会现象加以研究，其核心思想在于解构成人中心的视角。新童年社会学被认为是童年认识论上的新突破与童年研究的新范式。在新童年社会学研究中，儿童被看作研究的基本单位和范畴，儿童与童年成为分析的中心，它们不再从属于诸如家庭与教育等其他范畴，成为与阶级、性别和族群等传统社会范畴同等的分析单位。至此，扭转了儿童研究、童年研究的附属地位，建立起对于童年自身的兴趣。儿童社会学经常采用儿童民族志、参与式观察、田野研究、儿童访谈等质性方法，大范围的调查、数据分析等定量方法也会在儿童社会学研究中出现。新童年社会学涉及的问题领域非常广泛，包括儿童的同辈文化，儿童的诠释性再生产，儿童的规训与控制，儿童的权力与权利，儿童的生活质量与儿童暴力、虐待及其干预等方面的问题。总体来看，作为尚在形成中的儿童社会学要具有一个坚实的理论基础仍然有很多障碍需要克服，然而它在面临挑战的同时也显现出新的生长点①。

五、幼儿园教师与学前教育研究

随着我国学前教育的不断高质量发展，利用科学的方法，揭示学前教育的规律，探究学前教育的本质，并解决学前教育实践中的问题，是一名合格的幼儿园教师必须具备的专业能力之一；在反思中实践，在实践中反思，更是新时代对幼儿园教师的要求与期望。在教育部颁布的《幼儿园教师专业标准》中的第三个维度专业能力中，包括一个“反思与发展”领域，该领域要求教师能够主动收集分析相关信息，不断进行反思，针对保教工作中的现实需要与问题，进行探索与研究。另外，教育部出台的《教师教育课程标准》的学前教育教师部分，专门提出了若干项课程目标，希望我们的师范生能够了解研究教育实践的一般方法，经历和体验制订计划、开展活动、完成报告、分享结果的过程；参与各种类型的科研活动，获得科学地研究幼儿的经历与体验；同时，将“教育研究方法”作为必修课程。

由此发现，幼儿园教师与学前教育研究的关系很密切，幼儿园教师开展科学研究的价值可以从以下三个方面来理解：

第一，从教育质量来看，只有基于反思的教育实践，才能够保障教育质量，提升教学的有效性，不断推进教育改革与教育创新；作为幼儿园教师，要在实践中获得构建反思的

① 王友缘．新童年社会学研究兴起的背景及其进展［J］．学前教育研究，2011（5）：34－39．

意识、运用反思的方法，来改善和调整教育策略。

第二，从幼儿园的等级评定来看，目前大部分城市的幼儿园等级评定标准会包括对幼儿园教科研过程与成果的考察，包括教育实验的探索活动、教育科研活动、各级各类课题开展情况、各类教科研成果情况等。

第三，从教师自身专业发展的角度来看，教科研是教师实现专业发展的重要途径，与职称评定、岗位晋升都关系密切，因此值得重视和投入。

第四节　教育研究一般过程概览

从随意地提出某个问题到真正地开展教育研究，需要一个过程。这个过程包含了细致的思考与设计，比如，如何提出问题、如何说明该问题的理论价值与现实意义、如何选择研究对象、如何搜集资料、如何处理资料、如何呈现研究结果等。有人认为，这些步骤可以分开来一步一步开展。这个说法原则上笔者是认同的，但必须强调，每一个教育研究都是一个系统，并不能完全将每个步骤割裂开来做。这也是笔者长久以来在指导毕业论文过程中发现的常见问题之一。其实从一开始的选题到文献综述，都可以开始思考研究方法的问题，包括如何分析或处理数据。只有将研究作为一个整体在方案设计阶段统筹考虑，才能设计出科学、可行的研究，而不至于在研究过程进行了一半之后还要修改原先的研究计划。甚至有些学生在搜集了数据以后发现与研究问题不符，再来修改研究问题或论文的题目，这些情况应该在研究初期获得重视，尽量避免（毕业论文的撰写可见第七章）。一般来讲，教育研究的基本研究步骤如表 1-3 所示。

表 1-3　教育研究的基本研究步骤

研究步骤	步骤说明
1. 选择与确定研究问题	寻找研究问题来源，对研究问题进行合理适宜的表述
2. 拟定研究计划	
2.1　文献综述	利用关键字检索文献、筛选并阅读文献、整理分析文献、撰写文献综述
2.2　讨论研究目的和意义	讨论研究的理论意义与现实价值
2.3　选择研究方法	确定研究对象、抽样方式、搜集数据的方式，保证研究工具的信度与效度
2.4　拟定研究日程	明确各研究者、各时间节点的具体任务
3. 执行研究计划	
3.1　搜集分析研究资料	量性数据的统计分析或质性数据的编码

续表

研究步骤	步骤说明
3.2　呈现研究结果	根据研究问题呈现研究结果并得出研究结论
4. 撰写研究报告、学术论文	推广研究成果，服务于教学实践、教育决策等

学前教育研究是大教育研究的重要组成部分，其研究步骤与教育研究基本一致，如图 1-2 所示。

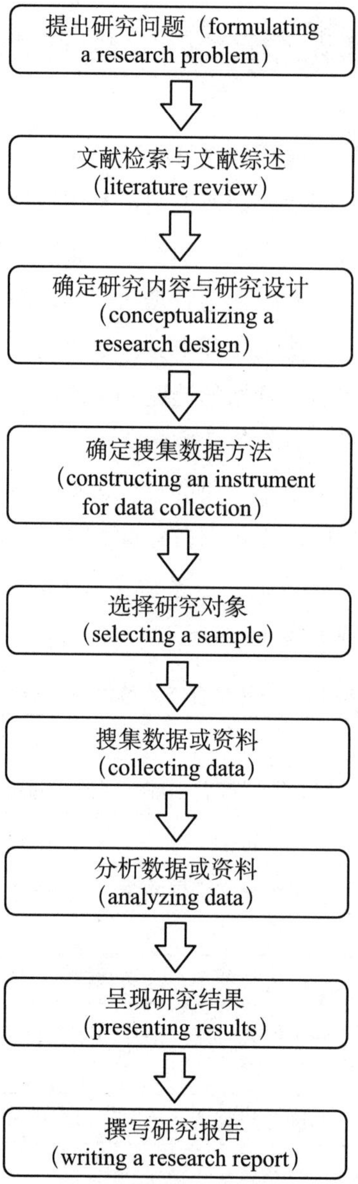

图 1-2　学前教育研究的基本步骤

第二章

学前教育研究的伦理问题

每一项科学研究都必须遵循“伦理规则”（或许您从未想过这个问题，又或者您并没有意识到您曾经考虑过的研究过程中的一些细节就是研究伦理）。奥布里（Aubrey）将科学研究中的“伦理问题”定义为构成某一科学研究的道德哲学或道德原则体系①，也就是研究过程中研究者必须遵循的规范与准则，主要包括三个方面：一是基于保护研究对象的研究基本准则，二是学术研究的基本规范，三是学术诚信。在我国，研究中的“伦理问题”更强调研究的真实性与客观性，但是越来越多的研究者已经开始意识到，教育科学研究不仅需要一般科学研究的学术规范与学术诚信，还需要考虑人文道德的因素，这一点在学前教育研究领域尤为重要。

本章包括两个部分：第一部分主要介绍政府关于保护研究对象的相关法规以及学前教育研究的伦理准则，第二部分重点论述研究过程中的学术规范与学术诚信。

小提示

幼儿园教师在日常工作中面临的伦理问题举例：

（1）确保幼儿家庭信息的私密性。

（2）确保幼儿成长过程中某些敏感问题的私密性。

（3）确保幼儿园的各项活动对任何幼儿都不存在歧视性。

① AUBREY C. Early childhood educational research: issues in methodology and ethics [M]. Educational review, 2000, 54 (1): 85-86.

第一节　学前教育研究的伦理准则

一、研究伦理概述

（一）研究伦理的定义

伦理是一种行为规范，研究伦理是关于研究的行为准则，约束研究者的言行。作为研究者，既要遵守自身的研究伦理（主要偏重个人的外部行为规范），又要体现个人的学术诚信（主要偏重个人内部的自律要求）。教育研究是一种专业行为，教育研究伦理是规范从事教育研究的研究者必须具备的涵养以及必须遵循的行为规定，以保障教育研究的专业地位与权威①。

（二）教育研究伦理的内涵

国外关于教育研究伦理的探讨更加注重对研究对象的保护，比如，弗伦克尔（Fraenkel）与沃伦（Wallen）在《如何设计与评价教育研究》一书中非常具体地探讨了研究伦理的问题②。

（1）保护参与者免于受伤害：避免研究本身对参与研究者产生身体或心理上的不舒服，造成潜在的危险，这是研究者必须遵守的第一个原则。

（2）确保研究资料的隐秘性：除研究者本身或少数研究助理之外，搜集来的个别研究数据不得让其他人悉知，做法包括使用代号、匿名回答数据等。

（3）隐瞒行为的顾虑：虽然许多研究必须事先隐瞒才能进行，但是研究者应该尽可能避免采用之；如果无法避免，则须考虑是否具有科学与教育价值，并在事后说明与补救。

（4）以儿童为对象时应遵守必要的规范：儿童在研究中容易受到伤害，因此要特别注意，要事先征求家长或监护人的书面同意、研究结果不作为研究以外之用途（如作为打成绩之依据）、不强迫或威胁儿童参加、不能使用其他福利措施来免除研究伦理的保障。

此外，克雷梅尔（Cresmell）在《教育研究：计划、实施与评价量性研究与质性研究》一书中，分别从参与研究者的权利、搜集资料、研究场域、研究发现与研究报告等方面讨论了教育研究者的专业伦理③：

（1）尊重参与研究者的权利：参与研究者有权了解研究目的、预期结果与社会价值，个人也有权拒绝参与研究或在半途退出，参与研究者的个人信息应该受到保密，研究者不

① AUBREY C. Early childhood educational research：issues in methodology and ethics [J]. Educational review，2000，54 (1)：85-86.

② FRAENKEL J R，WALLEN N E. How to design and evaluate research in education [M]. 6th ed. New York：McGraw-Hill，Inc，2006.

③ CRESMELL J W. Educational research：planning，conducting，and evaluating quantitative and qualitative research [M]. 3rd ed. New York：Pearson/Merrill Prentice Hall，2008.

能重利引诱他人参与研究，参与研究者有权要求从研究中获得学术或实物的回报。

（2）避免伤害参与研究者身心：搜集数据时要给予数据提供者必要的保密措施，在质性研究方面，要特别注意使用代号，多使用团体分析，事先征求参与者的同意，说明研究目的，不隐瞒研究事实，准确描述研究发现与研究的情境，对研究场域与对象的干扰降到最低。

（3）尊重研究场域：研究者要尊重研究进行的场域，包括事先征得同意，对研究场域的干扰降至最低，保持是宾不是主的态度。

（4）完整与诚实报道研究结果：研究者也要尊重阅读研究报告者，包括不窜改数据，对提供数据者给予必要的尊重（如详细注明数据源），不过度使用专有名词或术语。

综上所述，关于研究伦理的探讨到现今的阶段其实已经十分深入了。总结起来，研究伦理规定了研究者及与其存在研究关系的不同社群的行为规范：

（1）研究者本身应该做到：重视反省、忠于研究、决不剽窃。

（2）研究者与研究对象的关系：

1）说明真相，感激合作；

2）尊重选择，信守承诺；

3）保障隐私，慎用数据；

4）权衡得失，避免伤害；

5）澄清疑虑，告知结果。

（3）研究者与委托者的关系：

1）了解目的，适做承诺；

2）彼此沟通，建立共识。

（4）研究者与同僚的关系：

1）确保成果充分利用；

2）维护研究社群声誉。

（5）研究者与社会的关系：

1）注意研究对政策的启示；

2）避免误导社会观念；

3）审慎处理争议的研究主题。

二、教育研究的一般伦理准则

学前教育研究的核心研究对象是学前儿童、家长以及幼儿园教师。如果研究设计不合理或者研究过程处理不当，都可能侵犯其合法权利甚至对其造成身心伤害。特别是当研究对象为脆弱的学前儿童时，他们更容易由于参与研究受到影响，也更容易受到伤害。另外，当成人研究者在实施研究时，一般都将自己称为“专家”或“老师”，而学前儿童此时就会处于“权力”的劣势，毫无准备地被要求完成一些任务，成人研究者容易忽视学前儿童的情感需要或被研究者的自尊感。因此，我们将探讨以下五个方面的研究伦理准则，强化保护研究对象的必要性，保障科学研究严谨、科学、合乎情理、遵循法律。

（一）通知被试并征得其同意

“知情同意”是指研究者在开展研究之前，即在搜集数据资料之前，通过书面等方式获得研究对象自愿参与研究的认可的过程。从本质上讲，研究对象的“知情同意”与开展怎样的研究并没有直接关系，但它却是研究伦理应该关注的一项关键过程。首先，研究者有义务将相关研究信息以及研究过程中涉及研究对象的重要信息在知情同意书中阐述清楚。研究者在表达学术研究信息的过程中可能会使用到学术术语等研究对象不能理解的语言，这样的话就无法使研究对象真正理解研究者所要表达的意思。因此，研究者要尽量使用潜在研究对象能够理解的语言，使其真正理解研究过程。其次，在研究对象签署知情同意书之前，研究者有义务回答研究对象提出的关于参与研究所产生的任何疑问。再次，研究者有义务保留研究对象所签署的知情同意书直至研究终止后研究结果被公开发表后的一段时间（一般来讲为两年）。最后，研究者必须清楚地认识到，研究对象在签署知情同意书之后，依然有权在研究过程中的任何时候退出研究。一般来讲，知情同意书需要说明以下内容：

√ 研究目的与研究价值：为什么要开展这项研究？开展这项研究会产生什么样的影响？

√ 研究对象：为什么被试会被邀请参与研究？怎样的被试符合参与研究的要求？共有多少位被试将被邀请参与研究？其年龄、性别、职业等特征是怎样的？

√ 研究过程：被试将如何参与或怎样配合研究者完成研究？会让被试做什么？需要参与几次？参与多长时间？

√ 研究方法：数据记录的方式、数据储存的方式以及数据的用途是什么？

√ 对于研究对象隐私与权利的保护：承诺对所有研究对象匿名并保密数据储存地点、告知被试谁将有权使用数据，研究对象有权在研究的任何时候退出研究。

√ 参与研究的危险性、回报等：一般来讲，绝大部分研究不会对研究对象造成身心伤害，但研究者必须在此说明参与研究可能会对被试造成的一些身心的影响，比如会令被试特别关注自己在某方面的行为举止等；有些研究有研究经费的支持，可能会用一些小礼品作为参与研究的回报，在此需具体说明获得礼品的方式与要求，但切勿利用礼品骗取研究对象的信任。

在学前教育研究领域，如果研究对象为学前儿童，那么学前儿童是否能够在知晓并理解研究的各个方面的基础上签署知情同意书？学前儿童是否能够正确预计并掌握自己在研究过程中所需要完成的任务？学前儿童是否有能力理解并承担参与研究可能会造成的后果？也许有研究者会认为，如果成人研究者愿意使用学前儿童能够理解的语言，清晰准确地表达与解释的话，那么学前儿童应该是能够理解知情同意书的内容的。但即便如此，成人研究者依然无法百分百保证学前儿童能够完成任务并不对自身造成身心伤害。因此，将学前儿童作为研究对象的研究者需要让其家长或者法定监护人签署知情同意书，之后方可进行研究。如果该研究将发生在某个幼儿园或某个机构中，那么事先也需要征得机构负责人的同意以及对这群学前儿童有监护责任的机构老师的知情同意。

虽然家长或监护人能够帮助学前儿童判断是否适合参加研究，但有时，学前儿童，特别是年龄较小的婴幼儿会用自己独特的方式拒绝参与研究。比如，婴幼儿可能会拒绝与研究者互动，不说话也不作为；婴幼儿可能会大哭，或者发出难过或沮丧的声音；也可能拒绝操作研究者提供的活动材料；等等。那么，作为研究者，必须对这样的反应保持敏感。研究者应该主动从其教养人那里了解研究对象的基本情况、气质、性格等特点，因为这群非直接参与研究的群体的主张和看法，对于研究者观察和分析研究对象的行为至关重要。研究者对于研究对象了解得越多，越有利于对其数据的解读，也越有利于研究价值的体现。

最后，还需要提醒研究者，有时当研究者询问研究对象是否愿意参与研究时，可能他们会由于“不好意思”或者“不敢”拒绝等情感因素而接受研究者的邀请。比如，园长邀请某位教师参与其主持的关于“幼儿园园本课程实施质量”的研究，带班教师邀请本班家长参与“小班幼儿入园适应情况的调查研究”时，教师和家长不想给幼儿园园长或带班教师留下“不合作”的印象，因此，很难开口说“不”。但如果研究对象缺乏基本的参与研究的动力，对于研究的开展也是不利的。因此，研究者需要在邀请研究对象的过程中让其了解“自愿参与”的真正内涵，这样既可以确保研究的顺利进行，也能够确保研究结果的有效性与科学性。

研究者可以采用邀请研究对象签署“知情同意书”的方式来进行。知情同意书中一般会简要介绍研究目标和价值，并说明参与研究的方式、自愿参与原则以及签署同意书的要求，并提供该研究项目的联系人和联系方式。知情同意书举例如图 2－1 所示：

祖辈教养课程问卷调查知情同意书

尊敬的祖辈家长：

您好！我们正在进行《合作养育视角下祖辈教养课程区本化实践研究》课题研究，请您针对相关问题完成问卷调查。您的回答对本研究很重要，诚邀您的参与。本问卷为匿名回答，我们也将对您的答卷保密，请您根据实际情况作答。如果您愿意参与本研究，请您在本知情同意书下方签名，并完成问卷，完成后的问卷和本知情同意书一同交给我们的研究人员。如您不愿意参与或者在完成问卷过程中选择不参与本研究，也可以。如有问题，您可以联系我们的研究人员，张老师（电话）。

再次感谢您的参与！

×××课题组

2022 年 6 月

本人已阅读本次问卷调查的知情同意书，并同意参与本次研究。

签名

日期

图 2－1　知情同意书举例

（二）匿名与隐私保密原则

当研究问题涉及研究对象的个人隐私或敏感议题时，研究者有义务保护研究对象的私人兴趣、特征、行为等隐私信息。同时，根据国际惯例，研究者还要遵守匿名与隐私保密原则。匿名原则是指有权获取数据信息的个体无法根据数据信息判断研究对象的个人身份。研究者需要将知道研究对象身份的人数降到最低。隐私保密原则是指研究者应该对研究对象的姓名、身份与家庭住址等个人信息加以保密，使外界无法识别特定对象所提供的资料。

为了做好匿名与保密工作，研究者可以让研究对象不提供真实身份信息，也就是不署名；或者用编码的方式来识别研究对象；还可以让第三方来选择样本并搜集资料。匿名与保密原则可以让研究对象的个人隐私得到很好的保护，研究人员对于研究对象所做出的这样的承诺可以打消研究对象的很多顾虑，在搜集数据时也就更能够与研究者建立互相尊重与互相信任的关系，从而提供更为真实、可靠的数据资料，也就对研究的科学性与有效性更有利。比如，在学前教育的融合教育研究领域，研究对象可能是有缺陷的学前儿童。邀请这样的被试参与研究往往会遭遇拒绝。家长的想法其实很容易理解，他们出于保护孩子与家庭的隐私考虑，出于不打扰孩子的生活考虑，出于回避某些敏感问题考虑，都会使这样的研究无法顺利开展。其实，这方面的研究价值很大，对于这样的家庭与儿童的发展是利大于弊的，但需要家长的配合。而家长是否配合与研究者和家长的沟通方式有关，即研究者是否能够在一开始就降低家长的顾虑，是否能够让家长意识到参与研究的好处，是否能让家长明确作为研究对象的权利，这些问题直接影响研究开展的可行性。因此，研究者有义务遵循匿名与隐私保密原则，确保每一位研究对象的正当权利不受侵犯。

（三）避免欺骗、压力与伤害

避免欺骗原则主要是指研究者要尽量真诚、诚实地对待研究对象。在研究设计过程中，尽量不采用欺骗方式的研究设计。这里的“欺骗”有两个层面的意思：一是研究者主观故意不准确告知潜在研究对象关于研究的信息，或刻意隐瞒研究信息，那么，当潜在研究对象同意参与研究之时，其所获得的信息是不准确或者不完整的。这种方式的欺骗是不被认可的，也是严重违反研究伦理的行为。二是研究者有时为了实现研究目的不得不选用带有欺骗性质的研究过程，比如，为了顺利搜集数据资料，研究者可能给研究对象制造一些假象，或者人为地营造某些研究场景给研究对象施以某种压力等，以达到必要的效果。比如，要想证明某一种干预课程是否能够有效改善害羞儿童进行社会交往的能力，就可以设计一项所谓的“双盲”实验，即研究者与研究对象都不知道哪一组是实验组，哪一组是对照组。严格来讲，这实际上是对研究对象的一种欺骗，无形中给研究对象带来了压力。

其实，研究者是否被允许在研究中采用这种方式的欺骗，国际上并没有严格的法律规定，也没有达成共识。有些学者认为，为了实现研究目的的欺骗是善意的，哪怕在研究过程中给研究对象造成了一些压力，但研究结束后研究者会向研究对象交代清楚，并将负面影响降到最低。但也有些学者认为，简单地告知被试“您被骗了，但我们的谎言是善意的！您不会受到任何伤害！”是远远不够的，需要采用其他的策略来弥补被试所受的影响，比如帮助被试分析其行为是由人为设计的实验环境所造成的，而不是被试本身具有性格或个性方面的问题；或者告知被试其行为十分正常，也会有被试在实验环境中做出类似的行为等。

在学前教育领域，为了保障研究对象的身心安全，研究者应该在设计欺骗环节前，考虑自己的研究是否有如此重要的价值，值得使用欺骗的方式并承担风险；如果不使用欺骗设计，是否有其他方式也能获取信息。如果实在必要，那么研究者要考虑自己设计的欺骗环节会对学前儿童或其他相关研究对象造成怎样的影响；研究过后如何告知学前儿童真相，或者如何向家长说明，是事先说明还是事后解释。这些问题都需要研究者三思而后行。一位有责任心的研究者应该在研究开展之前为研究对象考虑周全，这也是保证研究本身科学性与有效性的重要环节。

（四）尊重多元文化

研究者要考虑研究对象的文化背景。不同的研究对象会在性别、职业、民族、家庭经济水平、社会地位、文化价值观等方面体现个体差异性。研究者应该尊重研究对象在这些方面所表现出来的不同特点，要公正、客观地解读或评估研究对象所提供的资料，不能由于研究者的个人兴趣或喜好，或者为了达到研究目的、证明自己的研究假设而隐瞒或消除某些资料。在与研究对象互动的过程中，研究者不能由于不同的文化背景而采用差别对待的方式。研究者所选择的研究内容可能对一部分研究对象造成情绪上的困扰甚至伤害，因此，研究者需要客观地了解被试的文化背景或具体情况，主动、及时地与研究对象沟通，与研究对象建立平等与真诚的合作关系，尽量避免文化差异所带来的负面影响。

（五）正当呈现结果

这一原则是指研究者有义务公正地呈现研究结果，要避免自我吹嘘。所谓公正，是指除了要注重所呈现资料的真实性之外，还要兼顾资料的完整性。虽然不同的呈现方式代表了研究者不同的立场与观点，也可能是研究报告所需，但对于关键性的资料，研究者应该以明确或者显而易见的方式加以呈现。要尽量避免失之偏颇的报告研究结果，或者选择性地汇报研究结果。一份观点偏颇且缺失关键性资料的研究报告所造成的不良影响，远比一份浅薄的报告所造成的影响来得大。因此，研究者需要一方面毫无保留地呈现关键性资料，避免遗漏；另一方面，要在批判精神的指导下，适度地讨论或拓展研究结果。另外，参与研究的研究对象有权获知研究结果，研究者也可主动告知研究对象研究结果的发表与报告。

三、以学前儿童为研究对象的伦理讨论

如果将学前儿童直接作为研究对象，那么需要考虑的伦理问题可能更为复杂一些。奥尔德森（Alderson）曾主张，儿童研究的伦理问题与其参与研究的程度有关①。奥尔德森列举了早期儿童参与研究的三种不同的参与度：

（1）在完全不知情的情况下参与研究：儿童并不知道有人在研究他们，也没有人询问过他们的想法。

（2）在被告知的情况下参与研究：完成成人提出的要求，研究完全在成人研究者的控制之下。

（3）积极参与研究过程：研究者可以根据学前儿童的特点或意见调整研究方法，使其能够最大限度地参与研究，表达自己的想法和意见。

这三种不同的参与水平体现了研究者的儿童观，以及对儿童权益保护的内涵的认识。自1989年联合国颁布《儿童权利公约》以来，已经有196个国家签署成为缔约国。该公约的主要目的就是捍卫儿童的合法权利，包括参与权。那么这样的国际趋势对学前儿童研究意味着什么呢？最基本的回答是，成人不再适合直接充当儿童的代言人，代替儿童发言。研究者需要认识到，成人的观点无法代表孩子们的判断和体验，儿童不再单纯仅仅是“研究对象”，而是与研究者一起完成研究的“伙伴”。这一新型的“儿童研究伦理观”将大大增加儿童参与研究的可能性，同时也在很大程度上拓展了儿童研究的视野。

比如，法雷尔（Farrell）在2002年进行的一项评价某社区儿童与家庭服务项目质量的研究中，以76位3～8岁的儿童作为研究对象，询问他们“你喜欢这个学校的哪些地方？”等开放式问题②。访谈者还让孩子们与自己的同伴分享自己的看法，并提问：“如果有新的同学来这里，他会需要什么帮助？为了让他（她）喜欢这里，要让他（她）知道什么？”通过交流、观察与录像，研究者总结了不同年龄段孩子们的回答。该研究发现，孩子们有能力表达自己对所接受的社区服务的看法。在访谈过程中，研究者考虑到了一般的访谈程序可能不适用于学前儿童，因为他们要坐很久，而孩子们更喜欢与同伴玩耍。因此，研究者并没有死板地开展访谈，并说明邀请孩子作为研究对象是一个“并不明智”的决定，而是进行了过程设计，确保孩子们能够理解问题并且有机会说出自己的想法，甚至还准备了如果某些孩子受到他人嘲笑或不想回答问题时的预案。由于篇幅有限，这里不再展开研究细节，但这项研究是一次很好的“儿童参与式研究”的尝试，并再一次证明了“儿童的能力可能会超出成人对他们的预判”。

又比如，观察法是学前教育研究中常见的研究方法。一般来讲，研究者会以旁观者的

---

①② ALDERSON P. Designing ethical research with children//FARRELL A. Ethical research with children［M］. Maidenhead：Open University Press，2005.

身份在某个情境中对儿童的行为进行一段时间的观察与记录，并对观察记录进行进一步的整理与分析。根据知情同意原则，研究者需要知会孩子们的老师，也需要获得家长的正式同意，否则是不符合研究伦理原则的。那么在进行观察之前，观察者是否有必要向被观察的对象说明其作为研究者的身份，又是否需要向被观察的儿童说明观察的内容与目的呢？实际上，大部分观察者在进行观察之前，并不会主动向被观察的儿童说明自己的研究目的，而是等到儿童发现了研究者的观察行为并询问时，才会告知儿童。有时，研究者还会寻找其他的理由来避免直接告诉儿童他（们）或她（们）在被观察。在新型“儿童研究伦理观”的指导下，研究者可以考虑，应该如何向孩子们说明这项研究，如何让孩子们既自然地展现自己的行为又能够参与到研究中来，比如，主动说明自己行为的原因和自己的情绪体验等。其实，孩子们在参与的过程中，很可能获得了更多的表达与行为的技能，这也算是参与研究的好处之一吧。

总而言之，用不同的视角和策略尊重我们的研究对象是研究伦理的重要内涵。在很多时候，研究者也会碰到一些两难问题，比如，家长想让儿童退出研究，而儿童并不介意继续参与研究，那该怎么办呢？这样的两难问题并没有标准答案，沟通可能是唯一也是最好的解决办法。但作为研究者，必须践行所有的伦理准则；必须尽最大的可能维护研究对象的合法权利，无论是成人还是学前儿童；必须将科学、合法、合理的研究进行到底！

第二节　科学研究的职业伦理

在研究过程中，研究者除了需要保护研究对象之外，其自身还需要遵循科学研究的职业伦理，主要包括学术规范和学术诚信等。学术规范主要是指“根据学术发展规律制定的有关学术活动的基本准则，反映了学术活动长期积累的经验。学术共同体成员应自觉遵守”；学术诚信主要是指研究者要避免在技术层面出现违背行为准则的做法，比如数据核实不全、文献引用注释出处不全、抄袭或篡改他人学术成果等。

一、学术规范

（一）基本学术规范

21 世纪以来，我国关于科学研究伦理方面的规则制定也得到了学术界的重视，2004 年《高等学校哲学社会科学研究学术规范（试行）》颁布（具体内容见表 2-1），2008 年《高校人文社会科学学术规范指南》出台。这一系列文件对人文社会科学研究的基本伦理、研究纪律、法律约束和技术细节进行了说明和解释，为学术研究提供了基本的规范指引，从而保障了科学研究的严谨与价值。研究者一定要在一开始就养成良好的学术习惯。

表 2-1 《高等学校哲学社会科学研究学术规范（试行）》①

一、总则
（一）为规范高等学校（以下简称高校）哲学社会科学研究工作，加强学风建设和职业道德修养，保障学术自由，促进学术交流、学术积累与学术创新，进一步发展和繁荣高校哲学社会科学研究事业，特制订《高等学校哲学社会科学研究学术规范（试行）》（以下简称本规范）。
（二）本规范由广大专家学者广泛讨论、共同参与制订，是高校师生及相关人员在学术活动中自律的准则。
二、基本规范
（三）高校哲学社会科学研究应以马克思列宁主义、毛泽东思想、邓小平理论和“三个代表”重要思想为指导，遵循解放思想、实事求是、与时俱进的思想路线，贯彻“百花齐放、百家争鸣”的方针，不断推动学术进步。
（四）高校哲学社会科学研究工作者应以推动社会主义物质文明、政治文明和精神文明建设为己任，具有强烈的历史使命感和社会责任感，勇于学术创新，努力创造先进文化，积极弘扬科学精神、人文精神与民族精神。
（五）高校哲学社会科学研究工作者应遵守《中华人民共和国著作权法》《中华人民共和国专利法》《中华人民共和国国家通用语言文字法》等相关法律、法规。
（六）高校哲学社会科学研究工作者应模范遵守学术道德。
三、学术引文规范
（七）引文应以原始文献和第一手资料为原则。凡引用他人观点、方案、资料、数据等，无论曾否发表，无论是纸质或电子版，均应详加注释。凡转引文献资料，应如实说明。
（八）学术论著应合理使用引文。对已有学术成果的介绍、评论、引用和注释，应力求客观、公允、准确。伪注，伪造、篡改文献和数据等，均属学术不端行为。
四、学术成果规范
（九）不得以任何方式抄袭、剽窃或侵吞他人学术成果。
（十）应注重学术质量，反对粗制滥造和低水平重复，避免片面追求数量的倾向。
（十一）应充分尊重和借鉴已有的学术成果，注重调查研究，在全面掌握相关研究资料和学术信息的基础上，精心设计研究方案，讲究科学方法。力求论证缜密，表达准确。
（十二）学术成果文本应规范使用中国语言文字、标点符号、数字及外国语言文字。
（十三）学术成果不应重复发表。另有约定再次发表时，应注明出处。
（十四）学术成果的署名应实事求是。署名者应对该项成果承担相应的学术责任、道义责任和法律责任。
（十五）凡接受合法资助的研究项目，其最终成果应与资助申请和立项通知相一致；若需修改，应事先与资助方协商，并征得其同意。
（十六）研究成果发表时，应以适当方式向提供过指导、建议、帮助或资助的个人或机构致谢。
五、学术评价规范
（十七）学术评价应坚持客观、公正、公开的原则。
（十八）学术评价应以学术价值或社会效益为基本标准。对基础研究成果的评价，应以学术积累和学术创新为主要尺度；对应用研究成果的评价，应注重其社会效益或经济效益。
（十九）学术评价机构应坚持程序公正、标准合理，采用同行专家评审制，实行回避制度、民主表决制度，建立结果公示和意见反馈机制。评审意见应措辞严谨、准确，慎用“原创”“首创”“首次”“国内领先”“国际领先”“世界水平”“填补重大空白”“重大突破”等词语。评价机构和评审专家应对其评价意见负责，并对评议过程保密，对不当评价、虚假评价、泄密、披露不实信息或恶意中伤等造成的后果承担相应责任。

① 教育部社会科学委员会．高等学校哲学社会科学研究学术规范（试行）[J]．社会科学论坛，2004（8）．

(二十) 被评价者不得干扰评价过程。否则，应对其不正当行为引发的一切后果负责。
六、学术批评规范
(二十一) 应大力倡导学术批评，积极推进不同学术观点之间的自由讨论、相互交流与学术争鸣。
(二十二) 学术批评应该以学术为中心，以文本为依据，以理服人。批评者应正当行使学术批评的权利，并承担相应的责任。被批评者有反批评的权利，但不得对批评者压制或报复。
七、附则
(二十三) 本规范将根据哲学社会科学研究事业发展的需要不断修订和完善。
(二十四) 各高校可根据本规范，结合具体情况，制订相应的学术规范及其实施办法，并对侵犯知识产权或违反学术道德的学术不端行为加以监督和惩处。
(二十五) 本规范的解释权归教育部社会科学委员会。
(经教育部社会科学委员会 2004 年 6 月 22 日第一次全体会议讨论通过)

由于《高校人文社会科学学术规范指南》的内容比较具体，篇幅很长，因此表 2-2 仅罗列了该指南中的三级标题，供有兴趣者参考。除此之外，中国的一些专业协会、研究机构和学校的部门也对科学研究的学术道德设立了规范制度，比如《北京大学教师学术道德规范》《全国性学科科技期刊道德规范》《中国科学院院士科学道德自律准则》等。

表 2-2　《高校人文社会科学学术规范指南》三级目录内容（节选）①

1　基本概念			
1.1　人文社会科学	1.2　学术共同体	1.3　学术规范	1.4　学术伦理
1.5　学风	1.6　学术失范	1.7　学术不端	1.8　学术腐败
2　学术伦理			
2.1　求真务实	2.2　诚实守信	2.3　继承创新	2.4　恪守职责
2.5　以人为本	2.6　自律与他律		
3　选题与资料规范			
3.1　选题的基本要求			
3.1.1　充分酝酿	3.1.2　注重学术价值和社会价值	3.1.3　了解和尊重既有研究成果	
3.1.4　避免低水平重复	3.1.5　注重立意与主题的择定		
3.2　搜集资料的基本要求			
3.2.1　充分占有资料	3.2.2　审慎选取资料		
3.2.3　综合和诠释资料	3.2.4　不断补充和及时甄选资料		
4　引用与注释规范			
4.1　学术引用的作用			
4.1.1　学术引用有利于将成果放在相关学术史的适当位置			
4.1.2　学术引用是学术评价的重要指标			
4.1.3　学术引用的伦理状况是学术职业化程度的衡量尺度			
4.2　学术引用的规则			
4.2.1　引用应尊重原意，不可断章取义			
4.2.2　引用应以论证自己观点的必要性为限			
4.2.3　引注观点应尽可能追溯到相关论说的原创者			
4.2.4　引用未发表作品应征得作者同意并保障作者权益			

① 教育部社会科学委员会学风建设委员会．高校人文社会科学学术规范指南［M］．北京：高等教育出版社，2009.

4.2.5 引用未成文的口语实录应将整理稿交作者审核并征得同意
4.2.6 学生采用导师未写成著作的思想应集中阐释并明确说明
4.2.7 引用应伴以明显的标识，以避免读者误会
4.2.8 凡引用均须标明真实出处，提供与引文相关的准确信息
4.3 引用与注释的内容与格式
4.3.1 中文引文注释的必要内容　　4.3.2 外文引文注释的必要内容
4.4 参考文献
4.4.1 著录项目俱全　　4.4.2 编排符合规范
4.4.3 避免多杂和遗漏　　4.4.4 不可故意回避
5 成果呈现规范
5.1 成果的构成项目
5.1.1 标题　5.1.2 内容摘要　5.1.3 关键词　5.1.4 导语　5.1.5 序
5.2 成果的发表
5.2.1 遵守法律　5.2.2 避免一稿多发
5.3 成果署名
5.3.1 个人论著　5.3.2 合作论著　5.3.3 向资助者致谢
6 学术批评规范
6.1 学术批评的正当性
6.1.1 学术批评是推动学术发展的动力　　6.1.2 学术批评是监督学术活动的有效手段
6.2 学术批评的原则
6.2.1 实事求是，以理服人　6.2.2 激浊扬清，推介精品　6.2.3 鼓励争鸣，促进繁荣
6.3 学术批评的方式

（二）合作研究中的学术规范

大部分的教育科学研究很难单独完成，需要研究团队共同的努力和智慧。比如，在学前教育研究领域，有些高校学者深入幼儿园第一线，与带班教师一起研究某个教育实践问题。这种研究团队既能够发挥各方优势，也能够从不同的角度来完善研究，是非常值得鼓励的。因此，在研究过程中要处理好与研究伙伴的关系。首先是平等与公平，在研究过程中，双方（各方）需要用平等的方式尊重自己的研究伙伴，对于他人的意见和建议不要忽视或鄙视，酬劳方面也需要公平。其次是信任与沟通，研究伙伴之间要注重沟通与协作，对于难免的分歧要通过协商找到最合适的方案，而不要互相针对。最后是在成果归属权方面，应该事先达成共识，根据研究的实际情况署名，署名的先后要按照个人在研究中所做贡献的大小而定，要对研究伙伴的工作给予认可。

二、学术诚信

遵守学术诚信主要是指研究者要避免“学术失范”和“学术不端”的行为。根据《高校人文社会科学学术规范指南》，学术失范是指由于缺乏必要的知识而违背行为准则的做法①。

① 教育部社会科学委员会学风建设委员会．高校人文社会科学学术规范指南［M］．北京：高等教育出版社，2009.

比如数据核实不足、文献引用出处注释不全等，其动机与情节较学术不端行为为轻。而学术不端是不正当的研究行为，指学术共同体成员违反学术准则、损害学术公正的行为。例如：（1）抄袭、剽窃、侵吞他人学术成果；（2）篡改他人学术成果；（3）伪造或者篡改数据、文献，捏造事实；（4）伪造注释；（5）没有参加创作，在他人学术成果上署名；（6）未经他人许可，不当使用他人署名；（7）违反正当程序或者放弃学术标准，进行不当学术评价；（8）对学术批评者进行压制、打击或者报复等。

（一）引用与注释

引用是指在学术作品中直接陈述或转述他人的观点内容，注释是对引用的内容或其他应用的内容进行注解，注解的目的通常有两个：一是对正文中所提到的术语、资料、人物或事件做进一步的附带说明、评论或阐释；二是说明引用的出处，可采用不同的格式，比如脚注和尾注等。有些研究者可能会忽略引用和注释，在借鉴和转述他人的著作的观点或内容时，没有说明出处（公开、真实而且精确地引注），那么就有可能被认为是"学术剽窃"。因此，在研究作品中认真做好引用和注释的工作是非常重要的。

在进行引注的过程中，需要注意以下几点：一是要尊重作者的原始观点，避免断章取义，歪曲事实；二是尽可能追溯到相关论点的原创者；三是为保障学术研究的创新性与社会价值，研究者要避免过度引用。在注释的过程中，需要公开、真实且精确地表述引用文献的基本信息，以便读者查阅或核对。其实关于引用和注释的方式，国内外都有具体的技术规则和操作指南。比如，国内主要是两个模式：一是以《中国高等学校社会科学学报编排规范》为代表的高校系统的刊物注释规范，二是以《中国社会科学》和《历史研究》为代表的中国社会科学院系统的刊物注释规范。美国社会科学领域主要遵循三大注释规范：一是芝加哥规范（Chicago Manual of Style）；二是美国心理学会格式；三是现代语言学会（Modern Language Association，MLA）论文格式规范，主要用于心理学、教育学和商学。这些论文写作规范均详细解释了论文写作过程中需要注意的细节，包括标点符号、人名和数字的写法、缩写方式以及注释参考资料的格式等。比如，在芝加哥规范中，注释分为脚注和尾注，脚注出现在每页的最下端，而尾注则出现在文章的最后。而美国心理学会格式中并没有区分脚注与尾注，只是在行文中对所采纳的参考内容进行标注，且标注形式完全与芝加哥规范不同。

（二）资料搜集与分析

研究者的学术诚信还体现在对研究资料进行搜集和分析的过程中。研究者需要保障研究资料的真实与可信。第一，在搜集资料的过程中，绝对不能捏造研究数据，或借用他人的研究数据，更不能为达到某个研究成果而篡改研究数据。随着高科技手段不断深入人们的日常生活，有些研究者通过网络获取研究数据，这种方式非常快捷，优势很明显，但这是违背科学研究的伦理准则的，因此要避免使用网络上已有的数据，或进行一些改动后就直接拿过来使用。另外，搜集数据的时候要避免影响、暗示或干预研究对象，以此得到研究想要得到的数据资料，这样的获取研究数据的方式是不符合学术诚信原则的。

第二，在分析数据的过程中，绝对不能随意改动或删除量性数据，使得数据统计分析结果更加符合研究目标。在处理质性数据的过程中，也不能曲解或错误解释文字资料的含义。当然，在质性研究中，对于文字资料的理解和把握受到研究者个人理论水平的影响，但研究者应该避免玩文字游戏，也可以使用计算词频的质性研究软件，比如由澳大利亚 QSR International 公司开发的质性研究分析工具软件 Nvivo 10。

第三章

阶段一：明确研究问题

选择一个感兴趣的研究领域并明确研究问题是开展教育科学研究的第一步。但研究者在找到一个“像样”的研究问题之前，往往还需要做很多思考。比如，先要选定自己感兴趣的研究领域，然后缩小自己的研究范围，聚焦到某个研究问题上，确定研究目标，最终提出可行、可靠、科学的研究问题。有的研究者会使用思维导图的方式，有的会使用头脑风暴的方式，有的与自己的导师或专家进行研讨，这些都是可行且有效的思考研究问题的方法。本章的主要目的是帮助研究者在研究的初始阶段确立研究问题，了解问题与课题的关系，掌握发现问题的思路，学会科学、合理地表述研究问题等。

第一节　步骤1：形成研究问题

一、选择研究问题的原则

选择合适的问题进行研究，或者说“选题”，是开展教育科学研究的第一步，也是关键一步。选题的重要性体现在三个方面：一是选题能够引领教育科学研究的发展方向，当某一类选题被研究者或实践者长期关注，形成一个稳定的研究领域后，就能揭示此领域的发展规律和本质，并提出较完善的解决此类问题的策略；二是关系到科研工作的理论或实践价值和所能够产生的实际影响；三是能够制约该选题下的研究设计，包括研究对象的选择、研究路径的确定以及研究工具的使用。

为了使研究问题能够符合研究的要求，需要遵循四个方面的原则。第一，价值性原则。选题要具备一定的研究价值。研究价值一般可以从理论价值（也称学术价值）和实践价值（也称应用价值）两方面来考虑。理论价值主要是指在理论上的突破，而实践价值主要是指在应用方面能够提出新的且有效的方法或策略。具有研究价值的选题，既能够获得研究基金的支持，也能够在完成后具备一定的推广条件，形成一定的学术影响力。这里需要指出的是，幼儿园一线教师在开展教育科学研究过程中主要是以实践工作经验为出发点的，因此一般来讲所体现的实践价值比较明显，也比较微观；而专业领域的学者或政策制定者具备更为优秀的研究能力且掌握着更为丰富的研究资源，因此所体现的理论或实践价值更加宏观。

第二，科学性原则。科学是人类关于自然、社会和思想的知识体系，也是人类长期对于实践经验的总结与概括。系统地进行归纳与推理是科学研究的传统方式。因此，在选题时，研究者需要考虑所选研究问题的科学性，也就是要符合教育规律，要建立在客观现实的基础之上。比如，儿童发展心理学所揭示的儿童发展规律就是学前教育研究非常深厚的理论基础，因此，选题要符合儿童发展的规律。另外，要尽量避免在选题时主观猜想或臆断，美好的愿望往往并非客观事实，这样的选题不具备科学性，也不可能得出具有理论或实践价值的研究结论。

第三，可行性原则。可行性指的是问题的研究具有现实可能性，即研究者具备进行研究的主客观条件。主观条件主要指研究者本身的研究经验、研究能力和研究兴趣。研究者首先要对选题感兴趣，或者符合研究者某一时期的研究兴趣，这是研究者进行研究工作的动力。研究者还要具备完成该研究的能力与经验。比如，“学前教育事业发展规划执行研究”“人口变化趋势与学前教育规划布局调整研究”“学前教育公平的制度保障研究”等宏观领域内的选题，对幼儿园一线教师来说会有一定的难度，不太合适。而“幼儿生活自理能力养成的策略研究”“幼儿园体育运动的适宜性研究”“不同年龄段幼儿游戏特点及其支持的研究”等课题，一线教师则可以根据所带班级幼儿的年龄特点和身心发展状况，进行有针对性的研究。客观条件主要指研究的物质条件，比如研究资料、研究时间与经费、被试来源、是否能取得有关部门和个人的支持与配合等。

第四，创新性原则。选题比较容易出现的问题之一是缺乏新意，简单重复。当然，这里所说的新意，不是说要求所研究的一切都是独创的、全新的，而是要在某方面体现自己的不同寻常或独到之处，如看待问题的视角比较新，解决问题的方法、手段等有一定的创造性，引入的手段比较先进、理念比较先进，研究的问题对教师有较大的借鉴和参考价值，等等，这样，才能在同类研究中引起同行或专家的重视。

二、研究问题与课题

问题是课题的源头活水，课题必然是针对特定问题开展的研究，两者密不可分。但是，并不是所有的问题都可以成为课题，也不是把问题直接拿来就是课题。那么，问题和课题到底是什么关系？

问题是指尚待解决或弄不明白的事情，是需要研究讨论并加以解决的矛盾、疑难。每位教师在开展保教工作中，都会碰到各种各样自己弄不明白或解决不了的事情。例如：

问题1：班里某个孩子是感觉统合失调（sensory processing disorder，SPD；有医院的证明），身体平衡性差，语言发展迟缓，情绪不稳定，该怎么引导和教育？

问题2：随着教师准入门槛的降低和入园高峰的到来，大量非学前教育专业毕业生成为幼儿园老师，这在丰富和拓宽专业视野的同时，也出现了技能跟不上、不会带班、无法与家长有效沟通等问题。如何让职初教师尤其是非学前教育专业职初教师尽快胜任工作，成为困扰园长和教师的棘手问题。

问题3：根据上级部门的要求，幼儿园开展了廉洁教育活动。某位教师感到困惑：如何针对小班幼儿开展廉洁教育？

幼儿园教师遇到的上述种种问题，情况各不相同：有的只是困扰自己的个别化问题，也有的是很多教师遇到的普遍困惑（如问题2）；有的研究对象和需要解决的问题很清楚（如问题1），也有的笼统，涉及方方面面，比较复杂（如问题2）；有的是老问题，也有的是新形势下遇到的新情况；有的是教师自己能想明白、做得好的，也有的必须依靠团队的力量、经过深入的分析、借助一定的情报资料、运用一定的方法进行研究讨论才能弄清楚（如问题2）；有些确实存在，有些则似是而非，是人为制造出来的问题，是“假”问题（如问题3）。

而课题（或者说研究问题）的本义是需要通过科学研究的手段或途径来解决的问题。幼儿园教师可以从自己所面临的诸多问题中，确定最主要的或者迫切需要解决的、最重要的一个问题，然后运用一定的科学方法，有目的、有计划、有步骤地解决，这个过程可以被理解为课题研究，或者教育科学研究。

由此可见：“问题”反映的只是教师在实际工作中的困惑，表述比较自由、宽泛，能说清困惑即可，不求严谨。课题（研究问题）则必须找准对自己或本园最关键的问题，尝试用一定的方法有目的、有计划、创造性地加以解决，表述相对规范。例如：

> 问题1：班里某个孩子是感觉统合失调（sensory processing disorder，SPD；有医院的证明），身体平衡性差，语言发展迟缓，情绪不稳定，该怎么引导和教育？
>
> 分析：对个体幼儿而言，如果是被医院诊断为感觉统合失调，本着“早发现、早干预、早治疗”的原则，教师要与家长密切合作，及早进行综合干预，这对该幼儿甚至幼儿家庭来说都是非常有意义的事情。只是针对个别幼儿，是“个案”，“如何引导与教育”需要综合干预。
>
> 该问题的课题表述为：感统失调幼儿综合干预的个案研究。
>
> 问题2：非学前教育专业职初教师的工作胜任问题。

分析 A：非学前教育专业职初教师亟待胜任的工作有很多，但最紧要的工作是组织和开展好幼儿一日生活，尤其是上午的半日活动，最终目的是提高专业能力。因此，有一所幼儿园确立的课题为：以半日活动为载体，促进非学前教育专业职初教师专业发展的实践研究。

分析 B：也有幼儿园分析认为，抓好职初教师工作后的培训，并积累和形成有效的培训模式，对于提高培训的质量和效率有重要意义，因此，根据有关问题确立的课题为：职初教师职后培训有效模式的研究。

问题 3：如何针对小班幼儿开展廉洁教育？

分析：廉洁教育主要是针对领导干部提出的，生搬硬套给幼儿，而且是小班幼儿，非常不合适。可能该问题困扰了某教师，是迫于任务要求，但实在是弄错了对象，再如何粉饰，也是一个假命题，是人为制造出来的问题，根本不能也不必去研究。

三、研究问题的来源

（一）来源于社会关注的热点问题

可及时了解当前国内外教育发展的状况，发现并追踪社会关注的热点话题，对热点话题多问“为什么”“怎么做”等，从而做出理性分析，揭示矛盾，探索解决办法。这样选择的问题往往具有很强的针对性和时效性①。

例如，近几年，“学前教育”被提到了一个前所未有的高度，人民和政府都在关注“入园难、入园贵”问题。如何提升学前教育公共服务质量？政府对学前教育支持不够的问题日益凸显。因此，“强化政府公共服务职能，提升学前教育公共服务质量”的研究和实践，成为国家教育体制改革试点项目。

再如，2021 年 10 月，第十三届全国人民代表大会常务委员会第三十一次会议通过了《家庭教育促进法》，在此背景下，如何开展家庭教育，如何开展家园沟通的相关工作引起了越来越多的关注，某幼儿园立项了《家园共育培养幼儿良好行为习惯的实践研究》。另外，2022 年学前教育宣传月的活动主题是“幼小衔接，我们在行动”，关于科学幼小衔接、幼儿入园准备和小学入学适应的研究课题增多。

（二）来源于相关单位发布的课题指南

全国教育科学研究规划领导小组和各省、区、市的教育科学研究领导机构以及科研机构和学术团体，从科研发展的需要出发，每隔几年就制定出相应的教育科学研究规划，提出具体的科研目标和任务以及可供选择的研究课题。如《中国学前教育研究会“十一五”

① 黄娟娟．幼儿教师教育科研指南［M］．北京：北京师范大学出版社，2012：20－22.

课题指南》《中国学前教育研究会“十二五”课题指南》《中国学前教育研究会“十三五”课题指南》《中国学前教育研究会“十四五”课题指南》《上海市家庭教育研究“十四五”规划指南》《上海市学前教育课题指南》等。这些课题都是经过专家反复考虑和讨论确定下来的，直接为研究者提供了选题指南，教师可从选题指南中寻找自己感兴趣的问题，然后根据自身具备的研究条件等适当缩小范围，明确指向，直到最后确立课题①。

（三）来源于所阅读的文献情报

这是选题比较常见的方法。最初往往是通过阅读、研究有关领域（或自己感兴趣）的文献如教育期刊、研究报告、经验总结、案例分析等，结合文献情报的某些观点，联系教育教学实践，受到启发，产生一些感悟与联想，从而有一个初步的问题方向，随着思考的深入，原来粗泛模糊的想法逐渐变得集中，问题逐渐变得清晰明确，一个有价值的课题也就产生了。

例如，在阅读期刊文章时发现，关于“教育智慧”“实践智慧”方面的文章很多，由此联想到，纵观上海幼教科研 30 年的发展历程，幼儿园通过教育科研来提升一线教师的实践智慧，积累了大量成功的经验，也有不少教训。目前依然有一部分教师认为，做科研就是写空文章，不能解决实际问题，或者认为做研究是高校专家或专职研究人员的事情，一线教师只要带好班，根本不需要研究。由此引发的思考是：幼儿园教师到底需要怎样的研究？在幼儿园教师热热闹闹开展教育研究的背后，到底有哪些成功经验值得借鉴？需要吸取的教训是什么？怎样做，才能让研究真正服务于教师的教育教学实践工作，对工作有切实的帮助？由此，产生了课题“科研项目引领促进幼儿园教师实践智慧增长的实践研究”，它被立项为区级重点课题和市教育学会课题。

（四）来源于实践工作中的疑难困惑

在工作实践中出现的棘手和疑难困惑是选题的重要来源之一。通过对实践过程中所产生的教育问题的研究，可以深入了解问题的现状，反思问题存在的根源，积极探寻具体的解决办法。同时，还有助于教师持续性地反思和改进教育教学，也有利于教师把工作和研究紧密结合，提高研究的应用价值。

例如，某教师所在的幼儿园一直提倡教师要关注幼儿的心理健康，促进其身心和谐发展。在实践工作中，她发现情绪表达能力、理解能力和控制能力较高的幼儿，在与同伴交往的过程中会表现出更多的协商、分享等亲社会行为。情绪是影响一个人心理健康的重要因素之一，而该教师比较擅长绘画活动的组织与实施，再加上正值省里课题立项申报，该教师就报了一项课题“情绪主题绘画活动促进幼儿情绪管理能力发展的实践研究”，真正

① 黄娟娟．幼儿教师教育科研指南［M］．北京：北京师范大学出版社，2012：20－22．

做到了“在工作中研究、在研究中工作”。

思考

你对以下主题是否感兴趣？

儿童的学习和发展，它的哪个方面让你感兴趣？

托幼机构的组织和管理，它的哪个方面让你感兴趣？

学前教育课程，教与学，它的哪个方面让你感兴趣？

社区参与和父母参与，它的哪个方面让你感兴趣？

针对学前教育政策，它的哪个方面让你感兴趣？

关于幼儿的教育公平问题，它的哪个方面让你感兴趣？

关于其他问题呢，这些问题是什么？

四、研究问题的表述

研究问题是整个研究的灵魂，制约着研究价值与研究设计。对于科研题目，一定要字斟句酌，反复考虑，尽量做到准确、简明和醒目，一般不超过 25 个字。准确，即课题名称在提及研究所涉及的核心概念、研究对象、研究内容与研究方法时要注意用词的准确性与规范性，不要错误使用概念或者混淆概念。简明，就是简单明了、言简意赅。醒目，就是有新意，不简单重复。

科研题目还有一定的表述格式要求，一般的语法结构为：

……的实践研究/……的实践与研究

……的调查研究/……的现状调查与对策研究/……的问题与对策研究

……的案例/行动研究

……的策略研究

基于……的研究

例 1

引导非专业教师发展的研究

分析：该题目看似简明，但是表述过于笼统、空泛。“教师”是哪一个阶段的教师？“发展”到底是指哪方面的发展？引导的抓手是什么？这些都是模糊不清、笼统难抓的问题。如前所述，也有某幼儿园进行了相关研究，题目为“以半日活动为载体，促进非学前教育专业职初教师专业发展的实践研究”，就是表述十分准确的好题目。

例 2

社会交往主题绘本对中班幼儿同伴交往能力影响的实验研究

分析：从该题目可以清楚地了解到几个关键问题：研究问题——社会交往主题绘本对同伴交往能力的影响，研究对象——中班幼儿，研究方法——实验法。整个表述清晰、明了、流畅，没有一个多余的字或词。

例 3

浅谈幼儿园如何开展亲子分享阅读指导

分析：与研究论文的题目相比，科研课题的题目表述更加严谨、规范，不宜出现“如何”“浅谈”等字眼，也不适合用带有浓厚文学色彩的语言。因此，这如果是一篇文章的题目，还是可以的，但是如果要作为一项科研课题的题目，最好还是按照科研课题的表述要求进行呈现。

五、研究问题的提出

在提出研究问题时，一般研究者需要交代清楚本研究的研究背景、研究目的与研究意义。研究目的，即回答“为什么要研究、想要得出什么结论”，是努力的方向、目标；研究意义，是回答“做完研究的收获，工作得到的回报或收益”等，是努力的价值、作用。在提出研究问题时，可以通过对有关问题和教育现实的反思，具体说明研究背景和现实存在的问题、希望解决的问题以及预期在理论和实践上产生什么样的影响或作用等。

例如：情绪主题绘画活动促进幼儿情绪管理能力发展的实践研究

理论意义：

本研究综合运用问卷法、实验法、观察法和访谈法等研究方法，分析中班幼儿情绪管理能力发展的现状、问题，进而设计促进其能力提升的情绪主题绘画活动方案，为丰富幼儿情绪管理方面的理论研究做出了一定的贡献。

实践意义：

第一，对教师而言，通过本研究可以挖掘绘画的多种功能，将绘画与心理健康教育相结合；开展一系列的情绪主题类绘画活动，在一定程度上可以提升教师的教学能力、研究能力和反思能力。

第二，对幼儿而言，在教师的指导下，可以更好地帮助幼儿了解常见的情绪，体会到产生情绪的原因，更好地察觉自己和他人的情绪，掌握缓解消极情绪的方法，在以后的生活中能够更好地进行情绪管理。同时，帮助幼儿建立良好的人际关系，提高幼儿的心理健康水平。

第三，对幼儿园而言，通过本研究可以丰富幼儿园绘画活动与情绪教育的园本特色课程，促进幼儿园的内涵式发展。

第四，对家长而言，通过本研究可以改善家长对待幼儿情绪问题的观念，重视自己的榜样作用，提升幼儿情绪管理能力的同时改善亲子关系，建立和谐的家庭关系。

第二节　步骤2：进行文献综述

一、文献综述

文献综述是文献综合述评的简称，是指在选题后对与本选题相关的文献或研究进行检索、阅读、归纳与分析的过程。其突出特点就是“综”和“述”。“综”是指对文献综述进行综合分析、归纳整理，使材料能全面、系统地反映国内外关于该专题在某一时期内的发展历史、当前状况和趋势；“述”是指对综合整理后的材料进行深入的、系统的评价论述。一般来讲，“文献综述”部分的撰写安排在“问题的提出”之后。通过查阅文献，可以了解他人在该选题方面的研究现状，比如采用的研究方法、设计的研究方案、取得的研究成果和尚未解决的问题等等，帮助研究者更好地完善选题本身，找到自己的研究点，博采众长，避免重复劳动，提高教育研究的效率和质量。

研究者了解文献的分类及特点是进行文献检索和撰写文献综述的前提，这样才能在文献检索的过程中做到有的放矢，查阅到对自己有帮助的文献。

（一）文献、情报与资料①

首先，有几个概念需要辨析。

文献，是指“已发表过的或虽未发表但已被整理、报道过的那些记录有知识的一切载体”②。具体包括古今中外用文字、图像、符号、声频、视频等记录知识、传递信息的一切形式，如书籍、期刊、研究报告、手稿、录音、录像等。

情报，是指“一切最新的情况报道，如科学技术等”③。情报反映了各个领域中的最新知识、最近情况和最新趋势，其主要特点就是“新”，如新闻报道、研究动态等。

资料，是指“为工作、生产、学习和科学研究等参考需要而搜集或编写的一切公开或

---

① 黄娟娟．幼儿教师教育科研指南［M］．北京：北京师范大学出版社，2012：20－22.

② 文献著录．GB/T3792.1－2009.

③ 辞海编辑委员会．辞海：第7版［M］．上海：上海辞书出版社，2019.

内部的材料。通常指书报、期刊、小册子、简讯、汇编、图表、图纸等”①。

不难看出，文献涉及的范围，既可以是古老文献，也可以是最新的教育动态，还可以是教师的观察记录、反思、随笔及幼儿作品等。进行文献研究的前提，是搜集与课题有关的文献情报资料，更重要的是对其分析、整理和为我所用。

（二）文献的分类②

根据文献资料的性质、内容的加工方式及用途的不同，可将其分为四种：

零次文献，指某些事件、行为、活动的当事人所撰写的第一手资料，如个人日记、教师日志、自传、信件、手稿、笔记以及学校、团体、学会等撰写的会议记录、纪要、备忘录、卷宗等，或当初虽未记录但后来进行加工、整理而发表的文章，如专家点评、领导发言等。

一次文献，也称一级文献、原始资料，是由亲自经历事件的人所提供的各种形式的材料和各种原著③，是未经加工的原始文献，如专著、科学论文、研究报告、政策、法规等，是离事实最近的文献资料。一次文献是做好研究的第一手资料，对研究工作有很大的价值。

二次文献，也称二级文献、初步资料，是指对一次文献进行加工、提炼、压缩后得到的文献。如书目、参考书、索引、文摘、题录、摘要以及类似内容的各种数据库、网上的搜索引擎等，具有报告性、汇编性和简明性的特点。它为查找一次文献提供了线索，帮助研究者在短时间内查找自己所需要的研究资料。

三次文献，也称三次文献、间接资料，是指对前两类情报分析、概括后撰写的参考性文献，如综述、进展报告、专题报告、专题述评、辞典、年鉴、手册等。这类文献并不产生新知识和新技术，但概括性强、覆盖面广、信息量大，具有综合性和参考性作用。

文献研究，主要通过二、三次文献的检索，了解情况，发现线索，然后再去查找一次或零次文献，其中专著、研究报告、情报综述等他人研究成果最具有参考价值。

（三）文献综述的价值

1. 为选题提供依据，避免简单重复

在确定课题的过程中，研究者需要了解以下问题：前人有哪些成果？他们是怎样研究的？研究的重点和方法是什么？哪些问题已经得到解决或基本解决？哪些问题尚未解决？还有哪些问题需要进一步探索？国内外对该问题研究有哪些代表性的人物、代表性的研究成果？他们的观点是否有分歧？焦点在哪里？通过对这些问题的探究，研究者既能够对此领域的研究做一个全面深入的了解，为选题提供依据，还能够避免对以往研究的低水平重复，体现研究的价值和意义。在缺乏文献综述的情况下做研究，无异于闭门造车，往往只

---

①② 辞海编辑委员会．辞海：第7版［M］．上海：上海辞书出版社，2019．

③ 刘晶波．学前教育研究方法［M］．北京：人民教育出版社，2021：63．

能盲目尝试，毫无效果可言。

另外，对于前人还未涉及的课题，研究者则要通过相关文献资料的查阅，了解相近学科或课题的研究成果，从侧面了解课题的价值和意义，为自己的研究寻找思路和方法借鉴。

2. 拓宽研究思路，优化研究设计

他人的研究成果，从不同角度丰富了研究者对于所研究问题的认识，可以使研究者了解他人思考问题的角度，解决问题的思路、方法、途径，遇到的问题、走过的弯路，等等，从而使本身的研究思路得到拓展，也能够借鉴他人的研究方法优化自身研究的设计。文献综述的过程，也是权衡选题价值的过程，能够使研究价值进一步成熟和深化。

例

2～4 岁幼儿入园初期情绪性行为特点与适应性研究

幼儿园应如何与家庭配合，解决幼儿入园初期的适应性问题？理论工作者和一线教师都对此做过探索。例如楼必生教授等人所做的“14～24 个月幼儿入所时情绪变化的调查”、宗震芬教授所做的“2～3 岁入托初期儿童情感教育研究”以及曹杨新村第三幼儿园等基层单位开展的大量实践探索等。这些研究从初入托儿所儿童情绪变化的现象中发现问题、分析原因、寻找规律，为入园教育提出建议，对于缓解入园初期幼儿的分离焦虑有一定的借鉴意义。

分析认为，上述研究存在以下不足：

1. 对于区域内的幼儿入园准备情况缺乏实证了解，对家长的心理活动和指导需求凭经验行事，研究受到一定局限。

2. 对 2～4 岁幼儿入园初期的情绪性行为特点缺乏深入研究。心理是教育的基础，而情绪性行为又是心理研究的重要内容。对于入园初期幼儿的情绪性行为特点，我们只能从理论书籍上找到极其简要的论述，对其表现特点、变化趋势等缺乏实证研究。

3. 提出的教育对策经验性强，比较零散，实证性、系统性有待加强。

基于此，本课题以区域内新入园的 2～4 岁幼儿（重点是 2 岁幼儿）及其家长作为研究对象，运用问卷调查、深度访谈、观察记录、案例分析等方法，通过两轮实践探索和验证，了解幼儿入园前的家庭养育现状及存在的问题，在深入探究 2～4 岁幼儿情绪性行为特点的基础上，系统地提出缓解幼儿入园分离焦虑的具体的、指导性的对策，以期系统总结、提炼有关经验，为幼儿园教师、家长提供有效的操作成果。

二、文献检索

（一）检索的工具

根据搜集文献所用载体不同，可分为计算机检索工具和印刷型检索工具两大类。

1. 计算机检索工具

计算机检索工具就是利用联网的电脑、手机等检索终端，直接从国内国际的检索系统数据库中查找所需文献的方法。这种方法具有检索速度快、内容广、信息新等优点，是搜集他人研究成果的首选途径。只要找到权威的搜索引擎，然后在方框空白处输入要查找资料的关键词，搜索引擎就会自动查找出含有该关键词的文献。再点击进去，就能下载文献全文。当然，有时也会遇到无法打开或没有真正有价值内容的情况。

比如，以中国知网（www.cnki.net）为例，研究者可以在其平台上搜索期刊文献、博硕士论文全文、报纸文献、会议文献、年鉴、百科、专利、标准以及外文文献等各类文献资料。在其检索引擎中，有两类检索条件：一是"内容检索条件"，包括在主题、篇名、关键词、摘要等地方出现的内容检索；二是"检索控制条件"，也就是除了输入内容关键字之外，还可以对文献的发表时间、来源、所支持的研究基金名称以及作者信息进行控制检索，以使所获得的文献更加符合检索者的需要。除了中国知网以外，还有其他可以进行网络文献检索的平台，比如万方数据资源系统、超星电子图书、大人复印资料以及维普期刊平台等。

2. 印刷型检索工具

主要通过手工检索信息，主要有以下几种：

索引：根据一定的需要，把特定范围内的某些重要文献中的有关信息名称（如书名、刊名、人名、地名、主题等），按照一定的方法编排，并指明出处、提供文献线索。常用的索引类型有分类索引、主题索引、关键词索引和著者索引等。例如上海图书馆编辑出版的《全国报刊索引》、人大书报资料中心编辑的《复印报刊资料索引》和中央教科所图书资料室编印的《中文报刊教育论文索引》等。

目录：汇总一批相关图书或出版物，并按一定次序编排而成的一种工具。其汇总项目一般包括文献名称、作者、卷册和版本，有的还有简短介绍，如《全国总书目》和《全国新书目》等。

文摘：将文献的主要内容简明、确切地摘取出来，并按一定摘录规则和编排方式系统地编辑起来，以提供文献内容梗概、基本信息为目的。如《新华文摘》（新华文摘社编，人民教育出版社出版）和《国内外教育文摘》（山西省教育科学研究所编辑出版）等。

教师还可以向本地区的科研部门了解是否有优秀科研成果集。如上海每三年会组织一次科研成果评奖，然后将获奖的优秀科研成果摘要结集成册。查阅这些成果集，就可以了解上海三年内教育同行关注的重点、热点及研究的现状。

工具书：通过查阅百科全书、词典等工具书来获得某些知识。如要了解某个或某些概念的权威解释，就可以查阅综合性的《中国百科全书》《美国百科全书》，或专科性的《心理学百科全书》《教育学百科全书》《教育大辞典》《国际教育百科全书》等。

（二）文献检索的原则

1. 由小及大，由精确到模糊

在检索文献时，首先要确定关键字，就是要输入检索内容中的、能够体现研究选题核心内容的重要词组。确定时可先将检索内容的范围缩小一点，精确一点，然后再逐渐扩大或者采用模糊搜索的方式。先采用内容的精确搜索，可能找不到合适的文献，但随着适当扩大范围，一般而言，总能找到一些文献。例如，课题“3～6 岁幼儿电子媒介的使用现状研究”，检索的内容可由小及大：3～6 岁幼儿电子媒介的使用现状研究—幼儿电子媒介的使用现状研究—幼儿电子产品/平板电脑/智能手机/网络媒介的使用现状研究—电子媒介/电子产品/平板电脑/智能手机/网络媒介的使用现状研究。

2. 发表年代越新越好

现今在研究中引用文献的原则是尽量引用近期的文献资料，有些期刊明文规定作者在投稿时要确认其引用的文献必须在五年内。因此，查找文献的年代，越近越好。例如可从距今三年或五年起的文献开始查阅，然后再查阅更远时间的文献。当然，有些理论基础来自本研究领域的经典之作，也可以少量地引用。

3. 外文文献要查阅原文

检索国外的文献资料，可以了解国际同行的研究情况，以及国外研究的发展趋势，拓展研究的视野。这里需要说明的是，国内的学者对国外研究的综述或引用，并不能直接就认为是国外的研究，而应该尽量查阅原始或英文原文文献，真正了解国外研究者的研究取向和重要结论。

4. 学术权威优先

现在的资料尤其是网上资料，存在着鱼龙混杂的现象。为了提高研究的可信度和说服力，对于同一类资料，应优先考虑出自权威专家或权威出版社、核心期刊的资料。研究者是否熟悉某个研究领域的“重要作者”或“重要他人”，是判断该研究者在该研究领域是否已经入门的重要标志。如果研究者已经找到本领域的“重要作者”，那么，只需要尽量详细、完整地搜索这几位“重要作者”的相关论著，就基本可以展开自己的研究了。另外，在检索资料时，应注意不同观点和不同意见。如果研究者找到的文献大规模地显示出“一团和气”的状态，要么暗示研究者的“文献不足”，要么暗示研究者的理解尚停留在“文献假象”的表层①。

① 刘良华．教育研究方法专题与案例［M］．上海：华东师范大学出版社，2007：53－54.

（三）文献检索的步骤

文献检索是一项实践性很强的活动，它要求我们善于思考，并通过经常性的实践，逐步掌握文献检索的规律，从而迅速、准确地获得所需文献。一般来说，文献检索可分为以下三个步骤：

1. 分析课题所涉及的概念

查找资料前，首先要做的一件事就是对拟开展的课题题目进行仔细分析，找到课题所涉及的关键概念。例如“情绪主题绘画活动促进幼儿情绪管理能力发展的实践研究”课题，通过对题目进行逐一的深入分析，确定了“情绪主题绘画活动”“情绪管理能力”“幼儿情绪管理能力”等为课题所涉及的关键概念，据此就可以找到资料检索的线索和大致范围。还可以通过关键词的同义词、近义词进行检索，如“幼儿园科学课程实施的现状研究”课题中，关键词为“幼儿园科学课程”，还可以通过“幼儿科学课程”、“幼儿（幼儿园）科学教育活动”、“幼儿（幼儿园）科学教学活动”等主题词进行检索。

2. 选择检索工具和途径

第二步是选择、确定所使用的查找资料的工具、查找的途径。如进行网上查找时，要确定查哪些搜索引擎或网址。使用索引、目录等工具时，要确定检索哪些索引和报纸杂志目录，有哪些便捷的检索途径，从何入手开始检索，哪些人参与检索，如何进行分工合作等。

3. 实施检索并索取原文

第三步即根据关键词、著者等线索，进行文献情报资料的检索，然后尽可能查阅原始文献，下载保存或复印（一定要及时注明出处）。

三、阅读分析文献、撰写文献综述

通常，文献情报资料搜集之后，就要仔细阅读、分析文献，并撰写文献综述，这是研究准备阶段的重要一环，也是研究者科研能力的一项基本功。

（一）研读、整理、分析文献

研读文献是文献综述的关键。通常可先浏览文献的标题、摘要和关键词等信息，初步获得一个总体印象，然后认真阅读重点文献，充分熟悉、理解、消化文献内容。在阅读文献的初期就要养成做文献记录的习惯，记录下所阅读的、对自己的研究项目有用的文献资料。具体的方法有很多，可以使用索引卡片、日记本，还可以使用如 Endnote、CNKI E-Study、Zotero、Noteexpress 等文献管理软件来管理参考资料。无论采用何种方法，都要记下每条文献全部的详细信息，尤其是研究内容、研究方法、研究结果、研究尚待进一步解决的问题等核心内容，以便为后期对文献进行分类奠定基础。可根据研究内容和结论对文献进行大致分类，每一篇文献也可同时出现在不同的研究类别之中。另外，研读文献还需要对文献进行批判性的阅读，读出以往研究的问题，并能从中产生新思路、新课题。

（二）确定文献综述的框架

撰写文献综述时，首先要确定框架。所谓框架结构就是综述的提纲，先交代什么，后交代什么，最后总结什么，可以先列出三级标题，再对需要在某个标题下呈现的文献做个记号，然后再进行撰写。一般来讲，在文献综述部分首先要对研究的核心概念进行界定。也有的研究论文将核心概念的界定放在“问题的提出”部分，或单独成为一个部分。本教材认为，核心概念是表达研究主题内容的词或词组，有时是一个专用术语，是研究选题的重点。对于核心概念的界定通常是通过查阅资料或文献得出的，一般会引用权威字典（词典）中对此概念的解释，或者引用以往研究中对此概念的权威定义。因此，可以在文献综述的开始提出对本研究核心概念的界定。对核心概念进行界定有助于读者理解选题，避免产生歧义，也能够梳理文献中对此概念的不同认识。研究者也可以自行提出在其研究中的解释（自定义）。

文献综述的框架结构可以从以下几个思路进行思考：一是把搜集到的文献所论述的问题加以归类，分别描述，如“幼儿园教师职业法律素养的研究”课题，按照“职业法律素养的研究”“教师职业法律素养的研究”“幼儿园教师职业法律素养的研究”的框架来撰写文献综述。二是从历史发展的时间顺序来写，比如，“封建社会的儿童观及儿童权力观”“近现代社会的儿童观及儿童权力观”“当代社会的儿童观及儿童权利观”等。三是进行现状分析，包括某课题当前的研究现状、存在的问题、原因、对策或建议四个方面。四是比较不同学者的学术观点，一般先说肯定的观点，后说否定的观点，要说明争论的焦点和到目前为止有无结论。

（三）撰写内容

确定好文献综述的框架后则要开始撰写内容，在每个标题下先对这一系列的研究进行总结，然后通过列举重要的或者有代表性的研究进行说明与分析，还可以描述研究者对这类研究的评论。文献综述的撰写切忌“罗列文献”，即将所查到的文献没有逻辑或思路地进行简单堆砌，这也是研究初学者容易犯的毛病。另外，引用资料要注意质量，新观点、新方法应多引用，重复的观点和方法可少用或者不用，只需将重复的内容归类，稍加提及即可。专业术语的翻译要尽可能规范统一，转述的语句要忠实原文，不要曲解原作者的意思。

在文献综述最后的总结中，可以重点描述新观点、新方法、新技术、新进步，以引起人们的注意和兴趣；也可以对有争议的观点、有分歧的理论进行介绍，加以综述；还可以介绍实践活动和经验，提供实例供大家参考。这部分是带有总结性的段落，应恰如其分，尤其是对有争议的学术观点，叙述时要留有余地。

（四）参考文献

要将所引用的文献全部列出来，未发表的资料可在文中引用处注明，不再列入参考文献。这样做，除了表明综述中资料有可靠来源，也表示对原作者劳动的尊重，同时为读者深入了解或探讨问题提供有关线索。

参考文献著录格式

1. 专著

[序号] 作者. 书名 [M]. 出版地：出版者，出版年：起止页码.

备注：多个作者之间以“,”隔开，主要责任者只列前三名，三人以后加“等”且只列姓名，其后不加“著”“主编”“编”“合编”等责任说明。

2. 期刊

[序号] 作者. 题目 [J]. 刊名，年，卷（期）：起止页码.

3. 学位论文

[序号] 作者. 题名 [D]. 保存地：保存单位，年份：页码（可选）.

4. 报纸

[序号] 作者. 文题 [N]. 报纸名，出版日期（版次）.

5. 论文集

[序号] 作者. 引文文题. 主编. 论文集名 [C]. 出版地：出版者，出版年：起止页码.

6. 电子文献

[序号] 作者. 电子文献题名 [电子文献及载体类型标识]. 电子文献的出处或可获得地址，发表或更新日期/引用日期.

7. 专利

[序号] 专利所有者. 专利题名 [P]. 专利国别：专利号，公开日期.

国际、国家标准

[序号] 标准编号，标准名称 [S].

各种未定义类型的文献

[序号] 作者. 文献题名 [Z]. 出版地：出版者，出版年.

第四章

阶段二：拟定研究计划

在确定了研究问题之后，随之要考虑的是制订科学、严谨且可行的研究计划。当然，研究计划本身是为解决研究问题服务的，因此，必须要结合问题来制订计划。一般来讲，研究计划的制订包括确定研究对象与进行研究设计。本章节的主要内容：一是熟悉抽样工作所涉及的关键概念，如总体和样本、代表性和偏差等；二是掌握基本的抽样方法并能根据实际的研究对象和研究目的选择适合的抽样计划，了解随机抽样和非随机抽样不同的适用性；三是能够针对研究问题提出研究假设并明确计划进行探索的变量；四是掌握并会运用量性研究中基本的实验研究设计和熟悉质性研究中实施的个案研究设计与实地研究设计的方法及步骤。

第一节　步骤3：确定研究对象

一、总体与样本

确定研究对象是制定研究计划的重要任务。在教育研究中，一般可依据研究对象的不同分为抽样研究、个案研究与总体研究。抽样研究是从研究对象的总体中抽取部分作为样本所开展的研究；个案研究是针对研究对象总体中的典型个体所开展的研究；总体研究则是针对研究对象总体所开展的研究。

对于研究者而言，总体也被称为目标总体，是指研究对象的全体。换句话说，总体是研究者想要通过所选取的一个子集的调查结果推广至其上的大群组，从而了解这个大群体的特征。在教育研究中，总体的范围大小主要取决于特定的研究目的。例如，“上海市民办幼儿园教师的主观幸福感研究”，那么总体就应该是上海市所有民办幼儿园的教师群体。样本则是按照一定的规则从总体中获取的一组元素。元素（element）是从总体中选择的一个基本单位。其中，“个体”是最常见的被抽取的元素。其他类型的元素还包括“群组”（如学校、教室）或“物体”（如教材、课堂观察记录、学生作业）。样本的数量一定小于总体的数量。另外，研究中选取的样本应能最大程度代表总体的性质和特征，而合理的样本容量则是影响样本代表性的重要因素。

（一）普查（census）与调查研究（survey research）

通常情况下，研究人员以他们对样本的研究来做出对总体的描述。因此，研究人员很少会针对总体中的每一个体或元素进行研究，而是研究总体中的样本。如果研究总体中的每个个体或元素，那么实际上研究人员所开展的是普查而不是调查研究。可见，普查旨在研究整个总体，而不仅仅是总体中的样本或子集。最为我们所熟知的普查就是全国性的人口普查。我国于 2020 年 11 月 1 日零时开启了第七次全国人口普查，主要彻查人口出生变动情况以及房屋情况。普查内容包括姓名、居民身份证号码、性别、年龄、民族、受教育程度、行业、职业、迁移流动、婚姻生育、死亡、住房情况等多项特征指标。本次普查结果显示，全国人口为 1 443 497 378 人。这是一项涉及 14 亿多人的调查！可见，普查不仅耗时且成本巨大。

（二）有偏差样本（biased samples）与代表性样本（representative samples）

什么是好的样本？往往一个好的样本能代表其所来自的总体，但并不是所有从总体中获取的样本都具有代表性。通常情况下，代表性样本在除了规模之外的所有特征（包括教师性别比；学校类型，如公办和民办的比例；学校所处地理位置，如市中心、郊区和农村的比例等）上都与其所来自的总体类似。也就是说，除了在数量上小于总体规模之外，一个具有代表性的样本与总体在特征上是相似的。相反地，有偏差样本通常在某些特征上与总体完全不同，因此它们无法代表其所来自的总体。

以中国上海参加的国际学生评估项目（PISA）2012 年的测试样本为例，全市 155 所学校的 6 374 名学生代表全市各类中学约 9 万名 15 岁的在校生参加测试（见表 4－1）。那么，我们如何判断上海 PISA 2012 年测试中所抽取的样本学校及学生是否具有代表性，其数据结果是否能够反映全市 15 岁学生素养水平的总体状况？

表 4－1　PISA 2012 年上海学校样本和学生样本

学校类型	学校数（所）	参测学生数（人）	占参测学生比例（%）	占全市 15 岁在校生总数比例（%）
初中	60	2 377	37.3	37.2
完全中学	23	961	15.1	14.8
实验性示范性高中	21	889	14.0	13.8

续表

学校类型	学校数（所）	参测学生数（人）	占参测学生比例（%）	占全市 15 岁在校生总数比例（%）
一般普通高中	19	808	12.7	12.7
中等职业技术学校	32	1 339	21.0	21.5
总计	155	6 374	100.0	100.0

根据上海 PISA 中心/秘书处于 2012 年 12 月对外发布的样本数量及分布情况看，参加 PISA 2012 年测试的 6 374 名学生在不同类型学校（初中、完全中学、实验性示范性高中、一般普通高中、中等职业技术学校）的占比与全市 15 岁学生所在不同类型学校的实际比例相一致。可见，该样本与其所来自的总体类似，具有代表性。

二、抽样

样本是否具有代表性直接决定着研究结论的可推广程度。那么，如何才能从总体中获得具有代表性的好样本呢？我们需要根据一定的规则并按照科学的步骤从一个总体中抽取样本，这一过程叫抽样。例如，从 1 500 名大班幼儿中抽取 300 名作为某项研究的调查对象，那么 1 500 名大班幼儿就是总体，抽取的 300 名幼儿就是样本。样本是总体的代表，抽样的基本要求是使样本能够具备总体的性质特征。

因此，研究者在样本抽样时要做到以下几点：第一，界定总体范围，明确总体特征。研究者要依据特定的研究目的，确定抽样的总体范围，并全面分析总体的各项指标特征。第二，尽量使用随机抽样方法。研究者要避免主观倾向，尽可能地采用随机抽样方法，从而使总体中的每个元素被抽取的概率相等。第三，确定合理的样本容量。样本容量（size of sample）一般用 n 表示，也称样本量、样品数，表示样本的规模。样本容量是一个不大于总体（N）不小于 1 的正整数，即 $1 \leqslant n \leqslant N$。一般来说，样本容量越大，代表性越好，样本容量越小，代表性越差。具体合理的样本容量还需要取决于研究目的、研究类型、可接受的误差大小和研究成本花费等。

（一）抽样的种类

研究人员在界定并明确研究对象或调查总体后需要选择抽样方法。概率论是抽样的重要理论基础，通常情况下，抽样方法可分为随机抽样（或称概率抽样）和非随机抽样（或称非概率抽样）两大类。随机抽样按照随机原则进行抽样，即每个样本被选到的概率是一样的。这种方法一般用于量性研究和实验设计中。在此需要注意，“随机”不等于“随便”，“随便”具有人为的主观成分，而“随机”则可以用科学的概率描述。运用随机抽样方法抽取到的样本客观性强且操作程序科学规范，较少受到研究人员的主观性影响，但需要花费很多的人力、物力和财力。概率抽样还有一个最大的优点就是可以精确计算出总体中每个元素的入样概率，因此能够得到总体目标变量的估计值以及每个估计值的抽样误差，从而便于衡量对总体目标变量进行推断的可靠程度。

非随机抽样则不遵循随机原则，按照研究人员的主观经验或其他客观条件来抽取样本。该方法比随机抽样法更加灵活，尤其在总体不够明确或者太复杂的时候更加适用于采用这种方法进行样本的选取（见表 4-2）。但是，由于总体中每个元素被抽取的概率是未知的，抽样误差很难得到估计和控制，所以非随机抽样的适用范围比较有限。一般定性研究或非正式的研究会采用非随机抽样方法。

表 4-2　比较非随机抽样与随机抽样的特点

抽样方法	抽样原则	功能	应用	优点	缺点
随机抽样	随机原则 统计推算	以部分推断总体	只能定期采用	客观科学	耗时、费事 经济成本高
非随机抽样	研究人员的 主观性及经验 现实条件	研究总体的 局部现象	可随时随地 采用适用于经 常性的调查和 方便灵活的调查	灵活经济方便	不够科学、规范

资料来源：刘冰．非随机抽样与随机抽样的比较优势［J］．辽宁行政学院学报，2006（8）．

（二）随机抽样的基本方法

1. 简单随机抽样

简单随机抽样即纯随机抽样，是最基本和常见的随机抽样方法之一。该方法按照一定的程序抽取样本，确保每一个总体单位被抽中的可能性是相同的。如果总体中每个个体或元素被选取的机会相同，则该种抽样方法又被称为等概率抽选法（equal probability of selection method）。简单随机抽样比较简单直观，便于用样本统计量对总体目标量进行估计和计算抽样误差。但是这种方法也有局限性，当样本数据过于庞大且比较分散时，不仅会增加调查困难，而且还会面临分布不均的问题。教育研究中常用 p 表示抽样概率，若总体为 N，样本量为 n，则总体中每个个体或元素被抽中的概率 P 为：

$$P=n/N$$

抽样的随机性主要表现为抽样的随机化程序，而随机化程序的实施则可以使用随机数表。随机数字表，是由 0～9 的数字随机排列而成的表格，没有任何规律性。表中有各自独立的数字 2 500 个，从左到右横排为行，从上至下竖排为列。每个表有 50 行、25 大列，而每 1 大列可为 2 小列，得到 50 小列，即 25×2＝50 列，每两小列稍靠近，组成 10 位数。表格形式多种，用法也很多，使用时可根据研究对象总体所含的个体数来确定使用几位随机数字，也就是可以根据需要把它当成任何数字来使用。随机数表法是用随机数字表代替签号或签筒的一种随机取样的方法。其优点有：一是简单可行，抽样前只需对研究对象进行顺序编号，然后根据随机抽出的编号与研究对象对号入座即可。二是能保证符合抽样的“随机化”原则。所谓“随机化”原则，是指在抽样时使总体的每一个个体都有同等的机会被独立地抽到样本中来，即“机会均等”。抽中与否全都是偶然的，这可以使抽取的样本更具代表性。

2. 系统随机抽样

系统随机抽样也称作等距抽样或者机械抽样，这种抽样方法也比较简便易行，而且随机抽样误差小，在学前教育研究中应用比较广泛。先将总体中各个观测单位按照某一标志顺序排列编号，并分成数量相等的组，使组数和取样数相同。然后，从每组中依事先规定的机械次序抽取对象。系统样本的获取需要确定抽样间距（starting interval）（比如，总体规模除以想要的样本规模，N/n，用符号 k 来表示），随机选择一个起始点（starting point）（1 到 k 之间的一个数字，包括 1 和 k），然后在抽样框中依次选择第 k 倍数点上的样本。

让我们假设需要从总体为 800 名学生中抽取 40 人作为样本，那么如何采用系统随机抽样的方法获取样本？本例中，总体规模为 800，想要抽取的样本规模为 40，第一步：运用公式获得 $k=N/n=800/40=20$；第二步，根据抽样框，每隔 20 个抽取 1 人。如果在 1～20 的编号中选择 15 作为起点，那么等距抽样的结果便是：15，35，55，75，95，…，795。

3. 分层随机抽样

在教育研究中，总体中的某些类别（如性别、阶层）的样本之间会存在一定的差异，若研究中没有对差异进行处理就可能导致研究结果出现偏差。这种情况就需要按照一定的标准对总体样本进行分类或分层，之后再按照比例抽取合适的样本。那么此时就需要用到分层随机抽样方法。分层随机抽样又叫类型抽样、配额抽样，该方法旨在将总体分开为相互排斥的组（分层），然后从每组（每层）中抽取简单随机样本。例如，我们把一个总体分为男性和女性，然后选取一个男性随机样本和一个女性随机样本。我们把总体分组所用的变量称为分层变量（stratification variable）。在该案例中，分层变量就是性别。从操作步骤看，分层随机抽样首先按一定标准，将总体分成若干层次或类别，然后再在各层或各类中按照它们在总体中所占的比例抽取一定数量的个体。简单来说：分层或分类——确定各层或各类在总体中的比例——按照比例，分别在各层或各类中抽取个体。SPSS 软件具有分层抽样的功能，研究者可以通过查阅 SPSS 统计工具书熟悉软件提供的该项功能，那么就能借助 SPSS 轻松实现分层抽样工作。

与简单随机抽样相比，按比例的分层抽样的效率更高。因为当抽取分层比例样本时，分层变量的样本比例会完全或几乎完全代表该分层变量在总体中的实际比例。以本例来说明：学校要抽取 165 名学生，调查他们对家务劳动的看法。为了保证样本的代表性，样本中的男女比例、独生子女和非独生子女的比例应与总体中的实际比例（1.2∶1 和 1∶1.5）保持一致。

具体操作步骤是：

步骤一：计算总体中的性别比例和独生子女与非独生子女的比例：

总体比例：

男生/女生＝1.2/1＝6/5，

独生/非独生＝1/1.5＝2/3

步骤二：根据上述总体中的占比，计算样本人数的分配：

男生人数＝[6/(6＋5)]×165＝90，独生男生人数＝[2/(2＋3)]×90＝36

同理计算出女生人数及独生女生人数，见表 4-3。

表 4-3　分层随机抽样计算样本人数表

	女生（人）	男生（人）	合计（人）
独生子女（人）	30	36	66
非独生子女（人）	45	54	99
合计（人）	75	90	165

系统随机抽样和分层随机抽样被广泛地运用到国际大型的教育测量评价项目中。以经合组织开发的 PISA 为例，PISA 所采用的抽样方法是两阶段的分层随机抽样。第一阶段对有 PISA 测试对象的各个学校进行等距抽样，每个国家至少有 150 所被抽中的样本学校或者更多；第二阶段的抽样单位是被抽中的学校的学生，一所学校如果被抽中，就要准备所有 15 岁学生名单，保证这所学校内的每个学生被抽中的概率相等。学生的抽取可以按照性别、年级分层，也可以使用简单随机方法。

4. 整群抽样

与简单随机抽样、系统随机抽样或分层随机抽样相比，整群抽样需要具备更大的样本规模。“群”就是将总体中的若干个基本单元所合并而成的组。该方法随机抽取的是群（一种集合单位，包括多个元素，比如学校、医院、家庭和街道），而不是随机抽取单个单位元素（比如学生个体、教师个体、辅导员个体）。例如，学校是一个整群，由学生和教师个体组成。整群抽样涉及随机选取群（多单位元素），而不是抽取单个单位元素。例如，在整群抽样中，往往可能会随机选取班级。一个班级是一个群，因为班级是由很多单个单位（比如学生）构成的集合单位。整群抽样具有鲜明的方法优势，体现在两方面：一方面能够简化编制抽样框的工作量；另一方面也便于调查，节省调查经费、时间和人力。但是，同一群内的单元容易出现同质性，从而导致估计的精度变差。所以，整群抽样的抽样误差通常比较大，这就需要通过增加基本调查单元来提升整群抽样的精度。

（1）单段整群抽样（one-stage cluster sampling）。

单段整群抽样是指从总体中的所有群中随机抽取一组群。例如，现在需要从有60个教室的公办幼儿园中抽取规模为200名幼儿的样本。假设每个教室大约有20名学生。为了减少访谈和来回交通的时间，我们可以选择随机抽取10个群（10个中班），并对这些班级的所有幼儿进行访谈和观察。设想如果按照这样的方法，我们仅需要访问10个教室，产生大约200名中班幼儿的样本。如果我们不以教室为组群而是以学生个体为单位进行简单随机抽样，那么为了访谈和观察200名学生而需要去的教室会超过10个。

（2）两段整群抽样（two-stage cluster sampling）。

两段整群抽样分两个阶段进行。第一阶段，随机地从所有群中抽取一组群；第二阶段，从第一阶段抽取的每一个群中抽取随机的元素或个体样本。以上题为例，现需要随机从一个群列表中抽取20个教室（群）。如果这20个教室中的所有学生都被单段整群抽取出来，那么样本的大小为400（20个教室×每个教室20名学生＝400）。第二阶段我们将从20个教室中每个教室随机抽取10名学生。这个结果就是含有200名学生的两段整群抽样的样本。

（三）非随机抽样的基本方法

1. 方便抽样

方便抽样是研究者受特殊情况的限制，在抽取样本时依据方便性原则，从而达成降低调查成本的目的。在实际研究工作中，大部分实验研究者并不采用随机抽样，而是倾向于使用非随机抽样。换句话说，研究人员所选择的个体是“便于选择”的。如果研究人员的样本包括方便找到的人或志愿者，或易于招募并愿意参加研究的人，那么研究人员使用的是方便抽样。该方法是最为典型的非随机抽样。例如，某位学前教育专业本科毕业生做毕业论文调查时，在街边、广场、商场门口等采用“拦截式”的形式选定幼儿家长填写问卷，那么该生采用的抽样法即为方便抽样。这种方法简便易操作，节省调查成本。但从技术层面看，方便抽样的研究结果的推广范围受到严格限制。方便抽样需要注意以下两个问题：首先，在方便抽样中并不是总体中的所有元素或个体都有均等的机会被选取；其次，方便抽样的“样本”来自什么样的具体总体我们不能清晰地知晓。因此，我们不能够将方便抽样的研究结果推广到一个总体中去。一般而言，方便抽样方法在质的教育研究中应用得比较多。

2. 目的性抽样

目的性抽样也被称为判断抽样。这里的“判断”指的是研究者个人的主观判断，是个体人为地确定样本单元。研究者有明确的目标总体，然后设法去找到具有这些特征的个体或元素。在教育研究中，样本单元的确定往往有三种形式：一种是选定可以代表目标变量平均水平的个体作为样本，一种是选定可以代表大多数单元情况的个体为样本，一种则是选择总体中比较好或比较差的典型个体为样本。目的性抽样一般用于质性研究和个案研究，只需要有代表性或典型案例，无须推广到其他个案上。该方法的采用，是因为之前的研究人员对研究对象有具体要求，因此需要目的性抽样，并且对符合要求的样本也需要采取自愿参与的原则。其优点是信息量大，简单易行，适用于个案研究；其局限是结论不能推广。比如，研究儿童多动行为与家庭教养方式的关系，就需要有意抽取具有多动行为的儿童作为样本。

和其他任何非随机抽样方法相比，目的性抽样也有同样的限制。具体而言就是，选择采用该种抽样方法获取样本的研究是针对某种群体的单一研究，从一个样本推广到总体的能力受到严重限制。

3. 滚雪球抽样

滚雪球抽样是以若干个具有所需特征的个体或元素为最初的调查对象，然后依靠他们提供认识的合格的调查对象，再由这些人提供第三批调查对象，依次类推，样本如同滚雪球般由小变大。例如，在关于园长数字领导力研究的访谈中，研究者可以问访谈对象："您知道身边哪些园长具有较高的数字领导力?"或"您认为我应该向哪些园长了解这方面的情况?"等。滚雪球抽样是一种通过局内人发现样本的有效方法，多用于总体单位的信息不足或观察性研究的情况。塔雷里克（Tallerico）用滚雪球抽样方法找到了 20 名曾经是地方教育官员的女性以及熟悉 1 名女性地方教育官的 4 名线人。通过这种抽样方法，他们就可以研究为什么女性会离开这个岗位。研究的开始阶段只有一些个体会被认为是适合并乐意参与研究的调查对象。经过一段时间后，随着每一个新参与者推荐了其他有可能加入的研究对象，样本随之越变越大。这种方法尤其是在无法提前确定抽样框的时候会特别有用①。但滚雪球抽样也存在一定的方法缺陷，大多数样本是通过熟络关系组建起来的，所以样本很可能来自同一类型的群体而具有显著的同质性。另外，由于样本是通过熟人介绍，可能也会出现碍于人情而不愿暴露真实情感和想法的情况。

三、个案的选择

选择研究个案是定性研究中确定研究对象的常见方法。受实证主义思潮的影响，定性研究者也逐渐开始讨论自己研究的个案是否具有代表性。这种讨论集中在所选择的个案能不能很好地概括其他相似个案的情况。以研究美国黑人社区的学者为例。人们非常希望通过学者对美国密苏里州圣路易斯市黑人社区的研究来了解全美所有黑人聚居区的基本状况。基于此研究目的，考虑到个案的代表性，学者会在研究报告中专门辟出一个章节来讨

① TALLERICO M O. Gender and politics at work：why women exit the superintendency［EB/OL］.［2018-03-18］https：files. eric. ed. gov/fulleext/ED361911. pdf.

论他或她所研究的黑人社区个案是否是随机抽取的以及样本是否具有代表性且没有偏差。尽管我们可以看到定性研究者在开始采用定量研究者所常用的抽样技术或术语，但他们是否明白研究本身的目的究竟是什么以及个案研究到底能在多大程度上促进我们对总体状况的把握呢？

需要明确的是，在定性研究中个案的选取采用的是非随机抽样或非概率抽样的方法。而非随机抽样方法是由理论或由研究目的所决定的抽样。基于此种前提，研究人员需要根据研究目的来界定抽样的边界，即在有限的时间和方法范围内确定哪些个案或案例（个体、事件等）可以作为研究对象①。勒孔特等人②将定性研究中所有的抽样策略概括为基于标准的选择（criterion-based selection），因为研究者对样本的选取，如学校或个体制定了明确的标准。以下是一些定性研究常用的选择个案的非随机抽样方法的介绍：

（一）极端案例抽样

极端案例抽样（extreme-case sampling）要求研究人员识别出某些特征的极端或者极点，然后选择仅代表这些极端情况的案例用于调研。极端案例抽样也称偏差型个案抽样，使用这种抽样方法的基本逻辑是，从极端事例中得到的经验或教训能够为事物的一般情况提供有益的借鉴。尽管极端案例不具备代表性，不能有效推断总体的特征和性质，但是从这些极端案例中获得的研究结论却可能比一般的典型案例更有说服力。例如，研究者要研究上海城市幼儿园信息化建设与应用水平，如果想全面了解上海市城市幼儿园的整体情况，那么就可以将上海市的城市幼儿园作为总体，并按照样本容量要求从总体中随机抽取一定数量的样本幼儿园。但这种做法对研究者的时间、精力和财力的要求比较高。因此，研究者可以采用极端案例抽样方法，分别从上海城市幼儿园中选择信息化建设与应用水平“最好”和“最差”的幼儿园各1～2所，进而对这两类幼儿园进行深度密集的现场调查。在这项研究中，研究者获得的不是反映所有幼儿园信息化建设与应用的一般情况，而是在“最好”和“最差”条件下事物变化发展的模式。

（二）典型案例抽样

典型案例抽样（typical-case sampling）是指研究人员列出典型的或平均水平的案例标准，然后选取一个或多个案例进行研究。这种方法要选择的是具有一定代表性的个案，目的是通过个案研究来了解所研究现象的一般情况。这里需要特别说明，典型案例研究不是为了将研究结果推论到总体，而是为了展示和说明此类现象中典型案例的真实面貌。作为研究者，需要熟悉哪些案例是研究的典型现象，应该多与专家进行讨论并达成一致。在确定典型案例所具备的特征后尽量去找到这样一个个案（包括个体或事件）。例如，当研究

① 邓春勤．定性研究中的抽样技术［J］．基础社会医学，1995（4）．

② LECOMPTE M D，PREISSLE J，TESCH R. The role of theory in the research process//Ethnography and qualitative design in educational research［M］. 2nd ed. San Diego，CA：Academic Press，1993：116－157.

对象确定为具有攻击性行为的幼儿时，可以明确以下标准：幼儿一周内出现 3 次及以上与其他幼儿抓、打、咬来抢夺玩具等其他物品；由于无法满足幼儿的需求，幼儿容易被激怒并多次出现大声嚷嚷甚至号哭大叫的表现等。

（三）同质样本抽样

运用同质样本抽样（homogeneous sample selection）通常会选择一个相对较小且具有同种类型的个体或案例进行深入研究。这类抽样方法的目的就在于通过对研究现象中的具有同质性的个案进行分析，能集中对个案内部的某些特征开展深度研究。同质小组可采用简单的分析方法，小组访谈更加容易进行。例如，在进行家庭指导对幼儿早期阅读能力影响的研究中，可以召开做得好的家庭的专题小组讨论会以及做得不好的家庭的专题小组讨论会。在教育研究中常用的焦点团体访谈法就属于典型的同质样本抽样。比如，在关于幼儿园教师信息技术领导力的相关研究中，研究者就可以采用焦点团体访谈的方式，选定 5～7 名信息技术领导力较好的幼儿园教师围绕信息技术领导力的相关问题开展深入讨论。

（四）机会抽样

与其他抽样方法比较，机会抽样的特点在于研究人员充分利用在数据搜集过程中的新线索和新发现来针对某一个新出现的问题抽取一定的样本，从而证实和进一步了解新的认识。以母乳喂养的定性研究为例，研究人员在与一位医学专家进行访谈的时候发现，大部分群众都认为母乳有“咸奶”成分，母乳中如果含有这一成分那么就不能给婴儿食用。在发现这个新问题之后，研究人员立即针对这个问题抽取一定样本来证实此种说法的合理性。

除了上述四种常见的个案抽样方法，还有强度抽样、最大差异抽样、分层目的型抽样、关键个案抽样、效标抽样以及证实与证伪个案抽样等。研究者可以依据研究目的、研究条件选择适宜的抽样策略。但不管选择哪种抽样方法，所选择的个案本身必须具有满足研究任务的特性和功能。

四、总体与样本规模的选择

在设计研究方案的时候，研究人员需要知道样本规模的大小。最简单的答案是样本规模越大越好，因为样本越大，其误差就越小，这也就意味着样本值（规模统计量）就越接近真实总体值。关于从总体中随机抽取样本并确保样本的代表性，不仅与抽样方法和技术有关，还与样本量和总体规模之间的关系有关。一般而言，在考虑合理样本容量的时候可以参考以下指导性原则：

（1）随机选择一个占总体比例较大的样本。样本的容量越大，代表性越强。

（2）总体越大，样本的容量应相应增大。

（3）总体同质化程度越高，样本就会越小。同质总体是指包含相似特征群体的总体。事实上，如果每一个个体或案例的特征或情况都是一样的，那么只需要抽取一个样本即可。相反，总体异质化程度越高，样本量就越大。

（4）数据分析中若想要进行分类和细化的比较，则样本量要越大。比如，研究者想要了解有多少比例的大学生愿意选择当教师，并想知道在这个职业选择上男性和女性的差异，就要将原有总体拆分为两个目标分总体，对于每一组都需要有足够的大样本。

（5）总体越小，抽样的比例应越高。如果总体数量是 100 个学生或者甚至更少，则推荐采用将整个总体作为抽取的样本。这种方法不需要花费太多时间和精力并且可以完全确保了解到整个总体的情况。表 4-4 列出了推荐样本规模的参照标准。总之，样本规模与总体的规模和特征直接相关。

表 4-4　连续变量和类别变量的样本量估计（显著性水平为 0.05）

总体数量	样本量	
	连续变量数据	类别变量数据
100	55	80
500	96	218
1 000	106	278
2 000	112	323
4 000	119	351
6 000	119	362
8 000	119	367
10 000	119	370

资料来源：Bartlett，J. E.，Kotrlik，J. W. and Higgins，C. C. Organizational Research：Determining Appropriate Sample Size in Survey Research. *Information Technology，Learning，and Performance Journal*，2001，19，43-50.

第二节　步骤 4：明确研究假设与研究变量

一、研究假设

在定量研究中假设非常重要，是理论建构和发展的重要基础。研究人员在明确了研究目的、研究问题并分解为若干个具体的子问题后，接下来需要进行的下一个步骤就是形成研究假设。研究假设是指根据一定的科学知识和新的科学事实对所研究的问题的规律或原因做出的一种推测性论断，是在研究进行之前预先设想的、暂定的理论。一般而言，研究假设具有如下特征：

（1）研究假设是一种有关变量之间关系的尝试性陈述，是研究者预测的调查结果。因此，研究假设具有一定的假定性，是对教育现象中各因素相互关系的假定性解释，其真伪性还有待进一步的研究验证。

（2）研究假设是一种可用经验事实检验的命题。研究假设需要满足研究的伦理性和科学性要求。一方面，研究假设的验证过程应符合伦理性原则，要尊重和保护研究对象的身心健康。另一方面，研究假设不是空想臆测，是研究者在已有理论或经验基础之上，归纳推理出来的待验证的结论，所以研究假设必须是可检验的。

（3）研究假设是研究命题的特殊形式。研究假设与命题有本质上的不同。命题中的基本元素是抽象概念，而假设中的基本元素则是相对具体的变量；假设中的变量关系应该是经验可测的，即可以通过经验的观察进行检验。请对下列陈述做出判断：

（1）天才往往不幸福。（是研究假设还是命题?）

（2）幼儿的智商与父母的受教育水平相关。（是研究假设还是命题?）

与科学理论研究不同，在教育研究中，研究者更多的是与假设而不是命题打交道。

研究假设是研究开展的核心，对整个研究的设计与实施具有重要的指导价值。研究假设集中了研究者对研究课题的理性思考，是指导研究过程开展的中轴，能够为研究目的、研究内容和研究方法的确定提供依据。所以，学前教育研究中要特别注重研究假设的作用与价值。

1. 假设的陈述方式

研究假设不是主观的臆想，一般来自相关的文献综述或理论。研究者通过文献综述可以找到不同研究变量间存在的关系。此外，研究假设还源于对日常事件的推理，例如我们会注意到很多女生会很惧怕数学，在数学学习过程中显得十分焦虑，并且数学考试也会相对考得较差。基于这种观察，我们可能会提出女生数学焦虑感与数学成绩显著负相关这一假设。假设的陈述方式基本有如下三种：

（1）条件陈述式：如果 A，则 B。

例如：幼儿园教师可获得的社会支持与职业幸福感成正比。

家庭空间教育活动的频率能够增加幼儿的空间语言能力。

（2）差异式陈述：A 不同，B 也不同。

例如：幼儿的家庭文化资本不同，他们对规则的认知水平也不同。

幼儿的性别不同，他们的自我延迟满足的能力也不同。

（3）关系式陈述：A 与 B 显著相关。

该陈述告诉我们，本研究旨在探索 A 与 B 之间的关系（包括正相关、负相关等）。

2. 研究问题与假设

研究问题与研究假设并不等同，但二者却存在着密切关系。研究假设迫使研究者对研究问题进行更加深入而具体的思考，这种思考直接与可能出现的研究结果挂钩，这是将研究问题隐含的实际意义或所涉及的变量显性化的过程。研究者基于先前的理论依据或观察发现对某种教育现象做出具体的预测，如果被证实，那么这个过程是具有说服力且高效的。但是在形成研究假设的过程中，研究者会对所研究的问题产生有意或无意的偏向性。这在一定程度上会导致研究者只局限于研究假设所涉及的变量而忽视其他可能对研究非常重要的现象或关系。研究人员需要认识到同一个研究问题可以引出多个不同的假设。例如：

（1）研究问题：幼儿为什么会出现手机成瘾？

（2）引出的假设包括：

1）幼儿的自我控制能力能够反向预测幼儿的手机成瘾。

2）幼儿家庭的手机数量能够正向预测幼儿手机成瘾。

3）父母在幼儿面前的手机暴露频率能够正向预测幼儿手机成瘾。

4）家庭经济社会地位能够负向预测幼儿手机成瘾。

作为研究者，一方面要认识到研究假设对于研究问题的局限性，另一方面也要善于通过文献综述或观察从抽象的研究问题中形成所聚焦的研究假设。只有完成这一步，定量研究才具有可操作性。

二、研究变量

在运用定量研究方法之前，我们需要首先理解和熟悉“变量”这个概念。定量研究人员通过变量来描述研究问题，通过发现、检验和阐明变量间的关系来解释和预测世界。

1. 变量的定义

相对于恒定的常量而言，变量是具有一个以上不同取值（包括不同的子范畴、不同的属性或不同的亚概念）的概念。例如，性别就是包括男性和女性两个取值的变量。在科研工作中，变量可以被理解为是研究者需要研究与测量的，会随着条件和情境变化而发生变化的因素。比如，幼儿家庭经济收入水平可以是包括高、中、低三个取值的变量；幼儿园分级可以是包括示范园、一级园、二级园、三级园、未评级四个值的变量。在教育研究中，研究者必须保证所研究的变量符合完备性和互斥性的特征。完备性是指构成变量的属性应该包含所有能观察到的情况，例如上例中的幼儿园分级就包含了所有情况。互斥性是指观察结果只能有唯一的属性，如某幼儿园只可能是示范园、一级园、二级园、三级园、未评级中的某一分级。

在掌握“变量”这个概念之前，我们还需要理解不同类型的“概念”。概念可以分为两种类型：一类概念仅仅标识某类现象，如太阳、月亮；另一类概念包括若干个子范畴、属性或亚概念，它们反映的是现象在类别、规模、数量、程度等方面的变化情况。指标是指表示一个概念或变量含义的一组可观察到的事物。教育科学研究为了做到精确，就需要将模糊的、只可意会的概念（concept）进一步明确化、共识化，而这个过程即为概念化（conceptualization）。在概念化的过程中，一般需要通过一个或多个指标来赋予概念明确的意义。例如，我们要研究学前儿童的攻击性行为，那么我们就可以将儿童争抢玩具的次数作为攻击性行为的观测指标。一般而言，概念是抽象的，指标是具体的；概念是人们的主观印象，而指标则是客观存在的事物；概念只能想象，而指标可以观察和辨认。可见，变量是以第二类概念为基础的。

2. 不同类型的变量

根据变量取值性质的不同，可将其主要分为以下两种：

（1）定量变量（quantitative variable），又称数字变量，是表示事物随程度或数量变化而变化的变量。该变量描述的是从“较少”到“较多”的连续体上的点，而不是描述全有或全无的关系，因此也可以称之为连续变量。我们可以给定量变量赋值，以表明它们所具有变量的大小或程度，如身高或满意度。

（2）类别变量（categorical variable），是随类型或种类变化而变化的变量，通常涉及不同群体。该变量表现为事物质的不同，而不是程度或数量上的差异，如教学方法、学习风格。

3. 不同作用的变量

根据变量在相互关系中各自所承担的角色，可将其划分为以下几种类型：

（1）自变量即原因变量，是指能够引起其他变量发生变化的变量。自变量一般是由研究者主动操纵而变化的条件、因素或两者的组合，因此也被称为实验变量或操作变量，通常用“X”表示。例如，在比较传统教学模式和信息技术融合教学模式对幼儿认知发展水平的影响研究中，两种不同的教学模式就是自变量，是研究者主动操纵的期望影响实验结果的条件。

（2）因变量又称结果变量，是指由于其他变量的变化而导致自身发生变化的变量。因变量一般是由自变量引起的被试行为或者有关因素、特征的相应反应的变量，也被称为结果变量或反应变量，是研究中需要观测的指标，通常用“Y”表示。上例中幼儿的认知发展水平就是因变量，会随着教学模式的不同而发生变化。

（3）中介变量（mediating variable），是指处于自变量与因变量联系之间位置的变量。中介变量表明自变量影响因变量的一种方式或途径，也被称为干预变量，通常用“I”表示。

在纷繁的教育现象背后存在许多 $X-I-Y$ 的因果链。在当前的学前教育研究中，关于简单中介、多重中介、链式中介等相关的学术文献日益增多。以学前教育本科生获得的社会支持对其专业认同的影响研究为例，如果 X 代表社会支持，Y 代表学生的专业认同，I 代表学校归属感，那么完整的因果链就是社会支持—学校归属感—专业认同。也就是说学生的学校归属感在社会支持与专业认同的因果关系中起中介作用。

4. 需要控制的变量：无关变量

无关变量（extraneous variable）是指与某特定研究目标无关的非研究变量，由于它对研究结果也产生影响，所以需要在研究过程中加以控制，因此也被称为控制变量。在实际操作中，需要区分无关变量与中介变量。由于无关变量的出现会影响对研究结果的诠释，因此研究者需要采用一些方法尽可能控制无关变量的影响。常用的控制方法包括以下几种：

第一，消除法。通过采取一定措施，将影响研究结果的各种无关变量消除掉。它是控制无关变量最简单的方法。例如，已知教室环境会影响教学效果，就选择安静的教室进行实验，防止环境因素干扰。事实上，在教育实验中，教师的水平、态度，学生的智力、学习基础等无关变量是很难消除的。因此，在采用消除法的同时，还应当同时采用其他方法加以控制。

第二，恒定法。采取一定措施，使某些无关变量在整个研究过程中保持相对不变。例如被试年龄、性别、身高、性格、能力、知识经验、动机、情绪、研究场所的一些条件与特征等。

第三，平衡法。对某些不能被消除，又不能或不便被恒定的无关变量，可以采取某些综合平衡的措施或方式，使其影响通过平衡而抵消，从而达到控制的目的。平衡法主要采用设置对比组（对照组与实验组）的方法来实现。

三、操作性定义

界定研究变量内涵的方法有两种：一种是概念性定义，另一种是操作性定义。概念性定义涉及研究变量所属的特征，适用于思辨分析和质性研究①。但概念性定义无法通过测量或操纵研究变量进行调查问卷的设计和实验研究的设计，即不具有操作性和不便于量化研究。由于看到了概念性定义在实证研究中的局限性，人们另辟蹊径，开始探索一种新的定义方法。美国学者布里奇曼（P. W. Bridgman）于 1923 年提出了操作分析方法（操作性定义），该举措于 1971 年被美国《科学》杂志列为五大哲学成就之一。

操作性定义，又称操作定义，是根据可观察、可测量、可操作的特征来界定变量含义的方法，即从具体的行为、特征、指标上对变量的操作进行描述，将抽象的概念转换成可观测、可检验的项目。操作性定义是将概念和事实联系起来的桥梁。用具体、可操作的方法或程序来界定变量，使变量成为可观察、可测量、可检验的项目。

1. 操作性定义的分类

操作性定义是在具体测量一个变量时或操作一个变量时的具体说明，它通常告知研究者在测量一个变量时需要做些什么。例如，使用成熟的阅读量表测量幼儿阅读素养。操作

---

① 李方. 教育研究的概念性定义和操作性定义 [J]. 教育导刊，2009 (9).

性定义分为两种：一种是测量的操作性定义，另一种是实验的操作性定义。测量的操作性定义是根据研究者如何测量和观察研究变量而设定的一种定义。比如，把“学习成绩”界定为“某种标准化考试所测得的分数”。实验的操作性定义是根据研究者如何操作研究变量而下的一种定义，用于描述操纵研究变量的详细过程或活动。比如，把“饥饿”界定为24小时未进食；把“强化”界定为学生的某种行为出现时，教师予以称赞或微笑等。

示例

“屏幕暴露的数量和质量之辩——屏幕暴露与学前儿童非认知能力的关系”

研究者为了研究学前儿童屏幕媒介暴露与其社会情感、学习方法等方面的非认知能力之间的关系，就将学前儿童的屏幕活动分为学习类屏幕活动和非学习类屏幕活动两种类型。在研究设计中，研究者分别将看电视、玩掌上游戏机（如PSP、任天堂）、玩台式/手提电脑游戏、用台式/手提电脑做其他事、玩iPAD等平板电脑、玩智能手机等6类活动界定为非学习类屏幕活动；而把用电子设备（如早教机、故事机）听儿歌和故事等、与儿童智能机器人一起对话和玩游戏、在电子设备上看指定的教育性质的视频（如《巧虎》）等3类活动界定为学习类屏幕活动。

资料来源：李汪洋，柳皑然．屏幕暴露的数量与质量之辩：屏幕暴露与学前儿童非认知能力的关系［J］．教育学报，2022，18（1）：99－112.

2. 界定操作性定义的方法

一般而言，界定操作性定义有三种方法：一是条件描述法，规定某种条件，观察产生的结果，如把幼儿攻击性行为界定为一周之内幼儿在玩具争抢时出现咬人、抓人及大叫的行为3～5次。二是指标描述法，如把幼儿肥胖定义为体重指数（BMI）超过18的幼儿。三是行为描述法，即把幼儿在游戏中的旁观行为界定为注视别人游戏活动达2～3分钟以上，自己未参与。

操作性定义是研究变量与实际观察或活动之间的桥梁。它最有价值的用途在于能够使抽象的研究概念和研究假设变得可测量、可观察、可操作。因此，操作性定义的产生为教育测量工具（如问卷或调查提纲）指明了思路，便于量化分析。

第三节 步骤5：进行研究设计

一、量性研究设计

（一）教育实验法

实验研究法作为一种较为严格的研究范式，当前已广泛应用于学前教育研究领域。该方法是自然科学研究中的重要方法，最早运用于物理学研究，19 世纪引入生物科学研究。19 世纪末，实验研究法开始大量地应用于心理学，逐步形成“实验心理学”。1879 年，冯特在莱比锡大学建立了世界上第一个心理学实验室，采用自然科学的实验方法，对人的心理进行实验。这一做法对于心理学而言具有划时代的意义。从此，心理学从哲学领域中分化出来，成为一门独立的新科学。

由于心理学研究和教育学研究都将“人”作为共同的研究对象，因此只要心理学研究领域广泛采纳实验研究法，那么教育学研究领域也可以如法炮制。因此，19 世纪末 20 世纪初，实验研究法也逐渐应用于教育研究领域。1908 年，《实验教育学》问世，涌现出一大批以赖斯和桑代克为代表的教育实验研究的倡导者①。20 世纪头 20 年，教育实验学飞跃发展，出现了大量的教育实验研究，其中最具代表性的有杜威主持的“芝加哥大学初等学校教育实验”、英国学者罗素主持的“比肯希尔学校教育实验”和苏联苏霍姆林斯基主持的“帕夫雷什中学教育实验”。同时期，我国的陶行知、晏阳初、梁漱溟、陈鹤琴、张雪门等也逐步开展了教育实验改革。例如，陈鹤琴先生于 1923 年创办南京鼓楼幼稚园并开展学前教育实验，这也是我国最早的幼儿教育实验中心。

教育实验法是教育研究者为实现特定研究目的，依据一定的理论假设，有系统地操作某些实验条件并控制可能影响实验结果的无关因素，从而揭示教育现象或教育行为之间因果关系的一种研究方法。从概念中可以看出，教育实验法包含三个基本要素，分别是自变量、因变量和无关变量。一般而言，实验法适用于三类研究：第一，干预性研究；第二，具有明确因果关系的研究，例如通过某种培训手段，提升教师培训的效果；第三，具有相对严谨条件（因素）控制的研究，例如不考虑教师性别、学历的因素，探讨学科背景对教师效能感的研究。

1. 教育实验法的特性

实验法本身已具有集观察、测量、统计和理论描述于一体的综合性特点。当其被运用于教育研究时，又因教育活动的特点而具有了若干特殊性：第一，教育实验研究的首要目的并不是验证假设或相关理论，而是改进教育实践。第二，由于需要严格控制实验条件或者情境，就可能偏离了真实客观的教育情境，会造成“霍桑效应”（研究对象意识到自己在参与教育实验从而刻意改变自己的行为和语言表达）和“约翰·亨利效应”（研究对象的行为表现超出原有水平）。第三，由于教育实验研究会产生不可避免的样本量不足或者选择误差，那么参与教育实验研究的样本不能代表更大范围的总体，因此存在无法大范围推广的缺陷。

2. 教育实验设计的一般步骤

尽管教育实验研究与自然科学实验研究不同，并不是纯粹以“假设—求证”为首要目

① 瞿葆奎．拉伊和他的《实验教育学》[J]．华东师范大学学报（教育科学版），1999（4）．

的，但依然按照这一过程来进行实验的设计。一般而言，教育实验设计的步骤可大致分为提出假设、控制实验变量和验证假设这三步。具体的教育实验过程见图 4-1。

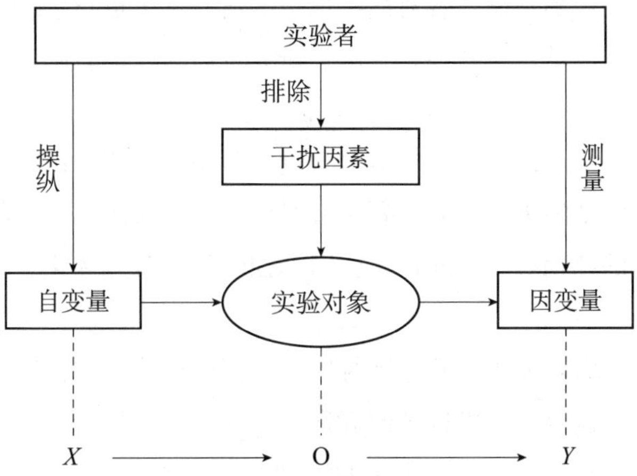

图 4-1　教育实验过程

（1）提出假设。

教育实验研究以教育“假设”为研究起点，这是整个研究进程的核心与主线。教育假设是一种因果关系的陈述，它假定某些自变量（又称实验刺激，例如家长的期望或教师的期望）会导致某些因变量（例如学生的学习成绩）发生变化。从这一点看，教育实验与自然科学实验一致，假设是实验研究的灵魂。提出假设本身就是一项复杂而严谨的研究活动。教育实验研究者可以从他人（文献和现实中的他人）那里选择、确认某种教育假设，也可以根据自身的学习经验和人生经历提出自己的教育假设。例如，在美国学者罗森塔尔所主持的“教室里的期望效应”实验研究中，他根据以往的研究提出的假设是：“当教师期望某个孩子表现出较大程度的智力提高时，这名学生的智力水平就真的会大幅提高。”

（2）控制实验变量。

教育实验研究将“控制”的教育情境作为验证的前提条件。为了排除其他因素的影响，实验者需要采取一定措施通过保持无关变量的恒定或设定一个控制组来尽可能使实验组和控制组的所有特征与条件都保持一致。例如，仍然以美国学者罗森塔尔主持的“教室里的期望效应”实验研究为例，实验中让实验组（教师认为全班具有培养潜力的 20%的学生）接受实验刺激，而控制组（其余的 80%的学生）不受实验刺激的影响。在实验中，教师会拿到一份全班的学生名单，上面记录着智力测验中得分最高的 20%的学生。实际上，教师所得学生名单中的学生完全是随机抽取的。这些学生与控制组的学生的唯一区别在于教师以为他们会具有不同寻常的智力发展表现。

（3）验证假设。

教育实验研究通过对被试实施前测和后测，比较前后测的结果差异来对先前提出的假设进行“验证”。如果没有差异则说明自变量对因变量没有影响，从而推翻假设。如果有差异，则可以证实原假设，即自变量对因变量有影响。我们仍然以“教室里的期望效应”实验研究为例，在学期伊始，研究者对同一班级的所有学生进行了智力测试。首先，要确保该班级的教师对这一测试并不熟悉；其次，研究者需要告诉教师，学生所接受的是“哈佛应变能力测试”。在此情况下，这种隐瞒可以让教师对学生产生期望，这恰好是本实验确保成功的必要因素。甚至研究者还要对教师进一步说明，该测试成绩可以预测学生未来在学业上的成就。在学期临近结束时，研究者对所有学生再次进行了相同的智力测试并且计算出每名同学智力的变化程度，通过实验组和控制组的智力变化差异看在现实情境中是否存在教师期望效应。

上述实验研究设计大致能排除实验干扰因素，因此被称为“标准实验”或“真实验”。根据研究者对情境的控制程度，可以把研究设计分为以下三种：

1）真实验（true experiment）设计：随机抽样，有对照组。

2）准实验（quasi-experiment）设计：非随机抽样，有对照组。

3）非实验（non-experiment）设计：非随机抽样，无对照组。

（二）准实验设计

准实验是相对于“真实验”而提出的。真实验即标准实验，在“真实验”环境下，能严格按照实验的科学性要求随机分配被试且能完全控制无关因素的影响，因此能够准确地反映自变量和因变量之间的因果关系，所以其具有较高的教育效度。但是，教育活动比较复杂，要想完全控制自变量、无关变量是不太可能的，所以真实验几乎是一种理想。“准实验”不能随机分派被试且不能完全控制无关变量，因此其内部效度存在一定问题。但是，准实验不应该被看作不严谨的、退而求其次的实验研究。准实验保留了“科学实验”的一般特性（假设—验证），同时关注了“教育实验”的特殊性要求，应该被视作“真实的教育实验”。准实验设计是在不能随机分派被试、无法完全控制误差来源时，尽可能加强条件控制的实验设计。

另外，为便于表示各种实验设计类型的实施状况，一般使用特定的符号来表示相对应的实验因素：R 表示被试是经过随机选择和分配的；G 表示组（实验组或控制组）；X 即实验操作的自变量，表示一种实验处理；O 表示一次观察或测试，也就是对因变量的测量。

1. 非对等组前后测设计

该类型是准实验设计中较为普遍的典型形式。此类型的特征是实验有控制组，有前后测，可以控制练习效应、工具、统计回归等因素影响。其格式为（O1、O2 为前测，O3、O4 为后测，X 为实验干预，C 为控制）：

实验组：O1　X　O3

控制组：O2　C　O4

例

情绪类绘本教学可提升幼儿的情绪控制能力

某幼儿园的中班有 2 个班，每班 25 名幼儿。选择其中一个班作为情绪类绘本教学实验班，另一个班作为对照班（控制组），不开展系统性的情绪类绘本教学。在该实验中，幼儿的情绪控制能力就是因变量，系统性的情绪类绘本教学即为自变量。另外，控制变量包括具有相同保教水平的带班教师、相同的教学活动时间，两个班幼儿的情绪控制能力的前测水平没有差异。经过实验干预之后，可以通过统计分析，比较实验班和对照班因变量的变化情况，即（O3—O4）和（O1—O3）－（O4—O2），对两组增值分数平均差进行 t 检验以考核其差异的显著性。

2. 轮组设计

该类型即固定组循环设计，有不同组和不同的实验处理，每组按照不同顺序循环接受实验处理，比较各种实验处理的平均成绩。每组既是实验组，又是对照组。其格式为（G 为 group 首字母缩写）：

G1：O1　X1　O2　X2　O3

G2：O4　X2　O5　X1　O6

例

幼儿园奥尔夫音乐教学法与柯达伊音乐教学法的教学效果比较研究

选择某幼儿园两个大班幼儿作为实验组（G1 和 G2），在实验开始之初，首先测量两班幼儿的音乐素养（O1 和 O4）。然后一班进行奥尔夫音乐教学法（X1），另外一班开展柯达伊音乐教学法（X2）。经过一学期的教学实验，进行一次后测（O2、O5），分别与前测进行对比（O2—O1、O5—O4）。然后两个班交换实验条件，即之前开展奥尔夫音乐教学法的班级转为实施柯达伊音乐教学法。经过一学期的实验干预后，再进行一次后测（O3、O6）。比较（O2—O1）－（O6—O5）与（O5—O4）－（O3—O2）。如前者高，说明奥尔夫音乐教学法的效果好；如后者高，则柯达伊音乐教学法的效果好。

3. 索罗门四组设计（Solomon four group design）

索罗门四组设计是心理学家索罗门于 1949 年在实验心理学领域中提出的实验研究设计。该研究设计的特别之处在于在传统实验组和控制组前后测之外，另外加上只有后测的实验组和控制组两个组别。这种处理有利于克服前测影响后测结果的问题。也就是说，这种设计共有四个组：两个控制组、两个实验组，实验组和控制组各有一组接受前测，四组都接受后测。其模式为（RG 为随机分配小组）：

RG1：O1　X　O3

RG2：O2　C　O4

RG3：　　X　O5

RG4：　　C　O6

例

在本市一所幼儿园的算数课堂中，探讨游戏教学法的教学效果

在课前，G1 和 G2 组幼儿会进行一次测试（前测 O1 和 O2），而 G3 和 G4 幼儿则不进行前测，他们会利用此时段进行排队洗手，以免看见测验内容。教学活动进行时实验组会以游戏教学法进行教学（X1 和 X2）；而控制组则会以一般教学方法进行教学（C1 和 C2）。在教学活动结束后四组都会立即进行一次测试（后测 O3～O6）。除前测和后测外，我们还安排在授课后第四天进行一次追踪测试（O7～O10），目的是测试四组幼儿对不同的教学法的接受能力。

4. 时间序列设计（time-series design）

该类型设计旨在针对某一非随机取样的被试组做周期性系列测量，在这一时间序列中施加实验处理，然后观测呈现实验变量后的一系列测量分数是否出现非连续性现象，从而推断实验处理效果。其模式为：

G：O1　O2　O3　O4　X　O5　O6　O7　O8

例

如前面所提到的研究案例，情绪类绘本教学对儿童情绪控制能力的影响研究

若在某幼儿园选择 1 个中班 25 名幼儿作为实验对象，并在实验处理之前，连续 4 次（1 周 1 次）测量幼儿的情绪控制能力。然后进行实验操作，即教师在 1 周内每天开展一个情绪类绘本教学活动，经过两周的实验干预之后，再由研究者连续 4 次（1 周 1 次）复测幼儿的情绪控制能力。统计分析：比较前 4 次和后 4 次测试的结果是否连续，如果有跳跃上升，则说明实验处理有效。

（三）非实验设计

非实验设计又称前实验，是一种在完全自然条件下开展的实验研究，其基本形式是只有实验组而没有控制组，只有后测而没有前测，该种做法一般被称为“仅后测实验”。虽然该种实验设计因缺乏前测而不便进行前后测比较，又因为缺乏控制组，而不便于“参照”，但也有可取之处。例如，由于没有安排前测而避免了前测给实验带来的实际干扰，又因为没有安排实际的控制组而在某种程度上避免了实验研究中出现霍桑效应等问题。另外，本研究方法比较灵活，能够帮助一线幼儿园教师或学前教育研究者随时开展一些探索性研究，因此该方法具有较大的实践价值。

在很多情况下，非实验设计还可以被看作一种隐性的单组前后测实验及一种隐含了“控制组”的实验。比如，某校以在语文课上采用朗读法教学为实验刺激，并以实验班参加本地区统一命题的语文考试成绩作为后测结果。虽然该实验设计并未事先制定对比班，但实际上以参加同题考试的本校同年级班学生的语文成绩作为比较依据，仍然可以考察朗读法与传统语文教学方法之间有无显著差异。

1. 单组后测设计

只有一组非随机选择的被试，无对照组，只给予一次实验处理，有一个后测，以后测结果作为实验处理效应。其模式为：

G：X　O

例

民间体育游戏对幼儿大肌肉动作发展的影响研究

老鹰捉小鸡、跳皮筋、推铁环等传统民间游戏具有重要的教育价值。某幼儿园老师为提升幼儿走、跑、跳、平衡等动作发展水平，特意结合传统民间体育游戏开发了班本特色课程（X），课程实施一段时间后，发现本班幼儿的大肌肉动作发展水平（X）得到显著的提升。这种实验设计类型即为单组后测设计。

2. 单组前后测设计

只有一组非随机选择的被试，无对照组，只给予一次实验处理，有前测和后测，用前后测的差异来作为实验处理效应。其模式为：

G：O1　X　O2

例

上例民间体育游戏对幼儿大肌肉动作的发展价值研究，幼儿园教师也可以采用单组前后测实验设计。教师应在实施民间体育游戏教学干预之前，首先对幼儿现有的大肌肉动作发展水平进行前测，产生O1。之后对幼儿进行民间体育游戏干预训练，经过一段时间后再次对幼儿的大肌肉动作发展水平进行后测，产生O2。最后比较成绩是否具有显著差异。

3. 非对等组后测设计

在这种实验设计中，根据现有的自然组分别确定实验组和控制组。在实验中对实验组施以自变量，控制组则作为比较组存在。实验结束后对各组进行后测，根据实验组与控制组因变量的差异，得出实验的结论。由于使用了比较组，因此这种类型设计比单组设计的效度要好。但是，非对等组后测设计的被试不是随机分组，且没有前测，所以很难确定地说后测的成绩差别来自实验处理。其模式为：

G1：X　O1

G2：C　O2

例

学习方法指导的比较研究

某校 2 个班，在 1 班由教师每周上 1 节学习方法的指导课（X）；在 2 班不开展任何学习方法指导活动（C），一学期结束时，比较两个班学生的学业成绩是否具有显著差异。

二、质性研究设计

个案研究（case study）是社会科学领域中的一种研究策略。目前，个案研究已逐渐形成两种取向的形态：第一种是基于量化研究，主要受实验心理学影响而发展的个案实验法；第二种是基于质性研究，主要受精神分析、批判理论和人类学的影响，运用诠释的方法与观察做研究①。以下主要介绍的是质性取向的教育个案研究。

（一）个案研究设计

个案研究指的是综合采用访谈法、问卷法、观察法、作品分析等各种方法，搜集有效、完整的资料，对单一对象进行深入细致的研究过程。这里的“单一对象”，可以是一个人、一个机构、一个社会团体等。

在教育研究领域，有一些单一被试研究的经典个案。人类学家沃尔特（H. F Wolcott）在《校长办公室里的那个人：一项民族志研究》中以一个校长为个案，并从其学校整体的文化脉络着手，运用参与观察的方式深入地描述校长的工作及生活，从而让读者了解校长的职位。我国知名幼教先驱陈鹤琴先生也曾采用个案研究方法，对其长子陈一鸣的身心发展进行了长达 808 天的系统观察和记录，并以此为基础撰写了我国第一本儿童心理发展专著《儿童心理之研究》。

1. 个案研究的特征

质性研究取向的个案研究，其目的在于产生某种假设，而不是检验假设，因此具有自己的特点。

① 陈伯璋．教育研究方法的新取向：质的研究方法［M］．台北：南宏图书有限公司，1990.

（1）特定性（独特性）。注重某个特定的情境、事件、项目或现象。

（2）描述性。研究结果是对研究对象丰富且详细的描述，包括有关该研究对象所涉及的所有变量及各变量在较长一段时间内的互动，因而个案研究往往具有跟踪性质。

（3）启发性。启发我们对研究对象的理解，如它能带来对新的含义和新的关系的发现，能解释一个问题发生的原因。

（4）归纳性。依赖归纳推理，从描述数据中产生新的概念和假设，也就是个案研究者的兴趣是在发现和理解一个现象，而不是在做假设的验证。

（5）整体性。强调在一个完整的情境脉络下掌握研究现象，以期能对研究对象做深入剖析及全面性的理解①。

2. 个案研究类型

从目的性看，根据功能可将个案研究划分为两类：第一类，内在性/本质性个案研究（intrinsic case study）。该种类型的个案研究的内在目的不在于推论，而是注重对个案本身的详尽描述和了解。第二类是工具性个案研究（instrumental case study），旨在通过对个案的研究，达到对个案相关特殊问题或现象的认识，从而了解一个特殊个案，以其作为了解其他特殊个案的工具。可以说，工具性个案研究注重某个个案研究结论的推广意义。

从设计类型看，个案研究大致可从单一个案设计和多重个案设计这两个维度划分，形成一个包含四种彼此相互关联的设计类型，构成一个 2×2 的矩阵模型，如图 4－2 所示②。

	单一个案设计	多重个案设计
整体性（单一分析单位）	类型一 单一个案整体设计	类型三 多重个案整体设计
嵌入式（多重分析单位）	类型二 单一个案嵌入设计	类型四 多重个案嵌入设计

图 4－2　个案研究的设计类型

（1）单一个案整体设计（类型一）：其分析单位为整体单位，如以某一所学校作为单一个案研究对象，且关注的是学校的整体性。此类型设计多以专著、报告或论文的方式呈现。

（2）单一个案嵌入设计（类型二）：其分析单位包含整体单位中的一个或整个子单位，如上述以某一所学校作为单一个案研究对象时，除关注学校的整体性外，亦将研究焦点置于学校的各处所。

（3）多重个案整体设计（类型三）：包含一个以上的单一个案，采用此设计是为了对各个单一个案进行比较。此类型虽是叙述多重个案，但每个个案均以单独章节陈述。

①②　金爱东，马云鹏．质性取向教育研究个案综述［J］．延边大学学报（社会科学版），2013，46（2）．

（4）多重个案嵌入设计（类型四）：其分析单位除了各个单一个案外，亦包含各个单一个案的子单位。

个案研究除了上述类型之外，学术界还依据其他标准对该方法进行了多维类型划分。例如，依据研究持续的时间划分，个案研究可分为个案现状研究和个案追踪研究；依据个案研究目的划分，个案研究也可以分为借鉴性个案研究、探索性个案研究和诊断性个案研究；依据个案研究的方式划分，其又可以分为综合性个案研究和专题性个案研究。

3. 个案研究操作步骤

作为一种研究策略，个案研究是一种非常完整的研究方法，其包含了设计的逻辑及特定的资料搜集与分析的方法。换句话说，个案研究并不是一种搜集资料的做法，也不仅只是一种设计特征，而是一种周全而完整的研究策略。

（1）确定研究问题。个案研究最适合讨论如何与为什么等问题。教育个案研究中的每一项研究命题必须能将研究者的注意力引导到质性研究范围内所要检视的事情上，并能清楚地指出研究方向与研究目的。研究者依据命题进行相关资料的搜集。

（2）选择合适的研究个案。个案研究需要研究者依据研究目的和研究内容，将具有某一方面典型特征的个案作为研究对象。因此，在明确了研究问题之后，研究者要根据自己的理解和判断来界定和选择个案，然后再开展研究，这种方式可称为目的性抽样。目的性抽样是教育研究领域中的个案研究最为常用的个案选择方法。尤其对于工具性的个案研究而言，所选取的个案要具有一定的代表性，需要选取那个典型的、能代表同类事物的个案，才有可能达到研究的目的。在学前教育研究中，幼儿园教师需要依据自己的研究目的来选取个案研究对象，而且选取的研究对象要具有某方面的典型特征。例如，某小班幼儿园教师发现大多数幼儿在区域活动时容易出现争抢、推搡等人际冲突，而本班的某个幼儿在区域活动时能够与同伴友好相处，能够懂得分享、轮流、协商等。那么，教师就可以将该幼儿作为个案研究对象，从而研究影响该幼儿良好人际交往技能形成的因素，并从中发现有效的教育策略，促进小班幼儿人际交往能力的发展。

（3）搜集个案材料。全面搜集个案资料是个案研究有效性的重要保证。搜集资料的方式是多样的，可采用书面调查、口头访问的方式，也可采用观察、测验的方式，还可以通过查阅个案的个人资料的方式获得信息。在个案研究中，综合使用多种方法收集个案资料，能够增加资料的广度和深度，进而保障研究结果的可靠性。例如，上述案例中，教师可以采用访谈法、观察法等对该幼儿的人际交往能力进行诊断和评定，并在此基础上对幼儿的成长过程、家庭教养环境等进行多方位调查，从而发现影响幼儿人际交往能力的可靠因素。

（4）诊断与假设。在广泛搜集个案资料的基础上，常常还需要对相关问题做进一步的测试，以诊断问题的症结所在，推论原因——主因、次因、远因、近因等，形成初步的假设。

（5）个案分析与指导。个案研究搜集到的资料往往比较粗糙、琐碎，难以直接解释问题，因此需要用逻辑思维的方式对有关资料进行理性加工。一般可以采用解释性分析、结构化分析和反思性分析对收集到的个案研究资料进行逻辑分析。而反思性分析是学前教育研究中运用较为广泛的一种个案分析法，它是研究者主要依靠自身的直觉、经验和个人判断对个案资料进行分析加工的过程。个案研究不仅仅要提出研究的问题，还需要提出解决问题的策略和指导性建议。

（6）撰写个案研究报告。个案研究报告的主要类型有描述性报告、简介性报告、分析性报告三类。典型的个案研究报告的基本格式一般设计以下内容：个案来源，背景资料，主要问题的描述，诊断和分析，指导策略，实施指导策略，得出结果，跟踪及讨论。

4. 常用的个案研究法

在教育研究中，个案追踪法、个案追因法和作品分析法等是常用的个案研究法。研究者可以根据研究目的、研究内容和研究条件等选择适宜的方法来开展个案研究。

（1）个案追踪法。该方法是研究者选择具有典型意义的个案进行较长时期的持续跟踪调查，获取研究对象发展变化的第一手资料，从而完整、准确地掌握某种事物或现象发展变化的基本规律。例如，要研究自我延迟满足能力对儿童学习品质的影响，研究者就可以选择自我延迟满足能力较好的一名或多名幼儿作为个案研究对象，并持续跟踪其成长发展的过程，从而验证既定的研究假设。

（2）个案追因法。该方法是指由已经存在的结果去追溯和探索产生这一结果的根源。在教育研究中，个案追因研究是对某种教育现象或研究对象的某种身心品质的形成原因进行探究的过程，以便寻根溯源，从而有针对性地解决教育问题。例如，教师发现某中班幼儿近期出现拒绝上幼儿园的现象，那么教师就可以采用个案追因法对该幼儿出现的问题行为进行研究，并明确问题产生的原因，进而为制定干预教育方案提供有价值的参考意见。

（3）作品分析法。该方法是通过对调查对象的各种活动作品进行分析研究，进而了解调查对象的知识、技能、情感状态等，是学前教育研究中最常用的个案研究方法之一。用于个案研究的作品可以是某学前教育机构的规章制度、档案材料，可以是幼儿的绘画、折纸作品、测查结果、口述记录，也可以是幼儿园教师个人的工作日志、听课记录、教育活动方案、班级环境创设等。

例

积木游戏空间密度对中班幼儿游戏行为的影响

该研究是张雅潇、方建华（2018 年）发表在《学前教育研究》上的一篇学术论文，该研究以实验法为主，观察法和作品分析法为辅，考查了积木游戏空间密度对中班幼儿游戏行为的影响。研究者通过作品分析法对幼儿搭建的积木作品进行科学评定，从而测量出幼儿的建构水平。

资料来源：张雅潇，方建华．积木游戏空间密度对中班幼儿游戏行为的影响［J］．学前教育研究，2018（3）：54－63.

（二）实地研究设计

实地研究又称“现场研究”“实地调查”“田野工作”，是指研究者深入调查现场，利用参与观察、访问、座谈等方法搜集各方面信息，以便对调查对象做深入解剖分析的调查研究方式。实地研究者基于自然主义的研究取向，考察自然情境下的社会意义，捕捉多元的观点。他们先进入以调查对象为单元构成的意义共同体，然后再回到局外人或研究者的视角①。简而言之，实地研究的过程就是研究者独自执行研究计划，直接进入代表研究对象的成员共同体，成为所研究社会世界的一部分，使得研究者个人特征与他的研究无法分割。正如波格丹（Bogdan）与泰勒（Talor）所说，从事田野工作的代价非常高，这并不是指金钱方面（田野工作与其他类型的研究相比花费较低），而是指身体与心理上的消耗。同时过两种生活常令人筋疲力尽②。

实地研究者无法遵循固定的路线。与其他类型的调查研究不同，实地研究者的起点并不是应用某种特定的研究方法或检验某个明确的假设。这就使得实地研究比定量研究更加富有弹性且结构化程度不高。尽管我们无法为实地研究制定准确的时间计划，但大致的研究步骤包括如下内容：

1．阅读文献，去除焦点，了解自己

研究者应从一般性的主题入手，没有特定的假设。他们需要接触各种信息，随时准备发现新的想法，包括研读日记、小说、新闻报道和自传等。去除焦点是指在找对研究问题、明确研究范围之前，需要先对整个田野背景有总体的了解。此外，着手实地研究的另一个准备就是对自己的了解，从自己的个人经验出发，预期会出现的焦虑感和所面对的挫折与不确定性。

2．选择进行实地研究的地点并取得进入的途径

这里的地点并不仅仅是一个特定的物理环境，而是指事件或活动发生的情境，即一个社会界定的、界线变动不定的地理空间。在选择地点的过程中最需要考虑的两个因素就是资料的丰富性和对情境不熟悉的程度。一般建议研究者选择自己不太熟悉的地点，因为在一个新地点，研究者比较容易看出文化事件与社会关系。

3．进入田野，建立关系，选择并扮演一个角色

在选定田野地点并获准进入之后，研究者面临的挑战就是必须学习成员意义共同体内

① 喻小琴．实地研究：职业教育研究方式的另类选择［J］．职教论坛，2012（34）.

② BOGDAN R C，TAYLOR S J. Introduction to qualitative research methods［M］. New York：John Wiley & Sons，1975.

部的规则、与成员发展友好的关系、选择一个自己的角色来扮演并且维持社会关系。友好关系的建立是为了最终达成情感的认同。正如小说《杀死一只知更鸟》中的一段话：“你绝不可能真正了解一个人，除非你从他的观点来思考世事。”在田野调查中，研究者身份的建构是研究过程中非常关键的工作，研究者需要依据研究目标来建构合适的身份。例如，在林兰（2017年）发表的《儿童的“后台生活”：基于两所幼儿园的民族志调查》[①]中，研究者希望自己成为“孩子的伙伴或大朋友”，从而避免幼儿以成人的通常方式与研究者互动，所以研究者将自己塑造为“非典型成人”（an atypical adult）的角色。为扮演好这个角色，研究者从称谓、发型、穿衣风格等方面来塑造“林林姐姐”的身份，以此逐步取得儿童群体的接纳和信任。

4. 观察、倾听与搜集资料

在实地研究中，不断发现有价值信息的本领是至关重要的。很多时候这种价值只有到后来才会体现出来，即发觉所观察事物之间具有某种联系。因此，在所有时间里，敏锐地观察和质量高的记录成为关键的环节，即使“看上去什么也没发生过”。在资料的搜集中，研究者需要特别关注意义共同体成员发出的共同符号与用语。这种“暗语”为研究者提供了许多线索，帮助其了解成员所重视的事物以及他们看待世界独特的方式。例如，上述研究案例中，研究者在幼儿园现场随身携带小型记录本、笔、录音笔、可拍照手机等工具，随时将发生的关键事件以速记、录音、拍照的方式记录下来。而且每日田野工作结束后，研究者会对田野笔记、录音和图片资料及时回顾和整理，从而保证收集的田野资料丰富和真实。

5. 确定焦点和抽样

研究者只有在实地生活过一段时间，亲身体验，获得一个大致的图像后，才能决定聚焦在哪些特定的研究问题上，发展出相关的假设。刚进入田野的时候，觉得似乎所有事件都有关联，但过上一段时间，研究者就会选择性地把注意力集中在特定的问题与主题上。实地研究者从所有可能的观察值中取出一组数量很少、有选择性的观察值作为集中研究的样本，这种方法通常被称为理论抽样。抽样的内容分为人物抽样和事件抽样，其中事件一般包括常规事件、特殊事件和非预期的事件。

6. 对实地报告人进行访问

实地报告人是关键行动者，与研究者发展出紧密的关系。实地报告人应具备四个特征：第一，熟悉意义共同体文化且所处的地位能够使其目睹所有重要事件；第二，当下属于共同体成员之一；第三，愿意花时间与研究者相处；第四，熟悉且懂得使用当地的民俗理论或实用常识。研究者可以访问多种类型的报告人，如新手与老前辈、刚刚晋升的人与

① 林兰．儿童的“后台生活”：基于两所幼儿园的民族志调查［J］．学前教育研究，2017（5）：10－22.

地位稳固的人、位居事件中心与身处事件边缘的人等。再如，上述研究案例，研究者在田野调查中还对 4 名幼儿园教师、2 名保育员、3 名园领导、7 名重点跟踪的幼儿家长分别进行了访谈。

7. 离开现场，完成分析并撰写研究报告

实地研究工作可能会持续数个星期，也可能持续数年之久。当理论建构终止，达到结束的阶段，实地工作也自然结束了。研究者在离开实地之时，会经历切断亲密友情的情感痛苦。在出版研究报告的时候，研究者需要尊重意义共同体成员的隐私权。对于从实地中获得的隐秘知识，研究者在道德上有义务对资料保密。

第五章

阶段三：实施研究计划，搜集数据

本章进入第三个研究阶段，研究者开始根据自己设计的严谨、科学且可行的研究计划搜集资料。其核心是有目的、有计划地寻找和搜集来自各个方面的相关数据，包括数字、文字、图形、图像、声音等，然后对这些数据进行处理和分析，探寻原因，进而得出研究结论。本章将对学前教育研究过程中经常用的搜集数据的方法，主要包括问卷法、访谈法、观察法、量表测量法、内容分析法以及行动研究法进行详细的描述。需要指出的是，这些方法都有利有弊，在研究目标和研究设计还不明确的情况下，很难判断哪种方法更好。研究者应该根据研究问题和研究设计选择最适合的资料搜集的方法，以确保资料的科学与可靠，为得出有效的结论提供保障。

第一节　步骤 6：搜集数据

一、搜集数据的常用方法

在诸多搜集数据的方法之中，以下方法比较常用：

问卷法：问卷法是定量研究中比较典型的搜集数据的方法，主要是通过编制、发放与回收问卷的过程来搜集数据。一般来讲，一份问卷会包含多个项目，可能搜集多个变量的数据，同时，也可能通过开放性问题搜集一些可以用来开展质性分析的数据。

访谈法：访谈法是通过研究者和被研究者之间的直接互动来实现搜集数据的目的。通常访谈者与被访谈者一问一答，答案将成为研究最为原始的数据。但被访谈者的回应往往受其主观和偏见的影响，访谈过程也会被访谈者的技巧和访谈水平影响。

观察法： 观察法是指通过感觉器官或其他辅助仪器，有目的、有计划地对自然状态下发生的教育现象或行为进行系统、连续的考察、记录、分析，从而获取事实材料的一种研究方法。科学研究始于观察，观察是研究的基础。在学前教育研究中，观察记录法是最基本、最常用的一种研究方法，特别适合对幼儿行为的研究。幼儿呈现的任何行为现象都可以作为观察目标。按照不同的分类标准，可将观察分为正式观察和非正式观察、直接观察和间接观察、参与性观察和非参与性观察、定期观察和追踪观察等多种类型。

量表测量法： 量表测量也是定量研究最主要的搜集数据的方法之一，一般测量个体的态度、特点、情绪状态、兴趣、价值取向等方面的信息。一个量表通常也会包括多个子量表，计分方式也是量表测量过程中比较重要的一个环节，需要在研究中说明清楚。

内容分析法： 对某类文献或作品进行搜集并详细分析的过程被称为内容分析，此方法可以用于定量研究，也可以用于定性研究。比如，幼儿园教师的教学文档、幼儿的作品以及幼儿园的日常管理文件、视频资料等。

行动研究法： 行动研究法是由实际工作者和专业研究者共同参与，把“行动”和“研究”相结合，一边行动，一边研究，想办法解决实际工作中所遇到问题的一种研究方法。行动研究法是教育领域广为使用的一种方法，是一个螺旋式加深认识的过程，每一个螺旋发展过程包括计划—实施—观察—反思四个相互联系、相互依赖的基本环节。

上述搜集整理的每一种研究方法，都有其特定的适用范围和条件。根据需要，研究者通常会综合运用多种研究方法达到搜集数据、进行研究的目的。

二、效度与信度

研究结论或测量结果是否有效或者精确可靠，用两个重要概念来表示，就是效度和信度。在教育科学研究中，研究者必须保证所开展的研究具有一定水平的效度和信度，否则研究结论或测量结果就会受到质疑和批判。

（一）效度

效度，是指研究结论与现实的符合程度，或指测量结果与所要测的事物属性之间的符合程度①。效度体现了科学研究的真实性、可靠性和确切性。例如，调查研究3～4岁儿童的分离焦虑水平，如果测量结果能够反映幼儿分离焦虑的真实程度，那么此项调查就具有较高效度。如果测量结果体现的不是幼儿的分离焦虑，而是其他心理问题，那么这项调查

① NEUMAN W L. Social research methods: qualitative and quantitative approaches [M]. New York: Pearson Education, 2006: 188.

的效度就很差。

任何一项教育研究，目的都是要获取高效度的测量与结论。可以说，效度是一项研究或测验最重要的特征。没有这种与现实或客观属性的符合性，研究或测量就失去了价值和意义。

为了表明研究或测量中某一方面的有效程度，通常将效度分为以下几种类型：

1. 内部效度

内部效度是指某特定研究中自变量与因变量之间存在因果关系的真实程度，反映的是研究的原因探索水平。这是实验研究中应具备的最基本的效度，说明因变量的变化确实是由自变量引起的，而排除了其他干扰变量效应的程度。研究的内部效度越高，其研究价值也越高。因此，教育研究中要明确自变量和因变量的概念范畴，并选择合适的测评工具和指标，尽可能地控制无关变量的干扰，从而最大限度地提高研究的内部效度。然而，教育研究与自然科学的实验研究不同，教育现象和研究对象往往会受主客观因素的制约而影响研究的内部效度。例如，儿童的自然发展与成熟会影响实验效果，使自变量如教育干预的作用无法区分；幼儿参加过测验，就会影响再次参加类似测验的成绩；等等。一般而言，影响内部效度的因素主要包括偶然事件、被试的成熟程度、重复测验、测量手段不统一、挑选被试的误差、被试未能随机分配、被试偶然减员等。

2. 外部效度

外部效度是指某研究结果能够推断到其他情景与样本的程度，体现了研究结果的概括性和代表性水平。例如，某个幼儿园得到的研究结论适用于另一个幼儿园的程度，2020年的研究结果适用于2022年的程度，等等。在教育研究中，特定研究的外部效度也会受到多种因素的影响，如测验的交互作用、抽样偏差、实验安排的负效应（霍桑效应）、多重处理干扰等。

3. 内容效度

内容效度是指测量题目对所要测的内容的覆盖程度，即测验题目对有关内容或行为范围取样的适当性和代表性。内容效度主要用于成就测验，通过对内容的逻辑分析，从而确定它们的代表程度。例如，教师要了解幼儿对常见植物知识的了解程度，他可以对常见植物的所有知识进行测试，但由于内容很多，不可能面面俱到，因此可选择幼儿周围生活中常见的植物知识进行测试，然后用测验结果推理幼儿是否了解常见的植物知识。因为内容效度体现的是测量内容在多大程度上包含了所研究概念的含义，所以研究者一定要充分考虑测量内容与研究概念的契合程度。如果要研究儿童的社会性发展水平，但测量内容却只涵盖了自我意识、社会认知、社会交往技能等内容，那么测量结果就不能完整地反映儿童的社会性发展水平，因为儿童的社会性心理结构除此之外还包括社会适应、社会情感和道德品质等。

4. 结构效度

结构效度是指研究结果符合该研究理论框架的程度，即研究变量与其他变量在理论体系内的关系程度。例如，关于智力测验有许多理论假说：测验分数能区别智力水平，测验分数在 16 岁以前随着年龄的增长而增加，等等。如果所开展的智力测验结果与智力的理论假说相符合，即有结构效度。也就是说结构效度的基础，就是一定的理论预期测量变量间的逻辑关系。在实证研究中，研究者常借助一定的统计分析软件开展验证性因子分析（CFA）来检测研究的结构效度。

（二）信度

信度，指研究所测得结果的可靠性与准确性①。它主要评估了测量方法的质量水平，即对同一对象进行重复观察测评是否可以得到相同的结果。这种可靠性与准确性可以从不同的角度来评价。例如，在相同情景条件下所得结果的一致程度，不同研究者用同一种测量同时测得的结果的一致程度，同一研究者用同一种测量在不同时间内测得结果的一致程度，同一被试在不同时期内对同一种测量的反应的稳定程度，等等。

在教育研究中，误差总是难免的。比如调查时间不同产生偏差，被试健康状况影响答题，等等。主观上，我们总是希望误差越小越好。信度系数常用计算相关的方法获得。一般认为，信度系数高于 0.80～0.85 表示可靠性较强。为了提高研究的信度，必须对可能干扰研究的种种影响因素尽可能地进行预测与控制。常用信度有以下几种类型：

1. 重测信度

重测信度表示某种测试在不同时间内结果的可靠性与稳定性。用同一种测验对同一组被试实施两次或更多次的测验，前后两次或多次测验分数间的相关系数即重测信度。两次测量分数的相关系数就是重测系数。如果相关系数高，表示正相关，测验的信度高；反之，则信度低。

重测信度只要用一种测验形式就可以获得有关测试结果是否随着时间而变化的资料，但前次测验会影响后次测验的成绩。因此，重测信度所考察的误差来源是时间的变化所带来的随机影响。所以，在评估重测信度时，研究者必须注意重测间隔的时间。

2. 复本信度

用两个假定等值的测验（A 卷、B 卷），对同一组被试先后进行两次测验，前后两次测验得分的相关系数即复本信度。两个假定等值的测验互为复本，而复本信度就反映了两个复本在内容上的等值性程度。

3. 内在一致性信度

内在一致性信度表示同一测验中的内容、项目之间的一致性，即测验的各个题目是

① NEUMAN W L. Social research methods: qualitative and quantitative approaches [M]. New York: Pearson Education, 2006: 188.

否测量了相同内容或特质。内部一致性信度又分为同质性信度和分半信度。同质性信度是指测验内部的题目在多大程度上考查了同一内容。分半信度系数是通过将测验分成两半，然后分别计算这两部分测验之间的相关性而获得的信度系数。在没有测验复本，并且只能进行一次测验的情况下，可将所有项目按单双项分成内容和难度相当的两组，然后根据个人在两半测验上的分数，计算被试对每组反应分数的相关系数，然后计算信度。

4. 评分者信度

评分者信度表示各观察者或评分者之间评分的一致程度。最简单的估计方法就是随机抽取若干份答卷，由两个独立的评分者打分，再求每份答卷两个评判分数的相关系数。关于一些主观性测验题目，如作文、唱歌、图画等，不同观察者或评分者对同一题目会有不同的评分，或者一个评分者对同一题目也会因先后次序效应而给出不同的评分。可让两个或两个以上的观察者（或评分者）分别评阅同一批测验卷，然后计算相关系数，以了解不同观察者（评分者）之间的信度。或者随机抽取一些测验卷进行重新评阅，然后计算两次评分的相关系数，以了解一个评分者先后评分的信度。

（三）信度与效度的关系

信度表示精确程度或可靠程度，效度表示有效程度，两者既有区别，又有联系①。

显而易见，研究者都期望自己所开展的特定研究既具有高信度又具有高效度。但是，信度和效度并不总是一致的，甚至二者会存在一定的矛盾性。通常，可信的操作化定义和测量具体化会削弱概念的丰富内涵；如果允许概念有较多变化或丰富内涵，那么在具体的情境下就概念运用达成共识的机会则会大大减少，这样反而会降低信度②。因此，研究者需要正视信度和效度之间的关系张力。信度是效度的必要条件，一个测量如果具有较高效度，它就必须伴有高信度。但是，反之则不一定。信度高，不能保证效度也高。例如，一项测验可以得到十分精确、稳定的结果，但是它测出的可能是其他特性，而根本不是所要测的特性。比如，在一周内对一组幼儿进行两次相同的创新思维测试，幼儿的两次得分很相近，故重测的信度较高，但是不能据此认为该测验具备较高的效度，因为它可能测量的是幼儿的语言能力、绘画能力，或者是其他与创新思维关联度不高的其他能力，但没有测出创新思维的本质属性。效度从根本上受到信度的限制。

---

① NEUMAN W L. Social research methods：qualitative and quantitative approaches［M］. New York：Pearson Education，2006：188.

② 巴比．社会研究方法：第 11 版［M］．邱泽奇，译．北京：华夏出版社，2010.

第二节　问卷法

一、问卷法概述

（一）概念

问卷法也称问卷调查法，是指调查者根据研究目的将一系列事先设计好的问题组合成问卷或表格，分发或邮寄给有关被调查人员，请求填写答案，然后回收、整理、统计、分析和研究，获取有关信息的研究方法①。

开展课题研究，必须了解研究的现状。而了解研究现状的方式和方法很多，我们可以查阅相关的教学资料，可以对研究对象进行访谈，还可以采用问卷调查的方式进行。问卷法在社会调查研究中发挥着重要的作用，是现代社会最常用的抽样调查方法。同样，问卷法在学前教育研究中的应用也较为广泛，研究者可以根据研究目的对幼儿园教师、幼儿家长、幼儿等开展问卷调查。需要注意的是，学前儿童年龄小，认知水平有限，并且不具备书面语言文字能力，在对其实施问卷调查时需要编制符合学前儿童特点的问卷。

（二）优点

1. 节省时间、经费和人力

研究者将问卷编制好以后，只需印刷、发放和回收，所耗的印刷费、邮费等费用不多，在时间、经费方面比直接访问调查要经济、简便、易行。用问卷法搜集资料，还可不受人数限制，抽样范围灵活，小到一个班级、年级、幼儿园，大到几个幼儿园、地区乃至全市、全国的调查都可以进行。问卷可以当场发给被调查者，也可以通过邮寄或者网络实现对远距离的多方面的调查对象进行调查，能获得大量信息，节省人力、物力和时间。

2. 调查结果容易量化

问卷调查是一种结构化的调查，其调查问题的表达形式、提问的顺序、答案的方式与方法都是固定的，而且是一种文字交流方式，因此，任何个人，无论是研究者，还是调查员都不可能把主观偏见代入调查研究之中。其调查的统计结果一般都能被量化出来。现在有大量的相关统计分析软件可以帮助我们进行数据分析，有些甚至能直接帮助设计问卷，结果很容易量化。

3. 匿名答题，相对真实可靠

调查时，被调查者有充分的考虑时间，不受别人的干扰，能自由地表达个人意见，因

① MUKHERJI P，ALBON D. 早期儿童教育研究方法［M］. 费广洪，郑福明，译. 北京：高等教育出版社，2012.

而结果比较可靠。尤其是使用无记名问卷，调查者与调查对象不用面对面地谈论强刺激性的问题，消除了调查对象心理上的顾虑和障碍，可以得到比较客观真实的材料。所拟问题可尽量详尽，面谈时不能直接询问，或问而不易得到真实答案的事项，都可以在问卷上得到较为可靠的答案。

（三）局限

问卷法虽然在社会调查中应用广泛，但它并非万能的工具，而是有一定的适用性：第一，大规模的抽样调查和量性分析。第二，成分单一的被调查总体。问卷法还有以下局限：

1. 问题设计较为困难

问题是问卷的核心，但设计哪些问题才符合研究的需要？问题怎样表述才能让被调查者清楚明白？问题数量多少才合适？问题太多，调查对象会厌烦，敷衍了事；问题太少，又难以得到全面的信息，有所遗漏。这些都比较难以把握。而开放式的问题，会导致回收质量、分析和统计等工作受影响①。

2. 信息的真伪较难区分或核实

通过问卷获得的事实或个人意见，真伪情况往往无法区分或核实。被调查者填答问卷时可能出现估计作答或回避本质性东西的现象，影响信息的准确性。有些事情比较复杂，并非回答几个问题就能说清楚。因此，根据问卷所获信息易流于表面，获得的结论常常不能作为最后的结论，有时还要结合访谈了解深层次的信息。

3. 样本的真实代表性难以保证

问卷调查采用被调查者自己填写问卷答案的方式，研究者不能调控被试的应答过程，所以其调查结果的质量常常得不到保证。发出的问卷常常不能全部回收或废卷太多，问卷调查的回收率难以保证，会影响到调查对象的代表性。

二、问卷的设计

问卷调查的目的，是通过设计好的问题来获得调查对象对某一方面问题的理解和认识。因为缺少与调查对象的直接交流，调查对象对某一问题理解和认识的情况就完全取决于问卷本身。好的问卷设计，才能获得有用的调查结果。

要设计出理想的问卷，总的原则是：立足调查目的，使问卷易于回答。问卷的作用，根本在于帮助调查者搜集有研究价值的资料，因此，设计必须围绕这一目标进行。

一份调查问卷，除了要有题目，通常还包括以下几个部分：封面信、指导语、问题及

① MUKHERJI P, ALBON D. 早期儿童教育研究方法［M］. 费广洪，郑福明，译 . 北京：高等教育出版社，2012.

答案等。

（一）封面信

“封面信”也称“前言”、“说明信”和“卷首语”，是一份问卷开头的一段话或一封短信。无论何种层面的调查问卷，“封面信”都是不能省略的，它不但能简要告知被调查者调查的一些基本信息，最主要的是能消除被调查者的顾虑，赢得信任，为顺利开展调查奠定基础。

在封面信中，要向被调查者介绍和说明：

第一，调查者的单位或个人身份。

第二，调查的内容和范围。

第三，调查的目的和意义。

第四，有关不记名和保密工作的说明。

封面信写得如何，决定着被调查者能否认真配合完成调查。因此，封面语的表达要亲切、中肯，在信的结尾应真诚地向被调查者表示感谢，最后要署名、说明调查日期（见表5－1）。

表5－1　“幼儿园教师国家级培训计划效果评估”园长调查问卷的封面信

各位园长： 为做好“国培计划”——幼儿园教师国家级培训计划的效果评估工作，总结培训经验，改进培训实效，需要收集您园教师参加培训的相关信息。请根据您的真实想法，认真填写本问卷。本问卷为匿名填写，所填信息对您本人及您所在幼儿园不会造成任何影响。 您的意见十分重要，感谢您的参与和支持！ ××省教育厅教师教育处 ×年×月×日

（二）指导语

指导语是用来指导被调查者正确填写问卷，或是教调查员如何正确完成问卷调查工作的一组陈述。其作用就是要让被调查者明确地知道如何填写这份问卷以及填写过程中的注意事项（见表5－2）。可从以下几个方面做出考虑：

（1）对选出答案做记号的说明。问卷中需要为应答者限定答案填写的空间位置，并要求应答者按要求在特定位置标记答案。

（2）对选择答案数目的说明。问卷中的问题不全是单选题，有可能是多选题、排序题等，这就需要对答案的数目给出明确要求，一般这种指导语写在问题的后面。

（3）对填写答案要求的说明。如某些题项并不是普遍适用的，那么需要说明特定填写人群，并要求其他人跳过该题。

（4）对返还问卷形式（面交、邮寄或其他方式）、时间等的说明。

表 5-2　“幼儿园教师国家级培训计划效果评估”园长调查问卷的指导语

A. 基本情况 说明：以下是您的一些基本信息，请将适当的序号填写在（　　）内。 B. 培训效果 说明：以下是您对您园教师参加国家级培训计划效果的感受和您园教师参加培训可能发生的变化，请您根据实际情况和真实想法在相应的序号上画“√”。 C. 意见和建议 说明：以下是您关于幼师国培的一些看法，请将适当的序号填写在（　　）内或将您的建议填写在横线上。 C1. 您认为幼儿园教师国培计划需要加强或改进的环节是（　　）（多选题，限选 3 项）

（三）问题及答案

问题，是问卷的主要内容。要科学设计调查问卷，必须弄清楚问题的种类、问题设计的程序、问题的形式、问题设计应该遵循的原则及设计答案应该注意的问题。

1. 问题的种类

问卷中要询问的问题，按照调查目的和内容大体上可分为四类：

背景性问题，主要是被调查者个人的基本情况，如年龄、性别、民族、文化程度、婚姻情况、职业、职务或职称、收入、宗教信仰、党派团体等。有时还包括被调查者家庭的某些基本情况，如家庭人口、家庭类型、家庭收入等。它们是对问卷进行分析研究的重要依据（见表 5-3）。

客观性问题，是指已经发生和正在发生的各种事实和行为。比如：“您家住宅面积有多少平方米”“您家去年的年收入是多少元”等，都是事实方面的问题。又如：“您的孩子在家睡觉主要由谁照管”“您今年外出旅游到了哪些地方”等，都是行为方面的问题。

主观性问题，是指人们的思想、感情、态度、愿望等一切主观世界状况方面的问题。比如：“您对现在这样照管是否满意”“您希望自己的孩子将来从事什么职业”等。

检验性问题，为检验回答是否真实、准确而设计的问题。比如在问卷中先问：“您今年多少岁？”在问卷后再问：“您哪年结婚？”“当时多少岁？”又如：先问收入、再问支出，或先问支出、后问收入等。这类问题，一般安排在问卷的不同位置，通过互相检验来判断回答的真实性和准确性。

在上述四类问题中，背景性问题是任何问卷都不可缺少的。因为，背景情况是对调查者分类和对不同类型被调查者进行对比研究的重要依据。其他三类问题，则依调查的目的、内容而定。例如，人口调查主要涉及客观性问题，民意测查则主要涉及主观性问题，只有比较复杂的调查问卷（特别是经济调查问卷），才需要设计检验性问题。

表 5-3 “幼儿园教师国家级培训计划效果评估”园长调查问卷的背景性问题

A、基本情况

[ ] A1. 您的性别是（ ）①男 ②女

[ ] A2. 您的教龄是（ ），您当园长（副园长）的年限是（ ）①3 年以下 ②3～5 年 ③6～10 年 ④11～15 年 ⑤16～20 年 ⑥21 年及以上

[ ] A3. 您的第一学历是（ ），您的现有学历是（ ）①博士 ②硕士 ③本科 ④大专 ⑤中专 ⑥高中或职高 ⑦初中 ⑧初中以下

[ ] A4. 您是否学习过学前教育专业（ ）①是 ②否

[ ] A5. 您现在是否有编制（ ）①是 ②否

[ ] A6. 您现在所在幼儿园的性质是（ ）①教育部门办 ②其他部门办 ③地方企业办 ④事业单位办 ⑤部队办 ⑥集体办 ⑦民办

[ ] A7. 您任职的幼儿园所在地区是（ ）①城市 ②县城 ③乡镇 ④农村

[ ] A8. 您的职称是（ ）①初级（包括小学三级、小学二级、小学一级、中学三级、中学二级、助教） ②中级（包括小学高级、中学一级、讲师） ③副高（中学高级、高级讲师、副教授、副研究员）④正高（正高级教师、教授、研究员）⑤暂无

2. 问题设计的程序

在问卷的背景性问题之后，就是问卷的客观性和主观性问题，这类问题应紧紧围绕课题研究的核心问题展开①。

主要程序是先对调查项目进行关键概念界定，然后根据关键概念界定分解出相关子概念，再根据子概念分析出相关变量，最后根据相关变量设计相应的问题与答案，如图 5-1 所示。

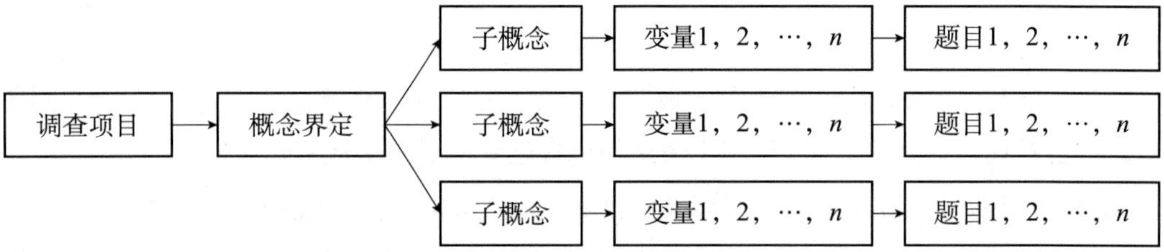

图 5-1 问题设计的程序

如“××市 0～3 岁婴幼儿家长科学育儿指导调查”这一课题，调查者设计问卷的程序主要是：先对调查项目中的“科学育儿指导”进行概念界定，然后根据该概念界定分解出“带养方式”“家长需求”两个相关子概念，再分别根据“带养方式”子概念分析出“目前的带养方式”“理想的带养方式”等相关变量，根据“家长需求”子概念分析出“帮

① MUKHERJI P，ALBON D. 早期儿童教育研究方法［M］. 费广洪，郑福明，译. 北京：高等教育出版社，2012.

带的需求”和“指导的需要”等相关变量，最后再根据相关变量逐一设计相应的问题与答案，如表 5-4 所示。

表 5-4 “××市 0～3 岁婴幼儿家长科学育儿指导调查”问卷结构

项目	子概念	变量	题目
0～3岁婴幼儿家长科学育儿指导调查	带养方式	目前的带养方式	孩子在家睡觉主要由谁照管？
			你对现在这样照管是否满意？
			孩子在家的饮食主要由谁照管？
			⋮
		理想的带养方式	如果有条件，你希望怎样的带养方式？
			如果是家庭内带养，如果可能，你希望由谁为主带养你的孩子？
			如果是寄托在别人家庭，如果可能，你希望……
			⋮
	家长需求	帮带的需求	你感到目前需要有人帮助带养孩子……
			你需要带养的方式……
			你需要带养孩子的时间……
			⋮
		指导的需要	最需要指导的对象是……
			最需要指导的内容是……
			最适合的指导方式……
			⋮

3. 问题的形式

用作问卷的问题主要可分为三种形式：封闭性问题、开放性问题、混合性问题。

封闭性问题又称结构型问题，指问卷中不仅要提出问题，还要提供可供选择的答案，供被调查者选择。这种选择往往是强迫的，即在两个或多个选项中必须选择其中一个或几个答案。例如，调查园长对幼儿园教师国家级培训计划的认识，问题是“在教师参加培训之前，您是否了解培训的目标”选项有“①是　②否”。园长需要从中选择一个答案。

常见的封闭性问题一般包括：填空式，即在问题后面的横线上或括号内填写答案的回答方式；是非式，即提供的答案只有两个，从中选择一个；多项选择式，即在可供选择的答案中可以选择多个答案；排序式，即列出多种答案，被调查者按要求排列出答案的先后顺序；等级式，即列出不同等级的答案，由被调查者根据自己的意见或感受选择答案的回答方式等。研究者需要根据研究目的和研究内容来选择适宜的封闭性问题形式。

示例

封闭性问题形式

（填空式）您的性别是______，您年龄是______岁。

（是非式）您是否认可电子产品对儿童认知发展的积极作用？a. 是；b. 否。

（多项选择式）您为什么选择幼儿园教师的职业？（可多选）a. 教师职业有意义；b. 本人性格适合从事教师工作；c. 接受他人的建议或劝告；d. 干不成别的，只好干这一行。

（排序式）按照行为发生频率高低排序，您班幼儿出现的攻击性行为类型是？a. 骂人；b. 争抢；c. 身体暴力；d. 破坏物品。

（等级式）作为幼儿园教师，您觉得很自豪。a. 完全符合；b. 比较符合；c. 一般；d. 比较不符合；e. 完全不符合。

封闭性问题结构明确，回答按标准答案进行，比较省时间，容易取得被调查者的配合，资料的整理、录入、汇总、分析都比较容易处理。封闭性问题的缺点是缺乏灵活性，难以表达被调查者独特的观点，容易造成强迫回答，有可能造成胡乱填写答案。封闭性问题编制难度也比较大。

开放性问题也称非结构性问题，是指在问卷中只提出问题，不提供答案，由被调查者自由回答的问题。开放性问题设计容易，简单、直接，便于做质性分析，但是数据处理较困难。

当面对的问题较为复杂，或者当研究者无法把握问题答案时，就可以采用开放性问题，请被调查者按照自己的理解来回答，比较真实地反映他们的观点和态度。比如："您觉得教师参加培训最大的收获有哪些？您认为幼儿园应该如何支持教师参加培训？请写下来。"由于回答问题不受限制，被调查者可根据自己的意愿回答，畅所欲言，调查往往能获得一些意想不到的、富有启发性的信息。

除了上述两种问题设计形式之外，在实证调查中还经常会出现混合性问题。也就是问题设计留有一定的余地，让调查对象补充填写。这种类型的问题具有开放性和封闭性问题的综合特征。例如，"作为园长，您支持教师参加培训的原因是？"①促进教师在专业获得更好的发展；②完成上级交办的培训任务；③教师自己申请要参加；④其他（请注明）

4. 问题设计应遵循的原则

为了使被调查者真实、有效地完成答卷，调查者在设计、编写问题时，要力求简洁，此外，还要遵循以下原则：

主题鲜明：问卷设计的问题必须与研究的目的、假设直接相关，与调查主题无关的问题必须删除，可有可无的问题不要列入问卷。

通俗易懂：题目要清楚，问题的表述力求深入浅出，让每个调查者都能明白，要尽量避免使用专业性很强的、非大众化的专门术语、行话、俗语，问题中避免使用否定式问题。

问题单一：一个题目只包含一个问题，避免双向问题（要求调查对象用一个答案来回答两个以上联系在一起的问题）。短一些的题目总比长一些的要好，简单一些的题目总比复杂一些的要好。宁可用两个或更多短一些的问题，也不要用一个详细、复杂的题目。

不做诱导：问题不应有倾向性暗示，避免诱导性语言或有主观色彩、情绪色彩的语言，不要涉及个人隐私程度太深而使人不愿回答。对于那些敏感性强、威胁性大的问题，应在文字表述上努力减轻敏感程度和威胁程度，使被调查者敢于坦率做出自己真实的回答。

中性表达：所提问题应该是被调查者能够提供的信息。文字、语气要尊重被调查者，问题的措辞尽量运用中性词，避免使用导向性或暗示性语言；尽量避免使用否定性的、含有贬义的词句。

选项排他：选项应力求不遗漏问题的主要方面，提供答案的选项应涵盖问题答案的所有内容，且不能出现交叉或重合。

编排有序：题目安排应该有一定的逻辑顺序，应符合被调查者的思维习惯。一般先易后难，先简后繁，先具体后抽象，相同主题的问题放在一起，相同形式的问题放在一起，并注意将敏感性与开放性的测题放在卷末，互有联系的测题放在一起，同一框架内相对有序。

题量适中：问卷题目的数量要适中，不要太多，也不能过少。题目太多，令答题者生厌，敷衍了事；题目太少，无法达到调查目的。因此，既要考虑到调查者的需要，也要考虑回答者的反应。题目一般不超过70个，回答问卷的时间不要超过30分钟。

便于统计：问卷设计时就要考虑到易于编码、录入、汇总和数据处理。

5. 设计答案应该注意的问题

（1）问题与答案匹配。

在问卷的封闭式问题中，问题和答案间应相互匹配。如问题是问教师对自己的工作满意不满意，而答案便应相应地提供为非常满意、满意、比较满意、不满意等，不应提供为非常喜欢、喜欢、比较喜欢、不喜欢。否则会形成答非所问的情况，给被调查者的问卷回答造成不必要的障碍。

（2）答案之间互斥。

问卷的封闭性问题中，提供的每个答案之间应有一定程度的互斥性，否则会造成回答者的困扰，不知如何回答，从而影响到问卷的调查结果。如问您每个月用于孩子兴趣班的金额时，提供的答案不能为：0～50、50～100、100～200；而应为0～50、51～100、101～200。这样便保证了答案的互斥性，从而保证了问卷调查结果的有效性。

（3）穷尽问题答案。

在问卷的封闭式问题中，针对问题提供的答案应该覆盖所有的可能性，即穷尽问题的所有可能回答，如前所述教师对自己的工作满意不满意，所提供的非常满意、满意、比较满意、不满意等四个回答便未必涵盖该问题的所有回答，因为有的教师也许既不满意也无不满意，持无所谓的态度等。此时，要达到涵盖问题所有答案的目的，便可在答案中加一个回答：无所谓或其他（请写明）______。这样，便保证针对问题所提供的所有回答已经穷尽。

三、问卷的发放与回收

（一）确定调查样本

在开展问卷调查前，需要选择并确定调查的样本。选择样本的方式有很多，但要注意选择样本时一定要从所要研究的对象中选。若要进行“2～4 岁幼儿入园前家庭养育现状与家长需求调查”，那么就要在有 2～4 岁幼儿家长中抽样，样本要有代表性。常用的抽样方法见第四章。

（二）发放问卷

问卷的发放主要有以下三种形式①：

（1）当面分发，即将调查对象统一集中在某个场所，当场分发问卷进行调查。

（2）发送邮件，即运用现代化手段发放问卷，比如电子邮件、QQ、微信、问卷星等。

（3）邮寄，这是较为传统的问卷发放形式。

问卷分发是整个问卷调查中的重要环节之一，因此在发放时要注意对发放人员的培训。要让每一位分发人员明确调查的目的、意义和内容，同时要十分熟悉问卷中的题目，以便及时进行解释。对问卷回收的时间及地点，也要在问卷中或问卷的附件中清楚写明，确保能够回收。

（三）回收和整理问卷

如果问卷是当面分发，可以当场回收，回收时要注意有没有缺填或漏填的，如有，要及时请被调查者更正。这种形式有助于提高问卷的回收率和准确率，对于小范围的调查十分适用。回收率是评价回收效率的重要标准，一般情况下，有效回收率在 70%以上才可以作为研究的依据。因此，研究者要采取有效措施保障问卷调查的有效回收率。

如果不是当场回收的话，就要到固定的回收处回收问卷。如果用电子邮件发放问卷，那就要及时查收邮件。问卷的整理是问卷法的最后一个环节，同样十分重要。

（1）要挑出不合乎要求的问卷，包括资料填写不全、理解错误等的问卷。

---

① MUKHERJI P，ALBON D. 早期儿童教育研究方法［M］. 费广洪，郑福明，译. 北京：高等教育出版社，2012.

（2）要按问卷顺序制作登记表或数据表，然后给每份问卷编号，将每道题目所选答案的编号填入表格即可。

（3）对于开放式问卷，首先阅读答案，其次按回答者的内容进行归类，最后划分到不同的类别中去。

四、问卷法在学前教育研究中的运用案例

现选取贺春梅和郭效琛（2021 年）发表的学术论文《祖辈家长介入 3～6 岁幼儿成长教育的研究》① 为例来说明问卷法在学前教育研究中的应用。为研究祖辈家长介入幼儿成长教育的现状，研究者采用问卷法对山西省 7 个地市的 23 所幼儿园开展调查，样本幼儿园涵盖省市级机关幼儿园、教育局直属幼儿园和普惠性民办幼儿园等类型。本研究共编制了两套问卷，分别是《祖辈家长介入幼儿成长教育问卷（父母版）》和《祖辈家长介入幼儿成长教育问卷（教师版）》。

其中，父母问卷共计 19 道题，涵盖单选、多选、排序和填空等题型。问卷内容包含三部分：第一部分（1～6 题），调研幼儿父母的基本情况，包括父母的文化程度、职业类型和陪伴幼儿情况；第二部分（7～14 题），调研幼儿成长教育中祖辈家长介入的情况，包括祖辈家长的基本情况及祖辈家长介入的行为表现；第三部分（15～19 题），调研幼儿父母对祖辈介入幼儿教育的态度及问题认知。另外，教师问卷共 9 道题，题型主要是选择题，问卷的主要内容为：幼儿园家园共育的开展情况，教师与幼儿父母、祖辈的交流现状。

研究者采用问卷星的形式开展在线问卷调查。为了保障问卷设计的质量，研究者在正式调查前还对问卷进行了信效度检验。其中，信度检验使用了重测信度法，效度检验主要考虑了内容和逻辑效度。问卷调查在取得园长、教师和家长的知情同意后进行，最终回收家长有效问卷 4 332 份，教师有效问卷 1 769 份。之后，研究者使用 SPSS24.0 统计软件对问卷调查数据进行管理和统计分析。

第三节 访谈法

一、访谈法概述

访谈法是研究者依据特定的研究目的，与一个或多个被访者开展的谈话活动，旨在了

① 贺春梅，郭效琛．祖辈家长介入 3～6 岁幼儿成长教育的研究［J］．教育理论与实践，2021，41（26）：22-25.

解被访谈者对某个人、某件事情、某种行为或现象的看法和态度。访谈法和日常的谈话交流有着显著的差异，我们不能将二者混淆等同。访谈法是一种有特定目的和一定规则的研究性谈话，形式上较为正式；而日常的谈话交流的目的性比较弱，形式上也比较松散、随意。与其他方法相比，访谈法有独特的功能。与观察法相比，访谈法可以直接了解到被访谈者的价值观念、情感态度、动机等深层次内容；与问卷法相比，访谈法可以直接询问被调查者本人对问题的看法，可获得问卷法无法获得的被调查者的许多非言语信息，让他们用自己的语言和概念来表达他们的观点。与实物分析相比，访谈法具有灵活性、即时性和意义解释功能，被访谈者能够对实物进行意义解释，有助于访谈者明确实物与被访谈者的生活事件间的关系。

1. 优点

灵活性强。在访谈中，研究者可探索较为具体的回答，当一个问题的回答有错误时，可重提该问题；不同的问题适宜不同的回答者；访谈的情景使访谈者有可能决定什么问题是适宜的，而不需要像问卷法那样事先把所有问题罗列出来。访谈双方的直接交往，有利于访谈者捕捉和了解所需材料，通过追问和引导，获得新的深层次信息。

适用面广。访谈法适用于各种不同的对象，老少咸宜，尤其是适用于文化程度较低的人群或儿童。

控制程度高。访谈者能主动控制访谈的顺序、访谈的情景，掌握访谈的主动权，能保证被访谈者围绕访谈的主题，也不会轻易打乱访谈问题的结构。

回答率高。访谈法往往比问卷法有更高的回答率，有助于避免题目的遗漏。一般来说，幼儿园教师更愿意通过谈话来描述自己的想法和做法。

可隐性对照。通过现场访谈，访谈者能观察到被访谈者的非言语行为，如表情、动作、神态、语气等，从而可以在无形中评估被访谈者回答问题的有效程度。

2. 局限

时间较长。通常访谈的时间较长，访谈一个人往往要花一个半小时左右，所以，一个访谈者每天只能完成一个或几个访谈，而且会产生差旅费，比较费时费力，因人而异的情况也比较多。所以，访谈法并不适合大范围的调查研究。

易产生误差。访谈过程中，访谈者和被访谈者都容易产生各种误差。访谈双方的关系会直接影响到谈话的质量，访谈者的态度、语气、说话的水平等都会影响到被访谈者，容易产生误差；有时被访谈者在回答一些敏感性的问题时，往往回避或不做真实回答；有时访谈者会误解被访谈者，可能在听的时候理解了，但记录的时候产生笔误；对访谈的结果和分析较复杂，标准化程度低，难以量性分析。

易受干扰。访谈中，他人来访、外部环境嘈杂、被访谈者本人身体欠佳等情况，都会影响到被访谈者的回答。

3. 类型

根据不同的维度，可以将访谈分成不同的类型。

（1）按照访谈的正式程度，可分为非正式访谈和正式访谈。

非正式访谈指的是双方在自然气氛和环境中进行交流，谈话比较自由和随便，没有预先规定谈话内容。正式访谈就是访谈双方事先约定时间、地点，并就一定范围的问题进行交谈。在学前教育研究中，正式访谈和非正式访谈并不是对立关系，研究者可以综合使用两种访谈方式进行调查。通过两种方式获得的资料之间可以相互补充和交叉检验，从而提升研究结果的丰富性与可靠程度。

（2）按照访谈的控制程度，可分为封闭式、开放式和半开放式访谈。

封闭式访谈是研究者根据事先设计好的、有固定结构的问题进行提问。选择访谈对象的标准和方法、所提问题的内容和顺序以及记录方式都是标准化的，而且研究者对访谈的走向和步骤起主导作用。开放式访谈是研究者事先没有拟好固定的访谈问题，访谈形式灵活、有弹性，研究者只是发挥辅助作用，鼓励和激发访谈对象发表自己的看法。半开放式访谈是指研究者虽然对访谈结构有一定的控制，但可以根据情况灵活地调整，访谈对象能积极主动地参与活动。一般而言，量性研究为了收集统一的访谈数据以便于量化统计分析，所以通常使用封闭式的访谈。而质性研究侧重于了解被访谈者所关心的问题和对问题的深度思考，所以开放式访谈和半开放式访谈使用较为广泛。

（3）按照访谈的接触方式，可分为直接访谈和间接访谈。

直接访谈就是面对面坐在一起进行访谈。研究者可以看到对方的表情、神态和动作，以便掌握更详细的资料，控制访谈的情境。间接访谈就是借助某种工具（如电话、网络等），向被访谈者搜集有关资料，这样可以解决因距离或时间等问题造成的困难。

（4）按照访谈的规模，可分为个别访谈和团体访谈。

个别访谈就是一对一的访谈，不受第三方的影响，访谈者只要调控好访谈环境，就能较好地打开被访谈者的思路。这是最常见的一种访谈法。团体访谈是指研究者邀请若干被研究者，通过集体座谈的方式搜集有关资料的方法。通过座谈的方式可集思广益，相互启发，有助于在较短的时间内促进问题的深入探讨，搜集到较齐全的材料和信息。同样，研究者在访谈时可以结合使用个别访谈和团体访谈，通过不同途径获得的研究结果可以相互充实验证，从而提升研究结果的丰富性与可靠性。

（5）按照访谈的频次，可分为一次性访谈和多次性访谈。

一次性访谈主要以收集事实性信息为主，访谈内容比较简单；而多次性访谈常用于追踪调查，或深入探究某些问题。在实际的访谈调查中，一次性访谈很难就研究的问题进行深入的探讨，而且访谈者和被访谈者第一次访谈后都可能会对重要概念和事件出现新颖的认识与评价，从而需要多次访谈来进一步地澄清。美国学者塞德曼就认为，在质的研究中如果要对有关问题进行深入的了解，至少应进行三次访谈。不过，访谈的频次还要根据具体的研究情况来定。我国学者陈向明先生提出了确定访谈频次应遵循的基本原则：“收集的资料要尽可能达到饱和状态。如果我们在后续访谈中得到的资料只是对以前收集到的资料的重复，那就说明访谈的次数已经够了。”①

二、访谈法操作程序

研究者在开展访谈调查时需要了解访谈的操作程序。严谨的访谈操作程序和扎实的访谈技巧是保障访谈质量的关键因素。一般而言，访谈法的操作程序包括访谈前的准备、正式访谈、结束访谈等阶段。

（一）做好访谈前的准备

访谈的成功与否，取决于访谈者的准备工作是否充分、完善。无论是个人还是集体，都应做好访谈前的准备工作。主要有：

1. 设计访谈提纲

无论哪一种访谈，一般都要提前设计一个提纲，以明确访谈的目的和所要获取的信息，列出所要访谈的问题，重点要把握问题的量和提法。访谈者在操作中可依据访谈提纲灵活掌握和调整，并要以一种开放、机智的心态面对具体情景的变化。表 5－5 是上海师范大学胡燕红博士（2019 年）的毕业论文“幼儿园课程基本价值取向研究”中的访谈提纲，该提纲与其研究目的和研究内容密切契合②。在质性研究中，访谈提纲要简洁明了，操作性要强，在访谈时也可以不必刻板地拘泥于提纲中的访谈问题和问题的顺序。而在量的研究中，为了便于访谈数据的量化统计分析，一般访谈提纲的开场白、访谈提问和结束语都要首先认真审定，而且访谈一般要严格按照访谈提纲上既定的问题和顺序进行。

表 5－5“幼儿园课程基本价值取向”访谈提纲

一、研究情况介绍 二、概念说明 三、被访谈者基本情况 四、访谈问题 1. 您怎么看幼儿园课程价值取向？您对幼儿园课程价值取向的认识主要来源于哪里？ 2. 您认为幼儿园课程基本价值取向的价值主体是谁？ 3. 您认为目前幼儿园课程社会价值取向与个人价值取向之间的关系是什么？您所在的幼儿园的课程理念或课程目标是什么？开设了哪些课程？您认为这些课程有什么价值？ 4. 您认为目前幼儿园课程全面性价值取向与个性价值取向之间的关系是什么？ 5. 您认为目前幼儿园课程世界性价值取向与本土性价值取向之间的关系是什么？

2. 确定访谈的对象、时间和地点

在访谈时，访谈者首先要选择适宜的访谈对象，以获取最大程度的有价值的言语资

① 陈向明．质的研究方法与社会科学研究［M］．北京：教育科学出版社，2000：1.

② 胡燕红．幼儿园课程基本价值取向研究［D］．上海：上海师范大学，2019.

料。所以，访谈者应该充分了解被访谈者的基本情况，尽量选择善于表达的被访谈者，同时还要尽可能地选择和自己不熟悉的人，这样就可以一定程度上避免被访谈者碍于交情和面子而隐藏真实思想情感的情况。其次，访谈者要事先与被访谈者商定时间和地点。尤其是与不太熟悉的人进行访谈时，在访谈之前，应以电话等形式向被访谈者发出邀请，得到许可的回复后进行访谈。通常情况下，每次访谈持续的时长应该在 1 个小时以上，但也不应该超过 2 小时。访谈地点的选择应以不受外界因素的干扰为前提，尤其要考虑访谈者的感受和心情。个别访谈更应如此。一般访谈双方愿意在相对安静、适于思考的环境下进行。

3. 协商相关事宜

成功的访谈建立在访谈双方事先就有关事宜达成共识的基础之上。一般在开始访谈之前，访谈者应先介绍自己和课题的研究情况，并告知交谈的规则、保密的原则等，如果需要录音，则要先征得被访谈者的同意。

（二）访谈阶段

访谈开始，不要直接进入正式的问题访谈，宜采用非正式的访谈形式，多向被访谈者询问一些生活层面的内容，以建立融洽的朋友关系，从而减少访谈的误差，然后再进行正式访谈。访谈时需要把握访谈的问题类型和掌握访谈的技巧。

1. 把握访谈的问题类型

根据研究内容的需要，把握好访谈的问题类型是访谈中的关键。一般而言，访谈问题常被分为三对，即开放型和封闭型、具体型和抽象型、清晰型和含混型①。

开放型问题和封闭型问题。开放型问题是指没有固定预期的答案，允许被访谈者做出多种回答的问题。比如："你认为哪些因素能影响教师队伍的稳定?"提问常以"什么""如何""为什么"等词语出现在语句中。封闭型问题是指对被访谈者的回答内容和方式都做严格控制，往往只需要回答"是"和"否"的问题。比如："你认为人际关系是否影响教师队伍的稳定?"（1）是；（2）否。

具体型问题和抽象型问题。具体型问题就是询问具体事件或细节的问题。比如："你提出调动的理由是什么?"这类问题帮助访谈者了解事情的细节、情景和过程，调动被访谈者的情绪和情感反应，从对细节的描述中可无意中透露出更加真实可靠的资料。抽象型问题是指具有较高的概括性和总结性，或对一个事件进行比较笼统的整体性描述的问题。比如："你认为教师队伍不稳定的关键因素是什么?"

清晰型问题和含混型问题。清晰型问题是指结构简单明了、意义单一，容易使听者理解的问题，并可获得同样清晰的回答。含混型问题是指语句结构复杂，交织着多重意义的问题，因此不容易被回答者理解、领会，通常会得到同样含混的回答。

---

① MUKHERJI P，ALBON D. 早期儿童教育研究方法［M］. 费广洪，郑福明，译. 北京：高等教育出版社，2012.

在实际访谈中，一般都用开放型问题，避免用封闭型问题；用具体型问题，避免用抽象型问题；用清晰型问题，避免用含混型问题。

2. 掌握访谈的技巧

要获得深层次的访谈资料，需掌握访谈技巧。访谈技巧具体包括提问的技巧、追问的技巧、倾听的技巧、回应的技巧以及创设访谈气氛的技巧。

提问的技巧。提问是访谈的关键环节，要通过访谈获取信息，对提问有特殊的要求，在表述上要求简单、明了、准确、清楚，尽可能适合被访谈者。在质的访谈中，研究者应多问一些以“什么”“如何”“怎样”之类的词语为主线的问题。尽量不要提是非类的二分型问题，更不要直接使用“为什么”主导的问题，因为这类问题会增强被访谈者的心理防御。在提问时要遵循由易到难的原则，先从简单的开放型问题逐步过渡到半开放型问题，逐步对问题进行聚焦。同时，问题之间的衔接要有序，过渡要自然顺畅。

追问的技巧。追问是访谈过程中不可或缺的手段，当被访谈者的回答不清晰、不完整或表达出新颖奇特的观点等时，访谈者就可以采用追问的方式。需要强调的是，访谈者在追问时应使用被访谈者自己的语言和概念来提问被访谈者自己曾经谈到的看法和行为。一般来说，不要在访谈开始就频频追问。访谈伊始，被访谈者总有自己想要说的事情，这时，访谈者要尽量给对方自由表达的空间，而不要急于就自己感兴趣的问题追问，甚至打断对方的谈话，破坏对方的兴趣。此外，对于一些较敏感的话题，要采取迂回策略，不要直接提问，有的问题可先记录下来，等双方形成信任、融洽的合作关系时再详细追问。在追问过程中，访谈者要随时捕捉对方有意或无意间的话语，不断调整自己预先设计的问题，不能机械套用。

倾听的技巧。倾听在某种程度上比提问更加重要，它决定着“问”的内容和方向，也是双方相互了解和信任的基础。一般而言，访谈中的倾听可以从行为、认知和情感三个层面进行界定。行为层面的倾听应表现为“积极关注的听”，即访谈者能够积极倾听，并用眼神、表情或语言和对方有感情地、积极地交流，让对方看到反馈情况，以增强被访谈者继续表达的愿望，避免表面上敷衍或消极被动地听。认知层面的倾听应表现为“接受地听”，即访谈者悬置自己的价值判断，主动接受和捕捉被访谈者的信息，并注意使用被访谈者的本土概念来探寻他们话语背后的含义。情感层面的倾听应表现为“有感情地听”，访谈者要真诚接纳被访者的所有情绪反应，要对被访谈者的情感表达方式给予充分的理解。

回应的技巧。在访谈中，访谈者要适当地对被访谈者的言行做出反应。回应在一定程度上影响着访谈的内容和范围，对整个访谈起到限制和引导的作用。访谈中，访谈者应考虑自己所做的回应对被访谈者可能产生的影响，尽量用“认可式”的回应方式，如点头、微笑、鼓励的目光等与之产生共鸣，使对方感到自己是被注意的、被接受的，自己的谈话是有价值的，从而愿意继续交流下去。

创设访谈气氛的技巧。访谈者应注意创设合适的访谈情境，营造畅所欲言的氛围，不要对被访谈者所说的内容做任何判断或随意评论，不要让被访谈者感到有心理压力。

（三）结束访谈

结束访谈是访谈的最后一个环节，应遵循两个原则：一是适可而止，访谈时间不要过长。一般情况下，电话访谈为20分钟左右，结构式访谈为45分钟左右，集体访谈和无结构式访谈不要超过2小时。当然，这个时间标准并不绝对，访谈者可以根据实际情况灵活把握。二是把握结束访谈的时机，访谈者最好问被访谈者“我们什么地方还没谈到?”“你还愿意告诉我什么?”等问题后结束访谈，并对被访谈者表示谢意，让被访谈者感到被尊重。强调保密，也是必不可少的结束语之一。如果是团体访谈，访谈者可以请被访谈者每人简单总结自己的看法、观点，或者补充没机会说的话，但是访谈者不应在现场对本次访谈活动进行概括性总结，以免被访谈者认为这是定论式的评价。最后，研究者要真诚地向参与访谈的被访谈者表达衷心的感谢。如果需要追踪访谈，还需要与被访谈者约定下次访谈的时间、地点、方式和大致的访谈内容。

三、访谈儿童

（一）儿童是可靠的被访谈者

尽管有研究者认为，“在过去，访谈儿童，尤其是访谈那些年幼的儿童，都被看作是一种非常糟糕的研究方法”①，然而，近期早期教育领域的很多研究者都表示，儿童是可靠的、可以提供信息的被访谈者。总体而言，研究者都同意，幼儿作为被访谈者的局限性一般就是访谈者的局限性。当儿童在熟悉的环境里，和熟悉的成人在一起时，他们的言辞在每一个方面（说得更长、更清晰、更复杂、更深思熟虑）都能表现得更好。皮亚杰在他与儿童进行的临床式访谈中所发现的技巧就是让儿童自由地说话，不要发生任何核实或者转移儿童谈论话题的行为②。

（二）访谈儿童要合乎伦理

在与儿童进行面对面的访谈中，要尊重儿童、遵守伦理：要考虑儿童的权利，是为了被访儿童，或者是为了和被访儿童一起进行研究，而不是研究被访儿童；提出的问题应该是适宜的、可以接受的；当研究者感觉自己的提问引起了被访谈者哪怕一丁点儿的紧张或忧虑，都必须立刻停止访谈；在访谈结束时，研究者要向被访儿童保证保密，让被访谈者放心，感谢并表扬被访谈者，或者做出任何适合于保持儿童个体自尊的行为。

---

① 麦克诺顿，罗尔夫，西拉吉-布拉奇福德．早期教育研究方法：国际视野下的理论与实践［M］．上海：华东师范大学出版社，2006：170－171.

② MUKHERJI P，ALBON D. 早期儿童教育研究方法［M］．费广洪，郑福明，译．北京：高等教育出版社，2012.

（三）让儿童在最低压力下自由表达

为了让访谈过程对于儿童来说变得非常友好，研究者经常使用一些常见的策略，如置备特别的道具、提示和刺激物，比如洋娃娃、柔软的玩具和玩偶、照片和图画、笑脸、儿童自己的图画或者绘画等，以此来吸引儿童的注意，激发儿童的思维以及反思，同时软化这个高控制的、成人主导的、一问一答的程序所带来的效果。

四、访谈法在学前教育研究中的运用案例

现选取岳亚平和刘琦（2020 年）发表的《儿童视角下中美幼儿绘本的比较》为例，来说明访谈法在学前教育研究中的实际应用。该研究旨在比较分析儿童视角下中美幼儿绘本的特征及影响因素。研究者首先采用访谈法，对随机取样的某市某省级示范幼儿园中的 20 名大班幼儿和 20 名中班幼儿（男女均匀分布）进行无结构访谈，询问其喜欢哪些绘本，不喜欢哪些绘本，为什么喜欢，为什么不喜欢。之后，研究者采用 Nvivo 12 plus 软件对儿童的回答进行编码处理，并形成“故事题材、文字和图画”三个核心编码节点。在编码分析的基础上，研究者又制定了具体的访谈提纲并开展再次访谈，访谈题目包括喜欢什么样的故事，什么样的图画，什么样的文字，为什么。研究者对儿童的访谈结果再次进行编码，最终建构出了儿童视角下的绘本分析框架。然后，研究者使用该绘本分析框架，对中美幼儿绘本的特点进行描述性分析，并使用比较分析法在儿童视角下对中美幼儿绘本的共性和差异性进行对比性分析①。

第四节　观察法

一、观察法概述

（一）什么是观察法

观察法是指通过感觉器官或辅助仪器，有目的、有计划地对自然状态下发生的教育现象或行为进行系统、连续的考察、记录、分析，从而获取事实材料的一种研究方法。

在该界定中，进行观察的两个基本途径是“感官”和“辅助仪器”。一般观察依赖于观察者的感觉器官来获取信息。有条件的话，也可利用现代化的仪器设备如录音机、录像机、照相机等进行观察。“有目的、有计划”是指观察所要解决的问题、获取的资料是预先决定、具体明确的，观察的对象、时间、顺序、过程、仪器、记录方法等都是预设好

① 岳亚平，刘琦．儿童视角下中美幼儿绘本的比较［J］．学前教育研究，2020（7）：64－72.

的。“自然状态”是指被观察对象必须处于常态之中，对所发生的现象或行为不加人为控制，使它们以本来面目客观地呈现出来。“系统、连续”指的是观察应该是纵向跟踪、全面深入的。“考察、记录、分析”是观察的基本过程，即通过仔细观看、详细记录和综合分析以获取对事实的了解和认识。

因此，科学的观察法不同于日常生活中的观察。日常生活中的观察往往是偶然发生的，是自发的和无目的的，也不做严格的记录。科学的观察则从观察准备到获得观察结果的全过程，不是消极、被动的注视，而是一种积极、主动的思维过程。但这并不意味着日常生活中的观察不重要。对于幼儿园教师或学前教育工作者来说，我们对幼儿的了解，大量信息来自日常生活中的观察。因而，在不具备科学观察之前，也可以通过日常观察来了解儿童、考察一些简单的教育现象或教育问题。

（二）观察法的意义

科学研究始于观察，观察是研究的基础。观察法在儿童研究中具有悠久的历史，占有重要的地位，许多著名的教育家、心理学家都曾用观察法研究儿童。心理学家巴甫洛夫就以“观察、观察、再观察”为座右铭，他认为不学会观察，就永远当不了科学家；我国著名儿童教育专家陈鹤琴先生用日记方式观察、记录了儿子陈一鸣从出生起的发展，观察了808天，在此基础上整理成文，发表了《儿童心理之研究》；瑞士心理学家皮亚杰通过详细的观察和记录，为我们提供了关于进一步理解儿童认知发展规律的大量事实与说明。

在学前教育研究中，观察法是最基本、最常用的一种研究方法，特别适合于对幼儿行为的研究。这是因为：

观察法对幼儿造成的影响相对较小。与成人或年龄较大的儿童相比，幼儿较少受到观察过程的影响，在陌生的观察者或者不太熟悉的观察者面前，仍然能够旁若无人，不会刻意掩饰自己的行为，年龄越小，这种现象越明显。因此，观察法能获得许多真实的资料。

观察法可弥补幼儿理解能力和反应方式的局限，能观测到许多其他方法无法测量的行为。幼儿因其年龄特征和身心发展水平，思维以自我为中心，语言表达能力有限，理解能力和反应能力较弱，许多与语言文字能力有关的测验和调查只适用于成人和年长儿童，但不适用于婴幼儿。观察法旨在考察儿童的实际行为，并不要求幼儿做出特定的反应，因此可以避免在其他研究方法（如访谈法、实验法、测试法等）中可能发生的干扰，如不理解指示语、取悦成人等，从而能观测到许多真实的行为现象，特别是在情感、社会领域。

观察法适合幼儿的行为反应特点。一般正式的测试多基于“最高成功率”的假设来评定个人的成绩，衡量的是被试的“最高水平”，要求被试注意力高度集中，认真对待，以体现最佳能力。而观察法主要考察、记录幼儿自然状态下的真实、自然表现，是典型行为，不是“最高水平”，幼儿一般不像成人那样把测试看成一件严肃的事，往往是像玩游戏一样去完成测试。因此，观察法比较适合于对幼儿行为的研究。

（三）观察法的适用范围

在学前儿童发展与教育研究领域，观察法的运用范围极其广泛，幼儿呈现的任何行为现象都可以作为观察目标，开展课题研究。如研究同伴互动、师幼互动、幼儿的攻击性行为、幼儿的合作行为、探索行为、动作发展水平、情绪管理能力、幼儿的创造力等。还可通过观察教师的教学行为来进行课堂行为的管理、教育效果的评价、教学方法的比较、对幼儿特殊需要的诊断等，进一步提出有效解决问题的措施。

（四）观察法的注意事项

要提高观察结果的客观性和可靠性，在具体运用观察法过程中要注意以下事项：

1. 对观察行为进行具体界定

为了避免重要的内容没有记、记下来的很多内容没有用的情况，必须在观察之前对观察行为进行操作化的界定，使之可观察、可测量。例如，某研究者想观察幼儿的阅读行为，在观察之前将阅读行为分为"有目的的阅读"、"无目的的阅读"和"教师指定的阅读"三种类型，并对三种类型的阅读赋予了详尽的操作定义。据此，观察者才可以比较容易地对幼儿的阅读行为进行观察记录。

2. 选择观察记录方法

客观的观察记录是获得正确结论的基础和保证。记录应尽可能做到具体、详尽、真实、系统，能准确反映行为事实。采用什么样的记录方法，对研究的成功至关重要。在制订观察计划时，就必须考虑记录的方法。

常用的观察记录方法有四种：一是连续记录法，用于实况详录法、日记法、轶事记录法以及事件取样法等。研究者用纸笔在现场进行连续的描述性记录，也可以用录音、录像设备将观察情况摄录下来，再转记到记录纸上。二是频数记录法，用于时间取样法、行为检核法中，需记录行为出现的频率。研究者需要将观察内容列成表格式清单，以符号形式对某项行为出现的次数进行记录，如用打"√"或者写"正"字等形式记录频数。三是等级记录法，即根据一定的等级标准或评定量表对观察到的行为表现进行评定，如用等级"优、良、中、及格、不及格"或用数字"1、2、3、4、5"，或字母"A、B、C、D、E"表示不同的等级。四是符号记录法，即运用一种预先规定好的符号系统进行记录。一般在涉及对象比较多以及运用语言文字比较困难时使用。记录者需要事先熟记这些符号，并经一段时间的练习后才可以使用。例如，某研究者在记录参与活动的儿童中断活动的行为时，设计的符号代码是：C＝私语；V＝发呆；D＝干扰；W＝等待；P＝个人需求；Z＝打瞌睡。

通常而言，要获得完整、全方位的信息，最好采用开放性的观察记录方法，即将行为表现及情境全部实录（文字、录像等），尽可能保留原始信息，供以后反复观察、分析。开放性程度越高，获得的细节、背景资料越多，但观察的注意范围扩散，焦点不易集中；如果观察项目是事先确定的行为，且行为表现明确、单纯，则可采用封闭性的观察记录，用表格、符号记录行为发生的频数。封闭性程度越高，观察的焦点越集中于目标，但获得的信息较少。

3. 制订观察记录表

在选择观察记录方法的同时，应考虑观察记录表的制订。一份好的观察记录表，可以准确地记录观察内容，简化记录手续，节约记录时间，提高观察效率。观察记录表应根据研究目的、要求以及拟选择的记录方法进行设计。先要确定记录什么信息，然后再确定观察的行为单元。记录表要便于实际观察，易于观察材料的归纳整理。

4. 要客观地进行观察和记录

客观性是观察的基本原则。观察者应该实事求是，根据观察到的事实进行白描式记录、分析和整理资料，不应该带有任何主观倾向或偏见，也不要把个人的主观推测和客观事实相混淆。要增强观察的客观性，可利用录音机、摄像机、照相机等仪器设备，尽可能利用可量化指标进行观察。如果没有合适的仪器，则可以采取两个以上的观察者同时观察记录，然后相互核对记录以达成共识。

（五）观察法的优缺点

1. 观察法的优点

（1）在自然状态下即时进行，生动、直观、具体，可获得第一手资料。

（2）可搜集到非语言行为资料，便于对行为进行研究，尤其是适合于对学前儿童的研究。

（3）可对观察对象做较长时间的跟踪研究，能获得行为现象发展变化趋势的有关资料。

（4）操作简单，便于实施。

2. 观察法的缺点

（1）由于是在自然状态下进行观察，不允许改变观察对象的各种条件，以至于对可能影响观察的外部因素难以控制，并且难以完全重复观察和检验观察结果。

（2）观察通常依靠观察者的感官进行判断、测定，所获得的资料往往很难采用系统方式进行编码和分类，定量困难。

（3）观察的主观性较强，受到观察者生理感知能力和认识能力的限制，往往只能得到表面、感性的测量，难以深入事物的本质和被试的心理，难以确定因果关系。

（4）受到时间、地点、人力、经费等条件所限，不可能进行大范围的观察，样本较少，可能会影响研究结果的代表性。

二、不同类型的观察法

按照不同的分类标准，可将观察法分为不同的类型[①]。

① COHEN D H，STERN V，BALABAN N，等．幼儿行为的观察与记录：第5版［M］．马燕，马希武，译．北京：中国轻工业出版社，2013.

（一）正式观察与非正式观察

根据观察过程的结构性质，可将观察法分为正式观察和非正式观察。

正式观察是一种有控制的、系统的观察，结构严谨、计划周密，因其在高度结构化的状况下进行，也称作结构性观察。正因为这一点，科学研究一般会采用这一方法。特点是：严格地对行为定义；细致制订观察记录表格；在一定控制下从事观察；训练观察者，建立观察者信度；用相对严格、数量化方式分析所得资料，结果较为可靠。具体有实况详录法、时间取样法、事件取样法、等级评定法等。

非正式观察又称“自然观察法”，是一种在现场自然情境中对观察对象不加以控制的观察，也称作非结构性观察。该方法在科学性上欠佳，但易于操作实施，能帮助观察者获取儿童身心发展与教育的感性经验，是最古老、最基本的观察方法。具体有日记描述法、轶事记录法、频数计数法与行为检核法（清单法）等。

（二）自然观察与控制观察

根据观察的情境条件，可将观察划分为自然观察和控制观察。

自然观察也称现场观察，指在现场自然情境中，对观察对象不加以控制的一种观察。这种观察同非正式观察一样，是最基本的观察，常采用纸笔对偶然现象或系统现象进行描述性记录和分析，能搜集到较为客观真实的资料。但是，这种观察经常需要花费较多的时间和精力，所获得资料往往是观察对象的外部行为表现，难以确定内在因果关系，且容易受到观察者的兴趣、偏好影响。

控制观察又称实验室观察或条件观察，指在研究者控制条件的过程中，对对象或行为进行的观察。这种观察同正式观察一样，通常要求观察程序标准化、观察问题结构化，因此能克服因观察者主观选择而产生的偏差，但对环境条件控制的难度较高，实施起来较困难，也可能会影响研究结果的真实性和可推广性。

（三）直接观察与间接观察

根据是否借助仪器设备，可将观察分为直接观察和间接观察①。

直接观察是凭借人的自然器官如眼睛、耳朵等感官在现场直接进行观测，从而获得第一手资料的观察。其优点是观察者身临其境，感受真切、直观、具体，有助于形成对观察对象的整体认识，适合工作在一线的教师使用。但缺点是被观察的行为现象不能完整地保存下来，难以再现原始情境；观察过程中，观察者在旁边观察，也可能会给学前儿童的活动带来一定程度的干扰。

间接观察是利用仪器设备如以录音机、录像机等为中介，间接地对现象或行为进行观测，从而获取资料的观察。该方法能将现场情境尽可能地保留下来，可供日后重复观看和

① COHEN D H，STERN V，BALABAN N，等．幼儿行为的观察与记录：第5版［M］．马燕，马希武，译．北京：中国轻工业出版社，2013.

反复分析。因此，直接观察常常和间接观察配合使用，使观察更精确、更全面。

（四）参与观察和非参与观察

根据观察者是否直接介入被观察者的活动，可将观察分为参与观察和非参与观察。

参与观察要求观察者不暴露自己的真实身份，加入被观察者的群体或组织之中，进行隐蔽性的观察。该观察方法的优势在于可缩短观察者和被观察者的心理距离，深入被观察事物内部，追根溯源，发现用其他方法难以理解的问题，能掌握第一手资料。但是，由于参与观察的参与性质，观察者具有观察者和参与者两重身份。相对非参与观察来说，参与观察的主观性较强，研究结果难以重复验证；同时，要求观察者必须保持观察所必需的心理和空间距离，对观察者的观察能力要求较高。

非参与观察是指观察者不介入观察对象的活动，以局外人或旁观者的身份进行的观察。这种观察可以是公开的，即被观察者知道有人在观察；也可以是隐蔽的，也就是在被观察者不知道的情况下进行观察，如通过观察屏或暗中设置的仪器进行观察。因此，参与观察获得的结论相对客观，但因为观察者是旁观者，所以很难对观察的现象进行比较深入的了解，不能像参与观察那样遇到疑问时随时向学前儿童提问，不容易获得深层次的信息。

由上述观察类型可见，每种观察类型都有各自的基本特征、适用范围和优缺点。运用哪种观察方法，要根据研究的实际需要来决定。但不管选用哪种观察类型，目标都是要使观察得到的资料和被观察的实际状况达到最大限度的一致。换言之，有效的观察一定是客观的观察。

三、常用的具体观察法

（一）日记描述法

日记描述法也称儿童传记法，是对观察对象进行长期跟踪观察，以日记形式记录观察对象行为表现的方法。该方法是对儿童研究的最古老的方法。1774 年，裴斯泰洛齐最早用该方法跟踪观察他的儿子三年，写了《一个父亲的日记》，引发了人们对儿童身心发展进行观察研究的兴趣。后来，儿童心理学创始人普赖尔（W. Preyer）连续三年记录儿子的成长变化，并将每日观察记录的结果加以整理，于 1882 年写成了著名的《儿童心理》一书。我国最早采用日记描述法进行观察研究的是陈鹤琴先生，他在对儿子进行观察记录的基础上，写成了我国儿童心理研究的经典著作——《儿童心理之研究》。

用日记形式描述记录儿童的行为表现，可记录儿童身心发展各方面具有重要意义的新行为，这种记录方法称为综合日记法。在运用综合日记法的过程中，只要是新行为出现，无论是哪一方面的新行为，都进行记录，而且要尽可能有次序地记下所有有关新行为出现的事情。主要跟踪记录儿童某一方面的新进展，如语言、动作、认知、情绪等，称为主题日记法。主题日记法是只在儿童有这一方面新行为出现时才进行记录，其他新行为即使出现也不进行记录。

日记法常用于对个别或少数对象的日常观察，能全面、详细地了解儿童各方面的发展情况；通过长期不间断的记录，可以掌握儿童的发展过程，了解儿童发展的顺序、行为的连续性；在真实的生活情境中对儿童进行观察，观察结果一般较真实可靠，并可与常模对照。虽然日记法有以上优点，但事实上，目前在教育研究中运用较少，主要原因是该方法要求长期跟踪观察，需要花费大量的时间和精力；而且往往只对个别被试进行观察，观察对象多为研究者自己的子女，通常是来自家庭条件较好的孩子，观察的结论具有偏向性，缺乏代表性；观察者与被观察者往往在情感上有特殊联系，容易在记录上加入主观性。随着对儿童研究的不断深入，一些研究者认为，对行为的测量比简单的描述更为有趣，再加上一些新的观察方法被运用，日记法就成为较少被运用的方法。

（二）轶事记录法

轶事记录法是观察者将感兴趣的并且认为有价值、有意义的行为和反应以及可表现被试个性的行为事件，用叙述性的语言随时记录下来，供日后分析使用的一种观察方法①。该方法观察记录的可以是典型行为表现，也可以是异常行为表现；可以是表现儿童个性的行为事件，也可以是反映儿童某一方面的身心发展的行为事件。轶事记录法与日记法不同，它不是连续地记录某一个特定儿童的行为及其发展，而是着重记录有价值的资料或信息。比如有人专门研究儿童的模仿行为，将儿童最喜欢模仿成人的哪些行为和如何模仿记录下来（见表 5-6）。轶事记录是有主题的，要将事件发生的顺序客观、准确、具体、完整地记录下来，记录的内容应该包括儿童行为发生当时的情境、时间、基本活动、当时情境中其他人对主角的回答和反应等。

轶事记录法简单、方便，事先不需要对行为进行编码、分类或制作表格，可以了解儿童的个体差异、个性特征和发展状况等，有助于因人而异、有的放矢地进行教育干预，是教师常用的一种方法。但是，轶事记录是记录观察者认为“有意义的事件”，“有意义的事件”有很多，因此所记录的事件常常会带有主观色彩。另外，轶事记录有时并非现场记录，而是事后追记，回忆的内容与事实可能会有出入。

表 5-6　轶事记录法举例

儿童：却利 3 岁的却利在玩过家家，却利说他是爸爸，当他走进厨房，他的大姐姐要给他一块蛋糕（姐姐知道他非常爱吃蛋糕），但却利拒绝了，说：“我要蛋糕做什么？大人是在吃饭时才吃它的。”十分钟后，却利来了，说：“姐姐，我现在可以吃蛋糕吗？我现在不是爸爸了，我是却利。” （这是记录一个孩子的模仿行为）

资料来源：杨丽珠．教育科学研究方法［M］．大连：辽宁师范大学出版社，1995：120.

① COHEN D H，STERN V，BALABAN N，等．幼儿行为的观察与记录：第 5 版［M］．马燕，马希武，译．北京：中国轻工业出版社，2013.

（三）实况详录法

实况详录法在一段时间内（如半个小时、一小时、几个小时或半天、一天等）持续地、尽可能详尽地记录被观察对象所有的行为动作表现，包括目标儿童的全部言行以及该儿童与环境及他人的相互交往，然后对所搜集的原始资料进行分类并加以分析的方法。在实况详录法的实施过程中，观察者的目的是不加选择地对观察对象的全部行为细节进行忠实观察和客观描述，不做主观推断和分析，记录完成以后，再对描述的事实进行解释和评价。

实况详录法需要把被观察者的每一个动作、表情、语言毫无省略地记录下来，因此能提供较为详尽的行为信息和行为发生的背景信息，实录下来的资料可以比较完整地保存所发生的行为或事件，可作为以后反复定性或定量观察和分析的依据（见表 5－7）。观察者不需要事先准备观察表格、符号记录表或其他工具，也不需要任何特殊的语言或专门性的术语，只要情境适合，随时都可做记录。既可以对单一儿童的行为进行记录和分析，也可以同时对一个儿童团体进行记录，观察人数是不受限制的。但该方法的缺点是：对记录技术要求高，需要观察者注意力高度集中，但观察者容易疲惫，影响观察记录的质量；用手记很困难，通常要使用现代化的观察设备，代价较大；需要花费较多的时间和人力记录与处理原始的资料。

表 5－7 实况详录法举例

案例：小班男孩建构游戏中学习经验的学习行为分析	
地点：建构区　年龄：小班　时间：下午　性别：男　材料：实木积木	
客观记录	泽泽取来玩具火车，将准备用来搭建的积木放在火车的后厢上，这时他发现有一条积木的长度远远超过了火车后厢的长度，于是他又取来了另一条长度适宜的积木取代过长的那条积木，装上货车，到达自己的搭建地点后，泽泽倾斜后厢，倒出积木开始搭建。一层一层地垒高完成之后，泽泽发现自己的作品一而再再而三地倒塌，他哭着向教师求助，教师让泽泽认真观察作品，找出倒塌的原因。先是问他观察积木之间有没有对齐，泽泽发现没有，又轻轻地将积木对齐，对齐之后的作品虽然比之前稳定一些，但仍然摇摇欲坠，接着教师又换了一种更粗的积木让泽泽垒高，发现作品变得很稳固了，于是泽泽找来粗的积木替换掉刚才的积木，完成了作品，而且作品一点也不摇晃了。
解释分析	该案例主要描述了泽泽从取材料，到反复修改搭建作品，最终完成一个结构稳定作品的游戏过程。 首先，泽泽用玩具火车装运积木的学习行为反映了他社会角色这一学习经验。 其次，泽泽发现火车有条积木过长，便用了长度适宜的积木换掉过长的积木；发现自己的作品不稳固，并在解决问题的过程中发现了让积木对齐或者接触面积更大可以使积木与积木之间更加的稳固，从而很好地解决了自己作品不稳固的问题。这些学习行为反映了他问题解决、空间性、差异性和建构技能这四种学习经验。这也告诉教师，当幼儿遇到问题时，要与幼儿一起分析问题，而不是只告诉他答案，一定要让幼儿知其所以然。

资料来源：蒋慧．幼儿园建构游戏中学习经验的评价研究［D］．长沙：湖南师范大学，2020．

（四）时间取样法

时间取样法是在统一确定的时间内，按一定时段观察预先确定好的行为，或按预先规定好的行为分类进行观察，记录行为出现与否、行为发生的次数以及持续的时间。时间取样法不是对观察对象的行为进行描述，而是在对行为进行编码的基础上，记录行为是否出现以及出现的频率和持续的时间，是一种测量行为的方式。

时间取样法的典型范例是帕滕（M. B. Parten）于 1926 年 10 月至 1927 年 6 月所做的儿童社会性发展问题研究。他根据儿童在游戏中的社会参与程度，将游戏分为六种活动类型：无所事事、旁观、单独游戏、平行游戏、联合游戏、合作游戏。他给每一种游戏类型都确定了操作定义（见表 5－8），然后设计观察记录表（见表 5－9），以此观察每个儿童一分钟（时间间隔可以是 10 秒钟观察，10 秒钟记录，等 40 秒再观察下一个儿童）游戏活动的情况并做出判断，记入观察记录表。

表 5－8　六种游戏类型的操作定义

游戏类型	操作定义
无所事事	儿童没有参与任何明显的游戏活动或社会互动，只是碰巧观望暂时引起他们兴趣的事情，如果没有可注视的就走来走去，爬上爬下，东张西望。
旁观	儿童大部分时间在看其他儿童游戏，有时会与正在游戏的儿童交谈，有时会问问题或提出一些建议，但并不介入他人的游戏，总是保持在可以与他人说话的距离内，以确保能看见或听见别人在做什么。与无所事事区别的是，旁观的儿童对某个或某些小组有一定的兴趣。无所事事的儿童对任何小组都不感兴趣，一直处于游离状态。
单独游戏	这是一种游戏活动，儿童独自玩自己的游戏，不与其他任何人一起玩。儿童保持在可以与他人说话的距离内，玩一些与附近其他伙伴不同的玩具，不接近其他儿童，也不和他们交谈。只专注自己的活动，根本不注意别人在干什么，也不受别人影响。
平行游戏	儿童能在同一处玩儿，但各自玩各自的游戏，既不影响他人，也不受他人影响，互不干涉。儿童只是在其他儿童旁边玩，而不是和其他儿童一起玩。
联合游戏	儿童在一起玩同样的或类似的游戏，相互追随，但没有明确的组织与分工，每人做自己想做的事情，没有把小组利益放在第一位。
合作游戏	儿童为某种目的组织在一起进行游戏，有领导、有组织、有分工，每个儿童承担一定的角色任务，并且相互帮助。具有“我们”的意识，很明确自己属于某一组而不属于另一组，一个小组成员在努力工作时，其他小组成员都要给予支持。

表 5－9　时间取样法观察记录表

时间	儿童代号	活动类型					
		无所事事	旁观	单独游戏	平行游戏	联合游戏	合作游戏

经过对一系列观察记录资料的整理和分析，帕滕认为：2～5 岁儿童的社会性行为发展有一定的顺序性，随着年龄的增长，儿童从喜欢单独游戏、平行游戏逐渐发展到社会性程度较高的联合游戏和合作游戏。

时间取样法在学前教育研究中有着广泛的应用。它适用于研究经常发生、频率较高（如每 15 分钟不低于 1 次的行为）和易于观察的外显行为，如分享行为、依赖行为等。一些不常出现的、内隐的行为，如思维、同情心等，则不能用时间取样法进行研究。此外，使用时间取样法要求对观察行为与事件必须给予明确的操作定义，制订观察记录表格，抽取具有代表性的时间以及确定观察时间的长度、间隔等，这些工作在一定程度上克服了观察者的主观偏见，使观察到的行为具有客观性。时间取样法的局限之处是：只能研究出现频率较高的外显行为和事件；只能获取行为的频率资料，不能保留行为的具体内容；观察内容较零散，难以从整体上揭示行为的因果关系。

（五）事件取样法

事件取样法指从被试多种多样的行为中选出一种有代表性的行为进行观察，在自然的情境中，等待所要观察行为的出现，当行为出现后立即将行为全貌记录下来，包括行为发生的背景、发生的原因、行为变化的终止与结果等内容。

事件取样法的早期经典研究是道（H. Dawe）对学前儿童争执事件的研究。他于 1931 年 10 月至 1932 年 2 月对 40 名 2～5 岁儿童（其中女童 21 人、男童 19 人）在幼儿园自由活动时间发生的争执事件进行了观察研究。观察前，他设计了观察记录表（见表 5－10），然后等待争执事件发生。儿童争执事件一发生，他就进行详细记录，直到争执结束。经过 4 个多月的观察研究，他对 2～5 岁儿童争执发生的原因、频率、发生的年龄、性别差异以及终止争执的有效条件等获得了较全面、有价值的资料。观察结果表明：200 例争执事件中，有 132 例发生在室内，只有 68 例发生在室外；平均每小时发生争执事件 3～4 次；平均争执持续时间不到 24 秒，持续 1 分钟以上的只有 13 例；室内争执持续时间比室外争执持续时间短，男孩争执多于女孩，且攻击水平也高于女孩；不同年龄组、相同性别的儿童之间争执更多发生；随着年龄增长，争执事件减少，侵犯性质增强；几乎所有争执都伴有动作，如冲击、推拉等；争执中偶尔有大声喊叫或哭泣，但无声争执占大多数；争执的原因往往是对占有物的不同意见；大多数争执自行平息，往往是年幼儿童被迫服从年长儿童，或年长儿童自愿退出争执；争执平息后，恢复常态很快，无耿耿于怀、愤恨的情况。

表 5－10　幼儿发生争执情况记录表

姓名	年龄	性别	争执持续时间	争执发生背景（事情起因）	争执什么（玩具、争领导权等）	参与者角色（爆发、争吵、侵犯、报复、反抗、被动接受等）	争执特殊语言、动作	结果（被迫让步、自愿让步、和解、旁观儿童干预解决）	后果（高高兴兴、愤恨、不满）

事件取样法事先对观察哪些行为做过预设，既能获取有代表性的行为样本，又可观察行为事件的全过程，还能得到与行为事件有关的背景材料，有助于分析行为事件的因果关系，是比时间取样法应用范围更加广泛的一种方法。另外，研究者根据预设好的行为事件编码记录，目标明确，资料集中。但是，事件取样法搜集的是定性资料，不易量化，而且儿童在不同时间、不同场合发生的同类行为有时具有不同的含义。运用该方法要对行为事件发生的条件和情境特别予以注意与分析。

时间取样法和事件取样法的比较如表 5－11 所示：

表 5－11　时间取样法和事件取样法的比较

	时间取样法	事件取样法
记录时机	严格遵守规定的时间间隔和时段	一旦研究行为出现，便可立即进行记录，不受规定观察时间的限制
记录内容	注重规定时段预定的行为出现与否、出现的频率及持续的时间	注重特定的行为或事件的特征和全过程，所关心的是行为或事件如何发生、变化、终止及结果如何等
记录方式	采用行为分类系统进行记录	既可采用时间取样法的行为分类系统，也可与描述性记录结合起来使用
搜集资料性质	以定量资料为主	以定性资料为主

（六）等级评定法

等级评定法即对观察对象进行观察后，用等级评定量表对所观察的行为事件的特征加以评定的一种方法。它不需要马上进行记录，而是常常在事后将观察获得的感知印象进行数量化的评定。等级评定法通常采用的量表形式有数字评定量表和描述评定量表。数字评定量表是用数字来代替等级内容的描述，也就是对所要描述的等级类型赋予数字顺序，如“1、2、3、4、5”。通常来说，这些“1、2、3、4、5”的刻度有指定的名称，例如从“非常高”到“中等”到“非常低”。对早期教育研究者而言，可以使用很多现成的评估量表，这些量表覆盖了广泛的话题域，同时你没必要自己去开发评估量表，尽管你可以这样做。常用的有五点式量表和三点式量表。例如，想了解某教师对幼儿游戏活动的指导状况，可借鉴《中国幼儿园教育质量评价量表》（克隆巴赫系统系数为 0.968）中的“游戏活动的观察与指导”评定量表（克隆巴赫系数为 0.911）（见表 5－12）。

表 5－12　“游戏活动的观察与指导”评定量表（节选）

评定内容	评定等级				
	1	2	3	4	5
游戏计划					
材料使用					
关注范围					

续表

评定内容	评定等级				
	1	2	3	4	5
关注内容					
介入时机和方式					
介入效果					
游戏总结					
幼儿活动状态					

"1"：不适宜；"2"：及格；"3"：一般；"4"：良好；"5"：优秀

资料来源：刘焱．中国幼儿园教育质量评价量表（城市版）[M]．北京：北京师范大学出版社，2019（1）：23-25.

描述评定量表是以文字来描述各类行为的价值程度（见表 5-13），通常对文字描述的等级类型赋予数字便可转换成数字评定量表。

表 5-13　幼儿运动技能等级评定表

姓名_________性别_________年龄_________

运动技能				手工技能			
	总是能	有时能	从未能		总是能	有时能	从未能
抓握物体				使用画笔			
独立坐稳				用剪刀剪东西			
扶助下走路				用线把珠子穿起来			
拍球				用糨糊粘贴东西			
仰卧起坐				按样子画各种形状			

评定者　　　　　　日期

等级评定法由于操作简单，节省时间、人力，观察所获资料易于进行量化分析，使用范围广泛，无论是对幼儿一日生活环节行为表现的观察，还是对师幼关系、各方面能力等的了解，都可以运用，是教育研究中经常运用的一种方法。但由于它是依靠评定者个人做出的判断，而非实际行为的客观记录，主观性较高，易带有个人偏见；容易造成评定等级误差，这是由于评定量表所用术语较模糊，易造成评定者对所用术语理解的不一致而造成的误差；所获得的资料无法说明产生这种行为的原因。

（七）频数计数法

频数计数法是指在观察记录中只对确定的行为发生的频率计数，或者对行为持续的时间计数的一种方法。例如，有研究者对 6 岁儿童的捣乱行为进行观察研究，首先是将捣乱行为概括为 8 个方面，对每一个方面都进行操作化定义，列出具体的行为表现（见表 5-14）；然后，研究者根据这 8 个方面记录频数并制作观察记录表（见表 5-15）。

表 5-14　6 岁儿童捣乱行为

序号	类别	行为表现
1	粗鲁行为	离开位子、站起来、走动、跑动、蹦跳、摇动椅子、跪在地上、坐在脚上、横躺在课桌上
2	侵犯别人	投掷、推、撞、拧、拍、戳及用东西打其他同学
3	扰乱别人	抢夺他人东西、破坏其他同学所有物
4	说话	和其他同学讲话、对老师喊叫、唱歌
5	叫嚷	哭闹、尖叫、咳嗽、吹口哨
6	噪声	发出咯咯声、撕纸、鼓掌、敲击书桌
7	转方向	把头和身子转向其他同学、向别人显示东西
8	做其他事	玩弄东西、解自己鞋带等

表 5-15　6 岁儿童捣乱行为频数观察记录表

幼儿园________班级________儿童姓名________性别________

观察时间________活动内容________教师姓名________

类别	次数	持续时间（秒）	备注
粗鲁行为			
侵犯别人			
扰乱别人			
说话			
叫嚷			
噪声			
转方向			
做其他事			

记录者　　　　　　日期

频数计数法只需在现场记录规定行为发生的次数或持续时间，大大简化了记录内容，提高了观察效率，是纸笔记录的观察法中最简便实用的方法，特别适合于一线教师。该方法的不足之处是：所得行为信息仅限于明显外露行为的频率与次数，行为发生的前因后果等背景信息则随着时间的流逝而逐渐被遗忘。

（八）行为检核法

行为检核法也称清单法，是将要观察的行为项目排列成清单式的表格，然后通过观察，检查核对该行为是否呈现的一种方法。例如，要观察了解儿童对物体基本形状概念的理解情况，可以将要观察的物体基本图形一一列出，然后观察、核对幼儿是否能按名称指出和说出图形，在相应的项目上做出记录（见表 5-16）。

表 5-16　6 岁幼儿认知发展水平检核表

儿童姓名＿＿＿＿＿＿性别＿＿＿＿＿＿记录者＿＿＿＿＿＿

观测内容	能	不能	日期
1. 能发现两个以上物体的细微差别			
2. 能从多角度分类			
3. 形成类概念、会判断推理			
4. 会按音乐编简单动作与歌词			
5. 会欣赏和表现不同性质的音乐作品			
6. 喜欢收集和利用废旧创造作品			
……			

行为检核法使用方便，可迅速有效地向研究者提供一些诊断性信息，可用来诊断儿童身心各方面的发展状况，也可用来测量教育干预后产生的效果。其适用范围广，可与多种研究方法结合使用。但该方法只判断行为呈现与否，不提供行为产生的背景资料和详细情况。

四、观察法在学前教育研究中的运用案例

观察法在学前教育研究中的应用十分广泛。因此，学前教育本科生应能熟练掌握观察法的理论知识与应用技巧。现以学者叶平枝和司秀月（2017 年）发表的学术论文《专家型与新手型幼儿园教师日常评价行为的比较》① 为例，来展示观察法在学前教育研究中的实际应用。该研究旨在采用观察法对比分析专家型和新手型两类幼儿园教师的日常评价行为的具体特征。

研究者首先选取 10 名专家型幼儿园教师和 10 名新手型幼儿园教师作为研究对象。20 名教师分别来自某省会城市的 3 所性质相同、教育质量和发展水平相近的公办幼儿园。该研究采用自编的《幼儿园教师日常评价行为观察记录表》来观察幼儿园教师的日常评价行为。该观察工具包括教师日常评价行为的观察记录和幼儿对教师评价的反应的观察记录两个部分。其中，教师日常评价行为的观察记录表共有 4 大类 32 个观察项目。幼儿对教师评价的反应的观察记录表包含言语和非言语两个方面，共 24 个项目。研究者采用事件观察法，以 20 秒为一个单位，超出 20 秒记为两次。

在正式观察之前，研究者首先对参与观察的人员（6 名学前教育在读研究生）进行观察培训。然后，观察记录员采用非参与式观察方法对教师的日常评价行为和幼儿的反应进行观察记录。为尽可能保证观察的客观性，研究者没有告诉研究对象关于本研究的意图，

① 叶平枝，司秀月．专家型与新手型幼儿园教师日常评价行为的比较［J］．学前教育研究，2017（8）：24-34.

而且每日随机分配观察记录员到不同的班级进行观察记录。最后，研究者采用 SPSS12.0 和 Excel2007 对观察数据进行统计处理分析。

第五节　量表测量法

一、量表测量法

测量是一项基础性的科学活动。测量是指对所确定的研究对象或调查指标进行有效的观测与度量，并将这些属性和特征用一定的测量方法数量化和类型化。在日常生活中，我们经常使用测量，例如发烧的时候用体温计测量体温，头晕的时候去医院测量血压，早上起床站到体重秤上测量体重，等等，测量无处不在。然而，体温、血压和体重都是对物质世界的测量，同样也是自然科学的基础。那么，我们是否可以对非物质世界也进行测量呢？测量是否能够拓展到社会科学领域呢？

答案是肯定的。差不多每个社会现象都可以测量，只不过某些构想可以直接测量并得到准确的数值，如收入，而其他构想则需要代替品或代替物，才能间接地对某个变量进行测量且模糊并不精确，例如自闭倾向等①。社会研究工作者会比自然科学家更为困难，因为对社会现象或个体感知的测量涉及与人的交谈或对他们的行为观察。因此，对于社会研究工作者而言，要完成测量必须具备三个条件：第一，必须有清楚的构想，也就是明确界定那些复杂抽象的概念，如幼儿自我概念和归属感等；第二，必须具有良好的测量工具，就好比自然科学家需要显微镜、望远镜等精密的测量器材，社会工作人员也需要专门化的测量工具，如量表；第三，除了具备专门化的测量工具之外，我们还需要具备操作、使用、辨别、筛选和制作工具的能力。

量表法就是运用量表调查和测定研究对象主观态度及其强弱程度的一种调查测量方法。它是测定智力、能力、情绪、态度、爱好、审美、志向等心理特征和价值取向的最有效、最常用的方法，广泛应用于心理学、教育学、行政管理、人员测评、价值评估、市场调查和民意测验等实践中。该方法主要用于测量人们的主观性感受指标，以态度量表为最常见。

（一）量表的概念

1. 什么是量表？

量表是一种测量工具，它由多个具有逻辑结构的项目构成，形成一个复合分数，用于揭示不容易用直接方法测量的理论变量的水平。量表是建立在测量变量的强度、硬度或效

① 纽曼．社会研究方法：定性和定量的取向：第5版［M］．郝大海，译．北京：中国人民大学出版社，2007.

能的观念之上的。它所传递的信息是一个连续体的观念，而数值的分配帮助我们进行定量的思考。量表就好比“感觉温度计”，反映具有相同主观感受的人的数值刻度，并且在量表上标出他们的评定。总之，量表就是对特定研究变量的定序测量，即依据具体变量的分析单位进行的排序。例如，通过量表测量某位儿童的空间语言水平，并用一个具体的分值使其区别于其他儿童。

2. 量表的构成

量表是由相互关联的项目或指标构成的。项目是量表的基本单位，犹如生理组织的细胞。量表的各个指标与所反映的抽象概念高度相关。构成量表的指标个数应该相对适当，而指标多则可减少测量误差。量表还具备适当的测量层次。所谓测量层次，是指依数量化程度由低到高的顺序，可将测量分为名义、顺序、等距与比率四个尺度。

名义尺度（nominal scale）主要是针对研究对象的某一种特质，判断其所属的类型种类，并赋予一个特定的数值。比如性别（男、女）、婚姻状况（未婚、已婚、离异、丧偶）等。此类尺度也被称为类别尺度（categorial scale）。既然是类别尺度，那么虽然每个类别都用了一个数值来代表，但这个数值没有任何强度、大小、顺序等数学上的意义。数值只是作为符号来标识客观事物或对客观事物进行分类。也就是说，如果男孩定义为 1，女孩定义为 2，那么 1 和 2 仅仅表示两个类别，而并非 2 比 1 大。名义尺度具备两个特征：一是互斥（mutually exclusive），即不同类别之间没有交集或重叠，也就是不同数值代表的事物是不同的；二是完整（exhaustive categories），即必须包括类别的所有可能性。

顺序尺度（ordinal scale）用于当研究对象的某种特质除了可以分类之外，其各个类别之间还存在着特定的大小顺序。顺序尺度的数值不能描述各类别之间的差异程度，但是能够反映出每个类别在某种特性上的大小、先后顺序。比如幼儿园的评级（示范园、一类园、二类园、三类园、未评级）、幼儿园教师的学历水平（研究生及以上、本科、高职高专、高中及以下）、大学教师的职称（教授、副教授、讲师）。如果对每个类别也赋予一个数值，那么所赋予的数值具备大小顺序的关系，但不具备逻辑运算的功能。

等距尺度（interval scale）所测量得到的数值，除了具有分类、顺序的意义之外，其数值的大小还能够反映两位研究对象的差距或者相对距离。比如温度计所测量出的温度、考试所得出的学业成绩以及智力测试所得到的分数等。等距尺度是一种具有标准化单位的测量工具，因此可以确定不同测量值之间的差距。很多研究者所选用的量表都能够获得此类数据，因为等距量表得出的数值可以进行数学运算，计算出不同的统计值，用于后续的统计分析。

比率尺度（ratio scale）与等距尺度一样，使用了某个标准化的单位，但同时又具备绝对零点。比如身高、体重、年龄等很多人口特征都会使用此类尺度。因此，比率尺度测得的数值之间的比例关系，反映了事物特性之间的比例关系。

（二）常用的量表种类

在测量调查中，我们可以使用的量表类型包括利克特量表、格特曼量表、语意差异量表、鲍嘎德社会距离量表、瑟斯顿量表等。

1. 利克特量表

利克特量表（Likert scale）是由一组与测量问题有关的陈述语和记有等级分数的答案组成的并以总分作为评价依据的主要用于测量态度等主观指标强弱程度的社会测量表。该量表也被称为总和量表，因为一个人在量表上的分数是以加总这个人回答的每个答案所具有的分数计算而得的。利克特量表经常要求人们表示他们同意还是不同意某个陈述。研究人员使用时需要了解该量表的以下特征：

（1）应用于测量态度意向等主观指标。

（2）由一组陈述及其等级分答案组成。

（3）答案等级数一般为奇数，但有时也可以为偶数。比如分别记以 1、2、3、4、5，具有排序功能。

（4）评判回答者态度强弱的依据是被试在所有陈述语上的得分总和。

例如，如果某项研究需测评幼儿园教师的抑郁水平，就可以使用抑郁自评量表（SDS）进行测评。该量表是美国杜克大学教授庄（William W. K. Zung）开发的一种测量抑郁的工具。量表使用简便，并可直观反映抑郁患者的主观感受，适用于具有抑郁症状的成年人。

示例

抑郁自评量表（SDS）

测验说明：

本评定量表共有 20 个项目，分别列出了有些人可能会有的问题。请仔细阅读每一条目，然后根据最近一星期以内你的实际感受，选择一个与你的情况最相符合的答案。A 表示没有该项症状，B 表示比较少的时间有该症状，C 表示相当多的时间有该症状，D 表示绝大部分时间或全部时间。请你不要有所顾忌，应该根据自己的真实体验和实际情况来回答，不要花费太多的时间去思考，应顺其自然，应根据第一印象作出判断。

试题题目：

1. 我感到情绪沮丧，郁闷

A. 从无或偶尔　　B. 有时　　C. 经常　　D. 总是如此

2. 我感到早晨心情最好

A. 从无或偶尔　　B. 有时　　C. 经常　　D. 总是如此

3. 我要哭或想哭

A. 从无或偶尔　　B. 有时　　C. 经常　　D. 总是如此

4. 我夜间睡眠不好

A. 从无或偶尔　　B. 有时　　C. 经常　　D. 总是如此

5. 我吃饭像平常一样多

A. 从无或偶尔　　B. 有时　　C. 经常　　D. 总是如此

6. 我与异性接触时和以往一样感到愉快

A. 从无或偶尔　　B. 有时　　C. 经常　　D. 总是如此

7. 我感到体重减轻

A. 从无或偶尔　　B. 有时　　C. 经常　　D. 总是如此

8. 我为便秘烦恼

A. 从无或偶尔　　B. 有时　　C. 经常　　D. 总是如此

9. 我的心跳比平时快

A. 从无或偶尔　　B. 有时　　C. 经常　　D. 总是如此

10. 我无故感到疲劳

A. 从无或偶尔　　B. 有时　　C. 经常　　D. 总是如此

11. 我的头脑像往常一样清楚

A. 从无或偶尔　　B. 有时　　C. 经常　　D. 总是如此

12. 我做事情像平时一样不感到困难

A. 从无或偶尔　　B. 有时　　C. 经常　　D. 总是如此

13. 我坐卧不安，难以保持平静

A. 从无或偶尔　　B. 有时　　C. 经常　　D. 总是如此

14. 我对未来感到有希望

A. 从无或偶尔　　B. 有时　　C. 经常　　D. 总是如此

15. 我比平时更容易激怒

A. 从无或偶尔　　B. 有时　　C. 经常　　D. 总是如此

16. 我觉得决定什么事情很容易

A. 从无或偶尔　　B. 有时　　C. 经常　　D. 总是如此

17. 我感到自己是有用的和不可缺少的人

A. 从无或偶尔　　B. 有时　　C. 经常　　D. 总是如此

18. 我的生活很有意义

A. 从无或偶尔　　B. 有时　　C. 经常　　D. 总是如此

19. 假若我死了别人会过得更好

A. 从无或偶尔　B. 有时　C. 经常　D. 总是如此

20. 我仍旧喜爱自己平时喜爱的东西

A. 从无或偶尔　B. 有时　C. 经常　D. 总是如此

2. 格特曼量表

格特曼量表（Guttman scale）是由一组与测量问题有关的陈述语或问句及其“是”“否”答案组成的、主要用于测量态度等主观指标强弱程度的一种累加量表。该量表的设计理念是所得到的总分是累加的，一项肯定回答得 1 分，犹如上台阶。它的一个基本观点是——如果回答者对强度程度较大的问题做出了肯定回答，那对强度较小的问题也应该是肯定回答，即只有得到了第 1 分、第 2 分，才能得到第 3 分。这与利克特量表有很多途径得到 3 分的情况就不一样。这就克服了利克特量表只看总分不顾具体项目上的差异这一缺陷。研究人员使用时需要了解该量表的以下特征：

（1）答案设置简单，只有是、否或同意、不同意两个态度相反的答案，肯定答案得 1 分，否定答案得 0 分。

（2）在根据回答者得分高低做出态度强弱评价时，顾及他们在具体问题上存在的差异。

（3）在对回答者得分汇总排序的同时，对测量用的陈述语或问句也进行了排序。该量表默认每个陈述语或问句所代表的态度强度是不一样的。回答者在低强度的问句上做了否定回答，那在高强度的问句上更应该是否定回答。

（4）不仅能评价回答者的态度，而且可以对量表本身做出评价，如一致性系数等。

3. 语意差异量表

语意差异量表是利用形容词来测量人们如何感觉某个概念、物体或其他人的一种间接测量工具。由于大部分的形容词都具有对立的词，如胖和瘦、慢与快等，该技术把一系列正反义成对的形容词分为七个等级作为答案形式，用来测量被测人对研究事物的感觉或评价意见并据此来描绘事物“轮廓”或“形象”。它主要用于测量某种事物在人们心目中的形象或感觉。

然而，该方法具有一定的局限性。设计难点是一组形容词的确定。首先，要尽可能涵盖事物的所有特性；其次，形容词相互独立不重复；最后，要正反对应出现。上述要求限制了语意差异量表的使用范围。研究人员使用时需要了解该量表的以下特征：

（1）答案由一系列形容词构成，而且每个形容词都正反义成对出现。

（2）形容词的正反之间一般分为七个等级。

（3）不需要计算得分情况，没有排序功能，但可以用于比较，它适用于测量形象轮廓，以确定事物“最理想”的形象。可以对几个同类事物或设计方案进行筛选。

二、量表的选用与编制

在测量进行前，研究人员需要从一个概念、想法或构想入手，发展一种能从行为上观察到的测量方法。测量一个构想通常会有很多种方法。但无论选择何种方法或量表，我们必须事先检验测量工具是否符合研究者对构想所下的概念定义。如果通过文献研究已经查找到有很好的工具或指标存在，那我们就可以采用他人已发展成熟的量表直接进行测量；如果没有现有的指标存在，我们就需要创建新的量表用于测量。

（一）量表的选用

1. 构想概念化

概念化是寻找构想与所选量表的共通基础。概念化过程是指捕捉一个构想，并通过赋予它一个概念或理论定义的方式来提炼它。需要注意的是，通常单独的一个构想可能同时具有数个定义，但重要的是研究人员需要明确所使用的是哪个定义。例如，儿童心理学家想要测量幼儿的自我概念（self-concept），首先需要通过文献研究查询对于自我概念的各种定义。在搜集到不同的定义之后，研究人员会发现该核心概念的边界：自我概念的定义经历了单维模式向多维模式的转变。单维模式的代表性定义是把自我概念定义为客我，是自我中被注意、思考或知觉的客体。从多维模式的视角对自我概念进行操作性界定时，要考虑其由来自多个领域的概念所构成，并非单个领域的概念。这些领域包括身体外貌、父母认可、运动能力、胜任力和学业能力五个方面。可见，研究人员需要在选择量表前对上述两类代表性定义做出选择。

2. 概念的操作化

在赋予构想一个清楚的概念定义之后，我们需要对其进行操作化，即发展出一个操作性定义或一组指标，从而实现抽象概念与经验现实的结合。如果通过文献研究发现目前已存在与概念定义相匹配的操作性定义（一组指标）的量表，我们就可以选用。

3. 测量对象的界定

构想除了需要概念化和操作化之外，还需要精确地考虑要包括那些研究对象。例如，如果研究对象是学校的教师，那么哪些教师需要包括进来呢？教师包括校长、图书管理员、计算机辅助人员吗？幼儿说的是小班、中班还是大班的幼儿呢？

4. 量表的信效度检验

在信度方面，通过比较稳定系数、分半系数和内部一致性系数来检验所选量表用于测量的稳定性水平。稳定系数是指量表在选用时需要进行两次试测，比较同一组被试在不同时间用同一量表产生两次测验结果的相关系数；分半系数是指将测验项目按照某种规则分成对等的两半所计算的两个半测验之间的相关系数，代表量表内部的一致性水平；内部一致性系数是考察量表内部项目测量功能一致性的指标，如在项目属于多值记分项目情况下采用的 α 系数。量表的效度则可以通过效标效度（criterion validity）、内容效度（content validity）和构念效度（construct validity）的验证来保证。

（二）量表的编制

1. 文献研究

与选用量表之前的准备相同，在赋予构想一个明确清晰的概念定义之后，要进行资料的再搜集。例如，成就动机属于人格方面，就需要从人格心理学的理论中搜集；若把校长领导力界定为教育管理学的理论，就需要从这个方向去搜集。在一篇博士毕业论文《幼儿园亲师关系质量研究》中，研究者为了建构幼儿园亲师关系量表，首先通过对已有管理学、社会学等相关文献进行梳理，汲取对本研究具有启示的成果，初步判定亲师关系质量的结构、影响因素与影响结果①。

2. 拟定量表框架

编制者可以参考某位学者的观点，或是综合数个学者的理论拟出所要编制量表的架构。假如此量表有若干个分量表，编制者应先将其定义写出来，以供编制题目之用。该项工作具体涉及的内容包括：根据定义的成分来决定量表所包含子量表的个数；决定量表的题目数量和完成时间；决定预编的题目数量，该数量应大于实际的题目数量；决定量表的量尺，如题目答案是设定为四点量尺（非常同意、同意、不同意、非常不同意）还是五点量尺（非常同意、同意、没意见、不同意、非常不同意）。在上述论文研究中，研究者经过文献研究和访谈编码确定了“三维度-八因素”的幼儿园亲师关系质量结构。其中，三维度即量表的维度，包括信任、承诺与满意度；八因素（认知信任、情感信任、认同信任，工具性承诺、情感性承诺、价值性承诺，过程满意、结果满意）则指信任、承诺与满意度三个维度下的指标。

3. 编制题目

当量表的架构定出来之后，编制者就可参考所搜集来的其他的量表资料来编题。通常为了将来有删题的空间，编制者大约要比预定的题数多编 1/2 的题目。比如一个分量表若需要 10 题，此时就需编 15 题。编制量表的题目与编制问卷有很大的差异，希望研究者不要混淆。有些量表的确看上去与问卷十分相似，但量表与问卷有着本质的差异。比如，量表的构架需要理论依据，且构成的要素都需要明确的界定；量表的计分方式各有不同，一般可以累加，得出总分等。而问卷只需要主题，通常以频次或百分比作为计分方式，且所适用的统计方式相对有限。因此，编制量表的难度远远超出编制问卷的难度。

4. 预测

当题目编制后，编制者需要进行预试。量表编制者需要一些受试者试做本量表，进行项目分析，以了解哪些题目是可用的。

---

① 张晋．幼儿园亲师关系质量研究［D］．重庆：西南大学，2020.

5. 项目分析

该任务旨在对预测的题目加以分析，以作为正式选题的参考。进行项目分析时，通常有两种方法可以使用，第一种方法是用 t 检验法，第二种是相关法。在做项目分析时，这两种方法都是以单题为单位来进行分析。以 t 检验法为例，在进行项目分析时，要以该分量表总得分的高分组（前 27%的受试者）和低分组（后 27%的受试者）在每一题得分的平均数进行差异比较。所得的值称为决断值，必须高于查表的临界值，才具有鉴别力。我们还以上述论文研究为例，研究者分别采用临界比（critical ratio，CR）和项目与总分之间的相关度两种方法来进行项目分析。就临界比值法而言，研究者第一步首先计算各个题项的总分；第二步依据量表总分进行高低分组，确定低临界点和高临界点；第三步进行独立样本 t 检验，也就是对高分组和低分组在每个题项的平均数进行差异检验，最后以 t 值及其显著性作为判断相应题项是否符合统计学要求的标准。

6. 编制正式题目

编制者可根据项目分析的结果来进行选题，只要鉴别力合乎标准的题目都可以选为正式的题目。若项目分析所得各题的决断值都合乎要求，则根据决断值由高到低选出预定要的题数。

7. 检验信度和效度

一份好的量表必须具有相当的信度和效度。信度是指可靠的程度，而效度则是指有效的程度。有信度的量表通常具有一致性、稳定性、可靠性及可预测性等。一份稳定可靠的量表，几次试测所得到的结果一定是一致的。

对信度的评价是考量一个量表是否成功的必要条件。如果信度不够，则量表不能投入使用。目前最常用的信度估计方法是克伦巴赫 α 系数（Cronbach's alpha）。该系数是由克伦巴赫在 1951 年提出的，以说明量表的可信度。基本上所有的量性研究，只要使用了量表，就要计算并汇报这个系数的值，一般而言，大于 0.7 为好，大于 0.9 为很好。其计算方法也很方便，SPSS 软件中有专门计算此系数的选项。

效度反映的是测量的真实内涵。但效度的高低评定标准并不统一，在量表的评估过程中可以被视为一个充分条件，即如果各种效度指标均很理想，那么此量表的效度较高，但效度不理想，该量表的质量不一定不好。

三、量表测量法在学前教育研究中的运用案例

在学前教育研究中运用量表测量法来搜集数据的现象其实很常见。如前所述，量表测量的对象可能是幼儿，但真正填写量表的人可能是家长，也可能是教师。受到学前儿童认知等能力发展的局限，直接由幼儿填写量表的情况并不常见。

量表测量法一般用于量性研究比较多，也可用于诊断或评价幼儿的发展状况，但往往

并非评价幼儿发展水平的最佳方法。基于幼儿身心发展的特点，最优化的评价方式应该选用多渠道的方法，利用档案袋的方式记录幼儿某一阶段的发展状况，并做出适当的评价。另外，本科生的研究设计一般不建议采用量表编制的方式，因为量表编制程序烦琐，耗时长，本科生缺乏一定的知识积累和经验积累，因此，选用相对合适的量表进行测量更加有利于本科生完成研究。现选取学者马丽娜（2022 年）发表在《教师教育研究》杂志上的一篇文章为例，来展示量表测量法在学前教育研究中的应用。该研究目的在于探究工作负荷对幼儿园教师的工作意义感、工作满意度和离职倾向的影响及其作用机制①。在该研究中，研究者共提出 6 条研究假设，分别是假设 1（H1）：工作负荷越大，幼儿园教师的工作退缩越多。假设 2（H2）：幼儿园教师的工作退缩越多，其工作意义感（H2a）越低、工作满意度（H2b）越低、离职倾向（H2c）越高。假设 3（H3）：幼儿园教师的工作退缩在工作负荷与工作意义感（H3a）、工作满意度（H3b）、离职倾向（H3c）之间起到中介作用。假设 4（H4）：工作负荷越大，幼儿园教师的工作重塑越多。假设 5（H5）：幼儿园教师的工作重塑越多，其工作意义感（H5a）越强、工作满意度（H5b）越高、离职倾向（H5c）越低。假设 6（H6）：幼儿园教师的工作重塑在工作负荷与工作意义感（H6a）、工作满意度（H6b）、离职倾向（H6c）之间起到了中介作用。

然后，为了进一步验证假设中变量间的关系，研究者首先采用角色过载量表、工作退缩量表、工作重塑量表、工作意义感量表、工作满意度量表和离职倾向量表等量表工具，分别对幼儿园教师的工作负荷、工作退缩、工作重塑、工作意义感、工作满意度、和离职倾向等进行测评。我们以其中的工作重塑量表为例，来对量表工具的应用做进一步的说明。在该研究中，研究者采用工作重塑量表测评幼儿园教师的工作重塑水平。该量表由 Tims 等开发，共 21 个题项，采用利克特 6 点评分，从 1 到 6 分别代表从“从不”到“总是”。典型题目如“请上级在工作中给予指导”，该量表的克伦巴赫 α 值为 0.84。由此可知，该量表在本研究中具有良好的信度。

第六节　内容分析法

一、内容分析法概述

（一）内容分析法的定义

内容分析法是一种基于定性研究的量化分析方法，是以研究文献内容为主的社会科学研究方法，其形成与发展主要是由 19 世纪的大众传播媒介和 20 世纪的电子传播媒介促成

① 马丽娜．工作负荷对幼儿园教师的双刃剑效应：基于工作退缩和工作重塑的双中介模型［J］．教师教育研究，2022，34（4）：69－76.

的，主要被用于新闻传播、图书情报、心理学、教育学等社会科学领域①。在第二次世界大战期间，反法西斯同盟国情报部门监听欧洲电台播放的流行音乐的数量和类型，并把德国电台和其他德国占领区欧洲电台播放的音乐节目相比较，推测欧洲大陆上盟军反攻的战况。战后，内容分析法也常用于研究报纸和广播的宣传。20 世纪 50 年代，内容分析法得到了迅速的发展，形成了系统的理论。

内容分析法是一种非介入性研究方法，是在不影响研究对象活动的情况下所开展的社会行为研究。内容分析的实质是对文献资料所含信息量及其变化的分析，运用内容分析法开展研究，可以根据数据对资料内容进行可再现的、正确且有效的推断。在内容分析法的发展过程中，众多研究者从不同的角度对内容分析法进行了界定。美国传播学家伯纳德·贝雷尔森（Bernard Berelson）首先定义它为：一种对具有明确特性的传播内容进行的客观、系统和定量描述的研究技术②。内容分析研究者克里彭多夫（Krippendorff）把内容分析定义为研究传播信息并对信息及其环境之间的关系做出推断③。还有，克林格（Kerlinger）把内容分析法界定为以测量变量为目的，对传播进行系统、客观和量性分析研究的一种方法④。诺伊恩多夫（Neuendorf）认为，内容分析法是一种量性分析信息的科学方法。艾尔·巴比（Earl Babbie）也指出，内容分析法是被记录下来的人类传播媒介的研究。其内容可以包括书籍、杂志、网页、诗歌、报纸、歌曲、绘画、讲演、信件、电子邮件、网络上的布告、法律条文和宪章以及其他任何类似的成分或集合⑤。总的来说，内容分析法可以定义为一种通过定量的技巧和定性的分析，以客观及系统的方式，通过对文献内容（包括访谈记录、报刊文章等）进行的研究与分析，据此推论出资料内容的环境背景及其本质的一种研究方法。在教育研究中，研究者可以将期刊学术论文、研究报告、会议文献、教材、教案、课堂实录等作为内容分析的资料样本，并依照内容分析法的操作程序，对特定的内容资料进行系统的量化处理，从而取得量化的研究结果。

（二）内容分析法的用途

作为一种重要的社会科学研究方法，内容分析法已广泛应用于教育科学领域中的多种类型的研究工作。主要的研究类型包括意向分析、比较分析和趋势分析。

1. 意向分析

内容分析法能够对某一对象在不同问题上，或在不同场合上所显示出来的内容资料的分析，把这些不同样本的量化结果加以比较，便可分析这一对象的意向。例如，分析某位

---

① 李本乾．描述传播内容特征　检验传播研究假设：内容分析法简介：上［J］．当代传播，1999（6）：39－41.

② BERELSON B. Content analysis in communication research［J］. New York：Free Press，1952.

③ KRIPPENDORFF K. Content analysis：an introduction to its methodology［M］. Beverly Hills，CA：Sage，1980.

④ KERLINGER F N. Foundations of behavioral research［J］. 3rd edition. Holt：Rinehart & Winston，1986.

⑤ 巴比．社会研究方法：第 11 版［M］．邱泽奇，译．北京：华夏出版社，2010.

特级幼儿园教师的保教工作的经验特征。

2. 比较分析

比较分析与意向分析不同，比较分析是对不同对象在同一中心问题方面的对比分析，从而对不同区域、组织或个人的思想认知、情感特征、工作方式等所进行的差异分析。例如，比较不同经济社会地位的学前儿童在身心准备、生活准备、学习准备、社会准备等四个方面的入学准备水平差异；比较不同幼儿园教师在集体教学活动中的教学方式和教学效果的差异。

3. 趋势分析

在教育研究中，研究者通常需要对所关注的研究对象在一定的时间范畴内所展现的发展趋势进行研究，那么就可以使用内容分析法来达成相应的研究目的。内容分析法可以对同一对象在不同时期的内容资料量化结果进行比较，从而分析出特定研究对象的发展历程、规律和趋势。例如，研究者可以使用内容分析法，对中国十年间（2012—2022 年）的幼儿语言发展研究的变化情况进行量化分析。

（三）内容分析法的特性

1. 系统性

内容分析法的系统性（systematic），是指针对资料内容进行系统性的取样，即采取统一的标准选取内容分析的资料对象。这是进行内容分析统计的基础。因此，研究的资料内容是系统而完整的，并非只选取支持研究假设的文献，以此避免出现随机偏差。内容分析法的系统性，主要通过以下两个方面有所体现：一方面，样本的抽取需要按照一定程序；另一方面，样本的分析过程也应始终按照统一的标准。

2. 客观性

内容分析法的客观性（objective），是指用事实和数据说话，内容分析的研究过程具有可重复性，换言之，即使研究者不同，仍能从相同的文献中得出相同的结果。这主要通过明确的内容分析规则来体现①。具体来说，所谓的客观性，一方面是指研究者的预设和偏见不能影响分析过程和结论，如果由不同的研究者对同一资料进行分析，所得结果应该是相同的；另一方面，内容分析应有一套标准和程序，明确解释抽样和分类的方法，即使分析单元或类目的确定过程都是主观的，但根据确定的标准对资料内容进行量化的过程体现了内容分析的客观性。

3. 定量性

内容分析法的定量性（quantitative），具体体现在以预先设计的类目及编码表为依据，运用统计学方法对文献中出现的类目和分析单元的频数进行计算，并以数字、数据表格或

---

① 李本乾．描述传播内容特征　检验传播研究假设：内容分析法简介：下［J］．当代传播，2000（1）：47-49，51.

图表的形式呈现内容分析的结果。定量性主要体现为：一方面，内容分析的目的是对资料进行精确的量化描述；另一方面，内容分析的结果也是由统计数据予以解释和说明的。定量性是内容分析法最为显著的特征。

（四）内容分析法的类型

对内容分析法的分类，实际上是在内容分析法的演变过程中逐步形成的。内容分析研究者在争论该法属于定性研究方法还是定量研究方法的过程中，提出不同的类型，逐步丰富了内容分析法。另外，计算机技术的发展和引入，也促进了内容分析法的发展。

1. 解读式内容分析法

解读式内容分析法（hermeneutic content analysis），是起源较早的内容分析法类型，它通过对文献内容进行精读、理解、阐释来解读作者的意图。解读，关键是对文献资料的复杂背景及内涵结构进行解读，在整体的背景环境中理解文本的内容，从而挖掘内容的真正意义，因此对文献资料整体内容的理解即对各个单项内容理解的综合结果。该方法强调适用于以描述事实为目的的个案研究，但由于更偏重定性的研究，往往难以客观地呈现分析的结论，因此研究结果难以被证实，缺乏普遍性。

2. 实验式内容分析法

实验式内容分析法（empirical content analysis），是通过客观选取样本，并在有可靠且有效量化系统的基础上，分析文献内容并做出正确解释的方法。相较于解读式内容分析法，这一方法是量性分析与质性分析相结合的方法。通常，量性分析是质性分析的基础，质性分析是对量性分析结果的深化①。

定量内容分析法的使用，始于20世纪20年代末的新闻界。其分析过程与现在使用最普遍的内容分析法基本一致：把资料按分析类目进行划分后，计算每个类目中内容元素（如词语、句子、段落等）出现的频次，对这些数据统计处理后，描述数据显现的内容特征，从而揭示统计文本中隐藏的客观规律。定性内容分析法，主要是对资料的组织结构、内容要素及其关系进行描述和推断，强调研究者对资料内容的理解深度及推理逻辑。

3. 计算机辅助内容分析法

计算机辅助内容分析法（computer-aided content analysis），主要依靠计算机技术，运用计算机软件搜集、存储、编辑、管理文献资料，并进行分析和解释。由于计算机技术的运用，该方法更偏重定量的研究方法，原本的质性分析过程也由计算机程序来实现，具有非计算机方式不可比拟的速度及准确度的优势。因此，计算机辅助内容分析法的主观性在减少，客观性在增强。但该方法难以对文本进行深入解读。

除此之外，其他内容分析研究者，如若什（Jauch）、奥斯本（Osborn）和马丁（Mar-

① 邱均平，邹菲．国外内容分析法的研究概况及进展［J］．图书情报知识，2003（6）：6－8．

tin）于 20 世纪 80 年代还提出了第四种内容分析法的类型——结构化内容分析法（structured content analysis）①。该类型的内容分析法更强调统计数据对资料内容的结构及内容要素间的相互联系进行的推理和阐释。

二、内容分析法的实施

（一）内容分析法的研究步骤

内容分析法的研究步骤在不同学科领域中基本一致，从掌握大量的文献资料开始，到最终归纳总结出结论和一定规律，通常都需遵循一定的研究程序。克里彭多夫提出，开展内容分析，首先应当回答以下六个问题：（1）分析的资料是什么？（2）对资料的界定是什么？（3）从哪里获取资料？（4）哪些是分析资料的相关背景？（5）分析资料的范围是什么？（6）根据资料推断结论的目的是什么②？麦奎尔（McQuail）则强调，内容分析法的实施建立在两个假设的基础上：假设一，介于外在客体及其内容文本之间的关联，必须是相当清楚且不模糊的；假设二，选定的分析类目出现的频率，客观上必须确实有效地表达出内容文本的主要意义③。威默（Wimmer）和多米尼克（Dominick）总结了开展内容分析具体包括的十个步骤（有些可以合并）④。

（1）提出研究问题或假设。通常在研究初期就会预设几个并不十分明确的研究问题。尽管内容分析的研究问题需要研究者从文本中推论出来，但一般来说，研究者先提出研究问题或假设，再开始分析内容，可以提高研究效率，不仅可以获得更具价值的资料，而且可以使内容分析更具针对性。

（2）确定研究范围。研究问题提出后，要有效实施内容分析，就要制定一个研究大纲，具体问题具体分析，从研究问题开始推导，明确研究目的并划定研究范围，包括研究的主题和资料搜集的时间跨度，为选取内容分析的样本划定抽取的范围。换言之，确定研究范围其实就是确定研究总体即分析资料的来源。例如，研究目标是描述近 5 年来中国幼儿入学准备教育研究的现状，那么研究总体就是该研究领域近 5 年内发表的论文。研究者在确定研究总体时，要注意总体的完整性和特殊性。完整性是指研究范围要能够覆盖特定时期、特定领域的所有相关资料，而特殊性则是要选择与既定的研究假设相关的资料。

---

① JAUCH L R，OSBORN R N，MARTIN T N. Structured content analysis of cases：a complementary method for organizational research [J]. Academy of management review，1980，5 (4)：517 - 525.

② KRIPPENDORFF K. Content analysis：an introduction to its methodology [M]. 2nd ed. Thousand Oaks，CA：Sage，2004：413.

③ MCQUAIL D. Mass communication theory：an introduction [M]. Thousand Oaks，CA：Sage，1994.

④ WIMMER R D，DOMINICK J R. An introduction to mass media research [J]. California：Wadsworth，1994.

（3）抽样，就是选取内容分析的样本。确定内容分析的总体后，就可以进行抽样。只要与研究目标一致、信息量大、具有连续性的资料都可以作为样本。所有的抽样方法一般都适用于内容分析法。但不管选择哪种抽样方法，都必须考虑研究中的分析单元。研究者可以使用随机抽样或系统抽样方法，也可以使用分层抽样或整群抽样等方法。其中，多阶段的抽样方式用得较多，包含多个步骤：首先是确定研究样本的来源和形式，其次是在研究日期范围内进行抽样，最后是对资料的相关内容进一步抽样。

（4）确定分析单元。分析单元，是描述和解释的个体单位，是内容分析的最小单位，可以以一段时间或一个项目为分析单元，也可以以单词、符号、主题、句子、段落或字数为分析单元。分析单元主要是根据分析内容的特点及研究的问题来确定的，它是在文本中客观存在的。在确定分析单元的同时，还要界定分析单元的可操作定义，使得资料内容在分析时明确且容易观察到。总之，具体的研究目标、研究总体与分析单元密切相关，是确定恰当分析单元的重要基础。

（5）构建分析的类目。实施内容分析时，需要依照既定的类目表格来记录类目所表现的客观事实。类目，是对资料内容进行分类的项目，是内容分析的基本单位，也是分析单元归类的标准以及编码的依据。构建类目，需要在进行内容分析之前制定完成，切不可一边分析，一边修订完善，并且需要涵盖所有分析单元，不能出现分析单元无处归类的现象。构建类目，可以以现有的理论或研究成果为基础进行，即采用已有的分析类目系统；研究者也可以自行构建类目，它通常是研究者进行初步分析后从数据本身呈现出来的事实。无论哪一种构建方式，所构建的类目都要有明确的限定范围，而且类目之间不能重叠。之外，类目的层级关系应该清晰明确并逐级展开，同时类目的设计还要考虑如何便于对内容分析结果进行量化统计分析。

（6）形成量化系统，即形成分析类目从描述形式转化为数据形式的系统。量化系统由变量构成，可以包括定性变量、定序变量、定距变量以及定比变量。针对各类目，明确各类目所包含的变量，为下一步编码、实现完全数量化提供依据。

（7）信效度检验。内容分析法的信度，是指两名或两名以上的研究者按照同一分析系统，对同一内容材料进行编码分析后结果的一致性程度。一致性程度越高，那么内容分析的可信程度就越高，反之则越低。信度检验的过程如下：首先对研究者进行培训，其次由研究者对统一内容材料进行独立的评判分析，最后对他们各自的分析结果进行信度系数的计算。可以根据霍尔斯蒂（Holsti）公式或克雷格（Craig）指数来测量，信度应在可接受的范围内（通常为 0.70 以上）①。如果信度不达标，可以修订分析类目系统或对评判者进

① HOLSTI O R. Content analysis for the social sciences and humanities [M]. Reading，MA：Addison-Wesley，1969；CRAIG E G. Index to the story of my days：some memoirs of Edward Gordon Craig [M]. Cambridge：Cambridge University Press，1981. 辛格尔特里．大众传播研究：现代方法与应用 [M]. 刘燕南，译．北京：华夏出版社，2000.

行再培训，之后再进行重复评判，直到取得良好的信度为止。内容分析法的效度，主要可以由研究者进行自我审查：研究抽取的样本是否具有代表性？研究结论是否真正回答了研究问题？研究结论能否推断总体的情况？

（8）对内容编码。有了量化系统之后，便是对资料内容进行编码。有研究者认为，对内容进行编码需要一个编码表，其实就是把类目、量化系统等制成表格的形式，还要加上编码日期、编码人员等内容。编码表是对已建立的量化系统的赋值。对内容进行编码，实际上就是针对类目，按照量化系统用数量化的形式在编码表上对资料内容进行记录的过程。

（9）分析数据资料。对编码后的资料进行分析，是把编码表上的数据录入计算机统计软件进行分析，可统计得出频数、百分比、相关系数、差异检验如卡方分析结果等。常用的统计工具包括 SPSS、Nvivo 和 MicroCase 等。

（10）下结论并解释。对数据化的资料内容进行统计分析后，可以根据分析结果得出研究结论。下结论时通常应具体而明确，运用恰当的词语表达分析结果，并且与文献资料的定性描述判断结合起来，提出分析的结论，结论应便于理解。

（二）内容分析法的优势与局限

内容分析法是一种非介入性的研究方法，因此应用该方法研究社会行为时不会对研究对象产生影响。从时间投入和金钱投入而言，内容分析法是一种比较经济的方法，也更容易进行重复研究。艾尔·巴比在其《社会研究方法》一书中就指出了内容分析法的这些优点①：

（1）内容分析法最大的优点就是它的经济性，这是就时间和金钱而言的。

（2）内容分析法的另一个优点是安全。如果发现调查或实验做得不是很完美，研究者就可能需要再花时间和金钱去重复整个研究计划。而内容分析法则可以更容易重做其中的一部分，而不是重做整个研究。

（3）内容分析法允许研究者研究一段时间内发生的事情。例如，可以将研究焦点集中在一个世纪以来中国儿童文学作品中所表现出的儿童观变迁。

（4）内容分析法还有一个优点即非介入性。也就是说内容分析法很少花费精力在试者上。

然而，内容分析法却是一种容易受到研究者主观判断影响的研究方法，其限制主要表现如下：

（1）内容分析法是根据数据对内容进行可再现的、有效的推断。因此，正确的推理是内容分析法的核心。但推理不仅受到研究选取样本的数量限制，推理的过程本身更容易受

① 巴比．社会研究方法：第 11 版［M］．邱泽奇，译．北京：华夏出版社，2010．

到研究者主观预设的影响。

（2）分析内容时用到的分析单元、分析类目等，一方面都是研究者主观确定的，另一方面又无法穷尽。因此，内容分析的结论也会受到人为使用的界定以及人为构建的类目框架的限制。

（三）内容分析法与其他相关方法的异同

1. 与文献法的异同

所谓文献法，主要指搜集、鉴别、整理文献，并通过对文献进行比较、分析、综合，从而形成对事实科学认识的方法。其研究过程一般有五个步骤：提出课题或假设→研究设计→搜集文献→整理文献→进行文献综述。通常，文献法在研究的准备阶段用得更多一些。

采用内容分析法与文献法的研究者都不与文献资料中记载的人与事直接接触，因此都属于非接触性研究方法。文献法主要是围绕关键词，对一系列相关文献进行比较、分析、综合，从中提炼描述性及评述性的说明。与文献法不同的是，内容分析法是直接对非定量的样本进行技术性处理，把样本内容分解为若干个分析单元，通过评判单元内所表现的事实，得出定量的统计描述，并做出关于事实的判断和推论。因此，文献法在从定量角度揭示文献内容的深度方面不如内容分析法，内容分析法在对文献资料的组成因素和结构分析方面更为细致且程序化。概而言之，文献法与内容分析法的区别可以总结如下：1）分析对象：文献法是对某研究的一系列文献进行分析综合，而内容分析法直接对单个样本做技术处理。2）内容处理：文献法需要鉴别评价文献内容并归类整理，而内容分析法是把内容分解为分析单元。3）分析程序：文献法需要进行文献查阅、鉴别评价和归类整理，而内容分析法则需要预先制定分析类目，按照顺序做系统评判记录。4）结果表述：文献法是对事实资料给予评述性说明，而内容分析法则是做出定量的统计描述。

2. 与文献计量法的异同

所谓文献计量法，是以各种文献资料的外部特征（如作者、关键词、文摘、引文等）为研究对象，采用数学与统计学方法描述、评价和预测科学技术现状与发展趋势。应用该方法的目的在于研究文献资料的分布结构、数量关系等，致力于对文献本身发展规律的研究①。

内容分析法本质上属于文献计量学范畴，与文献计量法一样，都是通过确定研究范围、抽样、界定分析单元、对分析单元进行量化统计……最后运用数据指标对文献特征进行推测。但文献计量法是纯粹的量性分析方法，通常只适用于研究实体形态的文献；而内容分析法是一种基于定性研究的半定量研究方法，不仅可以研究显性的信息内容，也可以

① 王曰芬．文献计量法与内容分析法的综合研究［D］．南京：南京理工大学，2007.

对隐含的信息（文本、图像、音频、视频、多媒体等信息）内容进行分析。然而，内容分析法比起文献计量法来说，质性分析在研究过程中仍然占主要方面，因此需要更多的人力介入，其受到研究者主观判断影响的局限性也更为明显。

3. 与文本分析法的异同

所谓文本分析法，是研究者用来叙述与诠释文字记载与视觉讯息之特征的一种研究方法，旨在运用符号学、解构主义和语言学的分析方法，分析文本的结构与意义，并探索意义的不同解读方式，以及文本蕴含的意识形态。其应用主要根据文本的实际情况进行解析，研究步骤并不固定，包括文本查阅、鉴别评价、归类整理等。

内容分析法与文本分析法都是以用文字、图像、符号等记录保存下来的资料内容作为分析的对象。文本分析法也具有内容分析法所具有的系统性、客观性、非接触性、主观参与性等特点。内容分析法属于量性分析，是工具导向的，通过定量统计对资料内容进行量化的分析和描述，以数据及其说明呈现研究结果。文本分析法属于质性分析，主要依赖阐释学、叙事学、符号学以及解构主义，通过对文本以及文本所处社会环境对文本影响的分析，挖掘文本背后的意识，提炼评述性的说明。

三、内容分析法在学前教育研究中的应用案例

内容分析法的应用领域十分广泛，如今已被运用到新闻传播、政治学、社会学、心理学、教育学等社会科学各个领域之中。现选取张丽敏等学者（2020 年）发表于《学前教育研究》期刊上的一篇文章来说明内容分析法在学前教育研究领域的实际应用。该研究综合运用内容分析和话语分析的方法，探究公共话语中的幼儿园教师形象①。其中，内容分析法的具体操作步骤如下：

第一步，明确研究问题：网络媒体公共话语中的幼儿园教师有哪些形象？正面形象较多还是负面形象较多？公众对媒体呈现的幼儿园教师形象持什么态度？第二步，以网络媒体为例，界定研究主体——公共话语中的幼儿园教师形象。第三步，选择适当的样本：在微信、微博、新闻网站三个公共话语平台中共选取 98 篇阅读数和评论数较高的关于幼儿园教师的新闻报道和评论作为样本。第四步，定义分析单位：将每一篇新闻报道和文章作为一个分析单位。第五步，对样本的刊发日期、报道倾向性、报道涉及的幼儿园教师形象（教育形象和社会形象）的要素进行编码分析，同时也对报道和评论的数量、内容进行分析。第六步，量化分析的内容编码主要有以下维度：样本的基本信息、幼儿园教师的教育形象与社会形象、评论和点赞情况，共 23 个条目。第七步，根据以上编码系统对 98 篇样

① 张丽敏，叶平枝，李观丽．公共话语中的幼儿园教师形象：基于网络媒体新闻的内容分析与话语分析［J］．学前教育研究，2020（3）：16－30.

本进行分析，收集数据后，将数据录入 SPSS 21.0 数据处理软件，对数据进行描述性统计分析。最后得出结论：幼儿园教师的公众形象比较负面，并呈现出职业道德低、工作内容技术含量低、个人品质差的“二低一差”特点；社会形象呈现出职业待遇低、学历低、社会地位低的“三低”特点。与中小学教师相比，网络媒介中幼儿园教师形象特征的描述更为负面、具体、多维且充满情绪化。幼儿园教师公众形象的道德特征突出，专业特征则模糊脆弱。

综上所述，内容分析法是一种对文献资料进行系统、客观和量化描述的研究方法，适用于对一定时间内或多种文献的内容所含信息进行有效推断，是对文献内容中的有关信息单元进行比较的一种研究方法。

第六章

阶段四：分析数据，得出结论（步骤7）

研究者通过问卷法、访谈法、观察法、测量法和实验法等多种方法完成数据采集工作后，就需要进入数据的分析和处理阶段。前期采集到的原始数据往往比较庞杂，不能直接成为研究结论。这就需要依据科学研究的要求，采用量化或质性研究方法对原始数据进行处理分析，从而得出研究结果，最终获得研究结论。

学前教育科研中数据的类型多种多样。一类数据为常规性资料，比如幼儿个人的基本背景资料、幼儿园的日常工作记录和相关统计报表；另一类数据是为了进行某项研究而专门搜集的数据，例如，为了研究幼儿的分离焦虑采用设计好的行为观察表对新入园儿童进行为期一周的行为记录。实际上，无论是采用何种方式获得的数据，它们都可以被看作对研究对象的某种观测。观测获得的可能是数量化的数据表，也可能是访谈资料、影音资料或者作品等。基于所获得观测内容的不同，可以选择恰当的方法来处理这些内容。分析和处理获得的结果还需要通过恰当的方式予以呈现。

第一节　量性数据分析

在量性分析中，研究者需要将资料转化成数值形式后，才能进行量化统计分析。而定量化的资料即为量性数据，也称量化数据或定量数据，它是进行量化研究的基础。顾名思义，量性数据是数量化的观测数据。它可以是直接获得的，例如问卷调查的结果、量表测验的结果；也可以是以某种方式进行转换而来的，如对访谈资料的编码归类、对作品的等级评定。基于量化数据，可以进行不同种类的量化研究，包括描述性的定量研究、相关性的定量研究和因果性的定量研究。量化研究的关键是对数据进行统计分析，我们将依次介绍常见的描述性统计分析、推断性统计分析，并介绍采用常见统计分析软件 SPSS 进行统计分析的案例。

一、量性数据的录入与整理

在经过实际的量性数据搜集以后，研究者得到了原始数据（raw data）。这些数据就好像是厨师在烹饪前去菜市场采购回来的食材，要经过处理才能进入烹饪程序，大厨的手艺才能淋漓尽致地发挥出来。比如，问卷收集回来后，首先需要对所有问卷进行整理，过滤无效问卷，删除废卷，并计算问卷的回收率。如有需要，还可以根据这个步骤的结果考虑是否需要再补充样本，完成问卷，直到满足研究需要为止。当数据清理的工作完成后，则需要将问卷中的数据输入电脑。有时是直接输入统计软件，比如 SPSS、SAS① 等；有时则先输入 EXCEL 软件备用。在输入数据之前，研究者要明确自己研究设计中所确定的变量数量和类型，以及实验分组的情况，根据研究需要进行数据录入。使用其他方法搜集回来的原始数据，包括观察、访谈、作品搜集等，也需要通过各种方式将其进行量化，再输入统计软件中。

比如，为探究家长对幼儿使用数码产品的态度，研究者可以运用问卷法，并通过适当的抽样方法选择家长被试，进而采集出研究所需要的量性数据。这类数据的呈现方式通常是问卷里若干子维度中各个问题选项的得分。研究者一般要将每个研究对象对每一道题的作答先输入统计软件，然后根据量表的设计，再计算每个家长在各个子维度得分的总分。需要说明的是，研究者在统计分析之前，需要通过 SPSS 等软件检测数据的正态分布情况。因为数据是否符合正态分布，对统计分析方法的选择具有重要影响。例如，在推断性统计分析时，如果数据符合正态分布，则可以选择 t 检验、方差分析。若数据不符合正态分布，则不能使用这些统计分析方法。另外，观察法也是学前教育研究中常用的调查方法，那么就要需研究者对所观察到的原始数据进行编码，而编码过程使描述性的数据得到了量化，进而可以输入电脑开展后期的统计运算。有些同学会问，是否可以在观察表格中直接填写预先设计好的代表某种行为的数值，而不是以叙述性描述的方式进行数据搜集？答案是可以。实际上，当观察者在观察表格中填写数值或者运用符号进行数据记录时，在其思维过程中已经完成了对具体行为进行“编码”的过程。其本质与先记录具体行为，再开展编码是一样的。但后者的优势在于记录了大量的原始数据，也不会产生记录当时犹豫不决的尴尬，还可以有备无患。

① 由微软（Microsoft）公司开发的办公软件 Microsoft Office 组件之一，可以进行各种数据处理、统计分析工作。

（一）数据整理编码

研究者在整理分析数据的过程中需要借助必要的计算机分析程序。当前，常见的计算机分析程序包括 EXCEL 表、IBM SPSS 软件包①和 JASP② 等。另外，相对专业或特定类型的分析软件如 SAS、Stata③、SSI④,、R 软件⑤、Amos⑥、Mplus⑦ 也都具备非常强大的数据分析功能，能够大量减轻研究者的分析工作强度。要发挥这些软件的作用，就必须使数据成为适用于其操作的形式。例如，当我们进行了问卷调查，一部分获得的资料本身就是数值形式的，如年龄、身高、体重等。还有一些尽管不是数值形式的，但可以很方便地转换为数值形式，如学历，可以将高中及以下转换为“1”，高职高专转换为“2”，“大学本科”转换为“3”，“硕士及以上”转换为“4”；将满意程度“非常满意、满意、不满意、非常不满意”分别赋予“4、3、2、1”的代码。

由于研究过程中的数据处理工作繁重，研究者往往需要多位助手协助其共同完成。为了避免造成误解和错误，研究者需要专门制定一份编码说明，在编码非常复杂的情况下，需要专门制定编码手册，以供实施编码的工作人员随时参考。一般而言，说明中应列出具体的问题或题目、编码的规则，以及可能的代码类型及其描述。例如，由北京大学中国社会科学调查中心（ISSS）实施的一项全国性、大规模、多学科的社会跟踪调查项目——“中国家庭追踪调查”（China Family Panel Studies，CFPS），就对职业、行业、疾病、行政职务、方言等文本信息的采集方式、数据资源以及编码规则进行详细的说明⑧。

（二）数据录入

在完成了初步的资料整理和编码后，研究者需要按照所采用分析软件的要求对数据进行录入。这一步的工作往往是由研究助手或专门的数据录入人员完成的。通常小规模的研究多采用直接录入的方式，由数据录入人员手动将搜集到的资料录入相应的软件中。另一种是通过专门的录入工具或计算机程序自动获得数据，例如通过读卡器读入答题卡的内容，通过专用扫描仪获得数据，通过计算机测试平台记录参与者的各项操作。一般而言，这类数据都采用专门的数据库管理软件进行储存，为了进行后续分析，需要将其按一定的提取规则和方式转录到相应的统计软件中。

---

① IBM（International Business Machine）公司的一款社会统计分析软件，全称为 Statistical Product and Service Solutions，即同级产品与服务解决方案，是目前社会科学领域最为常见的一款数据录入、整理和统计分析软件。

② JASP 是与 SPSS 相类似的一款开源免费的统计分析软件，具有免费、友好、灵活等特点。

③ Stata 公司（Stata Corp）的一款统计分析软件，提供包含全部统计分析、数据管理和绘图等功能。使用灵活、简单，速度快。

④ SSI（Scientific Software International）的一款用于多层数据分析的软件，全称为 Hierarchical Linear & Nonlinear Modeling。

⑤ R 软件是一款自由、开源的强大软件系统，能够进行统计分析、绘图和统计编程。

⑥ Amos 是 SPSS Statistics 软件包中的独立产品，是一款常用的结构方程（SEM）建模软件。

⑦ Mplus 是一款优秀的统计建模软件，能够为研究者提供广泛的模型、估计和算法的选择。

⑧ 详见中国家庭追踪调查文本编码技术报告。CFPS 官方网址：isss. pku. edu. cn/cfps.

无论以何种方式进行数据录入，研究者都需要在录入前进行细致的准备工作。例如，为手动录入人员制定详细的录入规则，为数据库管理人员提供详细的数据转换说明。表6-1是一份问卷背景调查部分的录入规则。

表6-1 ××幼儿园家长调查数据EXCEL表录入规则（背景部分）

项目	变量名	含义	类型	对应栏	答案赋值
学号	N	姓名	数字（3位）	1	第一位代表所属年级，第二位代表所属班级，第三位代表班级中的排序
题目1	Q1	性别	数字（1位）	2	1=女，2=男，0=缺失
题目2	Q2	年龄	数字（1位）	3	按照幼儿实际年龄填写，缺失填9
题目3	Q3	距离	数字（1位小数）	4	以千米为单位计算居住地与幼儿园之间的距离
题目4	Q4	家庭类型	数字	5	1=仅与父母居住，2=与父母、祖父母居住，3=仅与父亲或母亲居住，4=仅与祖父母居住，5=与父母一方及祖父母居住，6=其他

另外，在统计学中，依据测量尺度可以将变量分为定类变量、定序变量、定距变量和定比变量。其中，定类变量的值代表了事物的某个类别或属性，例如将性别划分为男性和女性两类。各类之间没有顺序和等级之分，因此不能比较各类之间的大小。定序变量亦称为有序分类变量，由于定序变量无法测出类别之间的精确差值，所以定序变量只能进行排序，而不能进行算术运算。定距变量一般以自然或物理单位为计量尺度，其数值或赋值间具有确切的等距关系。由于这类变量的测量结果往往表现为数值，因此计量结果可以进行加减运算。定比变量是测量尺度的最高水平，具有固定的绝对“零点”。定比变量不仅具有定类变量、定序变量、定距变量的所有特征，还具有可计算两个测度值之间比值的特点，因此该类变量可以进行加减乘除运算。由于上述四类变量的测量尺度不同，研究者在进行数据录入时还需要判断变量的所属类型，因为这会直接影响后续数据分析方法的选择和使用。

（三）数据清理

数据录入完成后还不能马上进入数据分析过程，这是因为，尽管制定了各种详细的编码和录入规则，但在数据整理和录入过程中仍然可能出现一些疏漏；在另一些情况下，录入数据的过程尽管没有出现错误，但原始数据可能存在无法辨认、超出可信范围、缺乏前后一致性等多种多样的问题；此外，还可能存在测试工具本身在印制或呈现过程中的各种问题。为了使录入的数据在最大程度上保持准确性，研究者还需要对数据进行细致的清理工作。

为了检验数据编码的准确性，研究者一般需要抽取部分原始的资料并将其与已输入的数据做对比检查。例如，研究者可以安排专人随机抽取适当数量的原始问卷，一一核对问卷中所填写的答案与数据表中的代码，随时提醒数据输入人员其工作质量，这样不仅可以检查数据输入人员对代码转换规则的理解是否正确，还可以大致了解输入的准确率。有时候，为了提高输入的准确性，一些研究者会采取双重输入的方法，由不同的输入者分别输入原始数据，然后比较两个输入数据，并核查其中不一致的地方。

数据输入过程中的错误可以通过培训数据输入人员、严格监控数据输入过程和多重输入等各种方法予以避免，但某些方面的数据错误并非来自输入和编码过程。例如，性别变量中仅有 1、2、0 代码分别对应女性、男性和未填写，而数据中却出现了 4，这显然超出了该变量的可信范围。在另一种情况下，问卷中有部分题目之间存在某种逻辑联系，而结果却明显不符合这种逻辑，也就是说数据缺乏一致性，这也需要进行清理工作。例如，一道题目询问学生家庭中是否有计算机，另一道题目询问家庭中计算机通常的用途。一些学生回答家庭中并没有计算机，却回答“在家中经常用计算机进行学习”。对于上述这些错误，研究者需要对照原始资料进行核对。如果原始资料确实错填，或者需要与数据提供者进行澄清，或者对其以某种合适的方式来处理。

除了上述两种可能的现象外，研究中还可能出现工具印刷或计算机呈现过程中的失误。这种情况是研究者需要尽力避免的，但如果确实出现，就需要进行相应的处理。例如，对于印刷错误的问题，要根据具体情况进行剔除、修订或通过赋予特定代码的方式予以处理。同样，对于计算机呈现错误、测试或调查过程中程序自动退出等问题，在数据清理过程中都需要进行适当的处理。

总之，数据的整理、编码、录入和清理工作是后续统计分析工作的基础，这些工作往往琐碎繁杂，工作量较大。研究者需要非常细致和审慎地完成这一工作，尽最大努力使最终呈现在分析软件中的数据与实际搜集的数据保持一致。

（四）遗漏值与废卷处理

在量性数据分析的过程中，对遗漏值和废卷的处理十分重要，这也是正式开展数据统计前必不可少的步骤。数据遗漏和废卷现象是十分常见的现象，发生的概率很高，因此很有可能造成后期数据处理的误差和失误，也可能造成资源与时间的浪费。对于遗漏值的处理，有很多种方式，主要是依据研究设计来判断。研究者可以将遗漏值设定为某个特定数值，以代表遗漏的情况。有时候“遗漏”或者“拒绝回答”很难从空白的问卷上分辨得出，而处理数据时也需要考虑这样的情况。

对于废卷的处理，研究者一般采用淘汰不良数据的方式。造成“废卷”的原因其实很多，问卷内容太长、排版方式不科学等，都会造成问卷填写人忽略了一大部分试题，造成大面积的遗漏，使问卷成为废卷。也可能填答者整张问卷只选一种答案或某个子维度只选一类答案，这样也是形成废卷的原因。这类恶意作答、胡乱选择的现象必须在正式处理数据前得到解决，以避免系统性的计算偏差。

二、描述性统计

描述性统计分析是将已获得的数据进行整理、归纳、简化和概括，采用相关统计特征量、统计图或统计表来描述数据特征或变量关系的基本统计方法。在教育研究中，常见的描述性统计特征量主要包括集中量、离散量和相关量。而平均值（*M*）、标准差（*SD*）、相关系数（*r*）则是研究中最常用的集中量、离散量和相关量。

（一）频次分布

描述性统计的第一步是将科学研究所收集到的数量庞大、杂乱无序的数据资料，采用适当的统计图表，条理性、直观性、系统性地予以呈现。频次分布表（frequency distribution）指次数分布的列表形式，能够简明清晰、条理清楚地呈现统计指标与被说明事物之间的数量关系。而频次分布图则是依据频次分布表所绘制的统计图，具有生动性、形象性的特点，常见的统计图包括条形图、直方图、圆形图、饼状图、线形图等。本节将重点介绍频次分布表的编制。

对原始数据的简单呈现，最直接的方法就是建立频次分布表（frequency distribution）。将原始数据根据一定的类别，报告其次数、累计次数、百分比以及累计百分比等信息，形成次数分布表。利用SPSS软件，可以很方便地得出这个结果。比如，在一个关于幼儿园大班幼儿自我评价行为的研究中，研究问题之一就是幼儿自我评价的依据，研究者将其分为内在依据与外在依据，并通过对幼儿访谈的结果进行编码，获得以下结果：统计结果显示，在三次结构游戏中，大班幼儿自我评价的两类依据的频率各有不同。频率统计表明，在第一次和第二次结构游戏中，幼儿的自我评价以内在依据为主；在第三次结构游戏中，幼儿的自我评价以外在依据为主（见表6-2）。

表6-2　三次结构游戏中大班幼儿自我评价依据的频率表

	第一次		第二次		第三次	
	频率	百分比	频率	百分比	频率	百分比
内在依据	67	69.8	54	56.2	39	40.6
外在依据	29	30.2	42	43.8	57	59.4
合计	96	100	96	100	96	100

又如，表6-3反映了某幼儿园家长对该园某一新举措的态度情况。行变量是态度特征，列变量是幼儿性别。单元格中的数字是家长人数。据此可以看出不同性别幼儿的家长对该项政策的赞成特征。

表 6-3　某幼儿园家长对该园实施新举措的态度

态度特征	男孩家长	女孩家长	合计
赞成	140（91.5%）	80（53.0%）	220（72.4%）
反对	13（8.5%）	71（47.0%）	84（27.6%）
总计	153（50.3%）	151（49.7%）	304（100%）

为了使表中的数据更容易显示两个变量之间的关系，通常会对变量频率进行百分比的转换，例如，男孩家长赞成的比例占 91.5%，而女孩家长赞成的比例是 53.0%，男孩家长反对的仅占 8.5%，而女孩家长反对的占 47.0%，可见男孩家长更为赞成该项政策。

在教育研究中，频次分布表的结构及编制具有特殊的要求。一般而言，统计表由表号、标题、数据、线条、表注等几部分组成。表的序号一般写在表的左上方或标题的前面，表达方式包括三种：（1）表 1、表 2、表 3……；（2）表 1-1、表 1-2 ……；（3）表 1.1、表 1.2……；等等。标题是表的名称，应确切地、简明扼要地说明表的内容，一般写在表的上方居中位置。表内数据必须准确、清楚，一律用阿拉伯数字，单位统一，位次对齐（居中），精确度要一致。线条是构筑表格的基础，常用的数据统计表有封闭式表、开放式表、三线表等。其中三线表是当前学术论文中比较主流的表格形式。表注一般用来注明数据的来源，以便查对，可用简短的小号字写在表的下面。

（二）集中量

集中量（measures of central location）是代表一组数据典型水平或集中趋势的量，是整个数据分布的最好或最典型的代表。例如，要想了解某一幼儿园大班、中班、小班等不同年龄段幼儿的身高、体重的水平差异，就需要分别对大班、中班、小班幼儿的身高、体重进行评估，并计算不同年龄段幼儿的平均身高和体重，这一平均值就是集中量。集中量可以避免单个观察对象由于无关因素的影响而造成的差异，反映频次分布中大量数据向中心值集中的趋势，因此能够代表群体的典型特征。

学前教育科研中常用的集中量有平均数、中位数、众数等。这三类集中量的计算原理不同，接下来我们将分别进行介绍。

1. 平均数

平均数又称算术平均数（arithmetic mean）。顾名思义，它是指所有观察值的和与观察个数相除所得的商数。在统计学中，通常用 M 来表示样本均值或 $\overline{X}$（读作 x-bar）。而现在的学术成果中常采用字母 M 作为均值的表示方法，其公式为

$$M=\frac{X_1+X_2+\cdots+X_N}{N}$$

式中，X_1，X_2，…，X_N 表示 X 的各个观察值，N 表示观察个数。算数平均数是最常

见也最容易理解的指标，广泛应用于多种统计分析中。通常情况下，如果我们收集到了所有观察值，就可以运用上述公式来计算其算术平均数。

然而，如果我们获得的是一种分类整理的频数分布数据，即我们知道各观察值范围和出现在相应范围内的观察个数，这时候就需要运用到加权平均值（weighted mean）。

$$Weighted\ M=\frac{X_1\times f_1+X_2\times f_1+\cdots+X_K\times f_K}{f_1+f_2+\cdots+f_K}$$

式中，X_1，X_2，…，X_K表示 X 的第 1 组到第 K 组的组中值，f_1，f_2，…，f_K表示第 1 组到第 K 组的观察值频数。

算术平均数简明易懂、界定清晰且反应灵敏，任何一个观察值的变动都会影响到算数平均数的大小。算数平均数还是进行多种统计分析如方差分析、相关系数分析等的关键统计量。然而，算数平均数也有一些缺点，如极易受到极端值影响。由于每个观察数据都要进入算数平均数计算公式，因此，一些极大或极小的值可能会明显影响到算术平均数的大小，从而使得算术平均数失去代表性。例如，研究中需要比较某幼儿园 A、B 两班幼儿的家庭收入水平差异，如果 A 班某幼儿家庭相对于其他家庭为超富裕家庭，那么就会使 A 班幼儿家庭的收入水平均值失真而不具有代表性。

2. 中位数

中位数也成中数，是按照确定的大小顺序排列的一组观察数值中间的一个数值。可见，中位数就是观察值的中间点，其两侧各分布了一半的观察值，也就是数值分布中刚好有 50%的数值高于或低于中位数。通常，中位数用 Md 来表示。如果观察值个数是奇数，那么中间位置的值就是中位数。如果观察值个数是偶数，那数列中间两个值的均值就是中位数。

例如，某 5 名中班幼儿的体重从低到高分别为 28kg、29kg、31kg、33kg、36kg，那么中位数 Md ＝31kg。另外，某 8 名小班儿童的身高从低到高分别为 93cm、94cm、98cm、103cm、104cm、105cm、106cm、108cm，其中位数就是中间两个值 103cm 和 104cm 的均值，即 Md ＝103.5cm。

与算数平均数类似，中位数也具有简明易懂、界定清晰、计算简单等特点，但中位数的可靠性程度不如平均数。另外，中位数不适合用来进行代数运算，也不能用来进行方差、相关系数等的分析。但中位数有一个较大的优势，即中位数对位于数列两端数值的敏感性不如平均数，所以它较少受到极端值的影响。因此，在一些社会经济统计中，经常会用到中位数。此外，中位数还多用于等级排列的观察值描述中。

3. 众数

众数也是一种常见的集中量指标，通常用 M_o来表示。众数就是一组数据中出现次数最多的数值。例如，以下 6 个数字 5、6、8、8、9、10 中，众数就是 8。当然，这是最为直接的观察方法。有时候，在一个数列中可能会出现 2 个或 3 个出现次数相同的数，那么，就可以说这组数据有双份众数或多峰众数。

众数的含义也非常简单明了，并且与中位数一样，它不易受到极端值的影响．但众数不稳定，代表性不好，而且它不能进行代数运算，也无法像平均数一样使用多个众数求出一个总的众数。因此，它通常被用于粗略地描述一组数据的代表值。

（三）离散量

要准确全面地描述一组数据，单靠上述的集中量还不够，还需要有离散量（measures of variation）来描述数据之间的分散或变异程度。也就是说，与集中量相反，离散量是用来描述一组数据之间离散或变异程度的量。离散量越大，表明数据分布范围越广；离散量越小，表明数据分布范围越小。常见的用来表示离散量的指标有全距、百分位距与四分位距、方差与标准差等。

1. 全距

全距又称极差，通常用 R 表示，是数据中最大值与最小值之间的差异值，即：全距＝最大值-最小值。依据这个定义，如果数值包含从 1 到 7 的值，其全距则为 6。极差非常容易进行计算，但它仅能粗略地表达数据之间总的差异情况，并且较多受到极端值的影响。数据单位不同的极差是不能进行相互比较的。

2. 百分位距与四分位距

百分位距表示两个百分位数的差值。百分位数表示按顺序排列的变量值在总体分布中的位置，例如我们前面讲的中位数就是一个特殊的百分位数，即第 50 百分位数。可见，百分位距代表的是总体中不同位置之间的差异程度。通常采用的百分位距有第 75 百分位数与第 25 百分位数之间的差异，还有第 90 百分位数和第 10 百分位数之间的差异，前者表示数据中间 50％个频数的离散程度，后者表示数据中间 80％个频数的离散程度。

第 75 百分位数与第 25 百分位数之间的差异又称四分位距（interquartile range）。四分位距越小，说明中间部分的数据越集中；四分位距越大，则意味着中间部分的数据越分散。四分位距不受极值的影响。此外，由于中位数处于数据的中间位置，因此，四分位距的大小在一定程度上也说明了中位数对一组数据的代表程度。

3. 方差与标准差

方差（variance）是每个数据与该组数据平均数之差平方后的平均数，是度量数据离散程度的一个重要统计量。而方差的平方根就是标准差（standard deviation，SD）。从方差和标准差的计算方法可以看出，它们是用来表征数据与平均数之间差异大小的指标。作为反映数据离散程度的统计指标，方差和标准差的值越大，说明数据的离散程度越大，数据分布较为分散；其值越小，说明数据的离散程度越小，数据分布则比较集中。

方差和标准差是统计分析中最常用到的离散量指标。标准差的计算公式如下：

$$S=\sqrt{\frac{\sum(X-\overline{X})^2}{N}}$$

其中，$X-\overline{X}$ 表示每个数据与平均数的差异值，N 表示样本量。

例如，某园小班 8 名幼儿身高分别为 102cm、98cm、98cm、96cm、101cm、96cm、94cm、95cm，要求计算他们身高的标准差。首先要求得平均身高值＝（102＋98＋98＋96＋101＋96＋94＋95）/ 8＝97.5，然后求得每个身高值与平均身高差值的平方和 20.25＋0.25＋0.25＋2.25＋12.25＋2.25＋12.25＋6.25＝56，平方和除以样本量后可得标准差为 56/8＝7，进而开方得到其标准差为 2.656cm。

标准差除了用于表示一组数据的离散程度外，还可以与平均数组合起来计算 Z 分数。Z 分数也常被称为标准分数，是原始分数与平均值之差除以标准差所得的数值，其计算公式为：

$$Z=\frac{X-\overline{X}}{S}$$

Z 分数能够表示一个数据在团体中所处的位置，可以用于比较两个或多个不同分布之间的差异程度。它表示分布中某个值与平均数之间的差异，但这一差异的单位是分布的标准差。Z 分数可以为正值，也可以为负值。当 Z 分数为正值，说明相应的原始分数高于平均值；当 Z 分数为负值，则说明相应的原始分数低于平均值。例如，假定我们也知道上面 8 个幼儿的体重分布，那么我们就可以比较他们各自在身高和体重上偏离平均值的程度。第一名幼儿的身高标准分数为（102－97.5)/2.656＝1.694，如果根据同样方法计算出她/他的体重标准分为 0.8，那我们就可以说，相比同龄儿童，这个儿童的身高和体重都偏高，相对而言，身高的偏离程度更大。此外，由于 Z 分数表示原始分数到平均数的距离等于几个标准差，如上例中该幼儿的身高 Z＝1.694，那么此结果就可解读为该幼儿身高高于同龄幼儿身高的平均值且距离等于 1.694 个标准差。

（四）相关量

无论是集中量还是离散量，通常主要反映的是一组数据本身的特征。但在研究活动中，往往需要了解不同变量之间的关系，例如，幼儿家庭空间教育活动与幼儿空间语言发展能力的关系，这时候就需要用到相关性描述。由于所获得的测量数据性质不同，所采用的描述方式也会有所区别，常见的用来描述相关特征的方法是相关系数和回归系数。

1. 相关系数

相关系数用来衡量两个变量相互变化的关系。它能显示两个变量关系的方向（正或负），呈现关系的形式（如线性关系）以及关系的强弱程度。与列联表不同，要进行相关系数的计算，至少需要两个变量是序列变量。当然，通常情况下，在教育领域研究中，采用相关系数描述的两个变量一般都是等距变量。因此，我们以两个等距变量的相关系数来进行说明。

皮尔逊相关系数（或皮尔逊积差相关系数）是最常见的相关系数，用来表示两个变量之间共同变化的特征。要计算积差相关系数，我们先将两组数据分别转换成标准分（Z 分数），这样一来，每个数据都转化为以标准差为单位的与平均数之间的差异值。然后，将对应的标准分两两相乘，用以表示它们变化的共同趋势大小。最后再将乘积总和除以数据对数，求得平均的变化趋势。上述过程用公式表示就是：

$$(\sum[Z\text{ 分数}_1][Z\text{ 分数}_2])/N$$

我们可以将公式依次精简并转化为用原始数据计算的公式：

$$r=\frac{\sum(x-\bar{X})(y-\bar{Y})}{\sqrt{\sum(x-\bar{X})^2}-\sqrt{\sum(y-\bar{Y})^2}}$$

在这个公式里，x 和 y 分别代表两个变量的测量值，两者的位置并不影响相关系数的大小，并且皮尔逊相关系数是一个从－1 到 1 之间变化的值，其中大于 0 的数字表示相关是正向的，小于 0 表示相关是负向的，当 $r=0$ 表示零相关。一般情况下，相关系数的绝对值低于 0.2 或 0.3 表示弱相关，0.3—0.6 表示中相关，0.6—0.8 表示强相关，0.8 以上表示高强相关。在此需要注意，相关系数的＋或－与相关的强弱程度是相互独立的，例如＋0.5 与－0.5 表示同等程度的相关。

除了常见的皮尔逊积差相关系数外，常见的还有用以表示等级次序变量之间相关关系的等级相关系数，如斯皮尔曼等级相关、肯德尔和谐系数，用以表示类别频数或等级频数分布相互关系的卡方（χ^2），以及用以表示一个分类变量（通常为两类）和一个等距变量之间关系的点两列相关。这里就不一一赘述。最后需要强调的是，相关系数只能反映两个变量的关系方向和密切程度，并不能反映两个变量间的因果联系。

2. 回归系数

回归（regression）从某种程度上可以视为一种相关关系，但与相关系数不同的是，回归表示的是一个变量随另一个变量做不同程度变化的单向关系，而非相关系数的双向关系。在学前教育研究中，我们往往会将某些变量视为可以变动控制的自变量，例如幼儿园教师的性别、年龄、职称、获得的社会支持等；相应地，我们会将另一些变量视为受到自变量影响而产生变化的因变量，例如幼儿园教师的职业认同、职业幸福感等。可见，在类似的研究中，研究者将自变量和因变量之间的关系假定为一种因果关系，这时，回归系数可以被看作因变量随着自变量变动而变动的程度。然而，回归方程与函数关系式具有明显的不同。函数关系式表征的是自变量与因变量之间确定的因果关系，而回归方程表示的是概率水平上的自变量与因变量之间不确定的因果关系。也就是说，回归方程只是近似地解释了自变量与因变量间的因果关系。进行回归分析时，可以只有一个自变量，也可以有多个自变量，对应的回归方程分别称为一元回归方程和多元回归方程；同时，因变量与自变量之间的关系可能是线性的，也可能是非线性的，分别对应一次方程和二次或多次方程。以最简单的一元线性回归为例，其方程可表示为 $\hat{Y}=a+bX$。这里 X 表示自变量，Y 表示因变量。a 称为截距，表示当自变量 X 等于零时，因变量 Y 的取值。b 称为回归系数，表示当 X 变化一个单位时，Y 变化的程度。

（五）标准分数

标准分数是将原始分数转化为不具有实质单位与集中性的标准化分数，能够更加真实地反映一个分数距离平均数的相对标准距离。最常用的标准分数是 Z 分数和 T 分数。以 Z 分数为例，标准分是以一个群体的平均分为常模，以标准差为单位构成的，即是以原始分与平均分之差除以标准差的商。经过 Z 分数转换后，具有平均值为 0、标准差为 1 的特性，具有相同的参照点和等距性，因此 Z 分数更加适合进行比较。Z 分数转换并不会改变原始的分布形状，即当原始分布为偏态时，Z 分数分布也会呈现偏态。如果某一变量的观察值呈正态分布，那么将其转换为 Z 分数后，就是标准化正态分布，也被称为正态化 Z 分布。SPSS 软件有专门的将原始分数进行转换的功能，可转换为 Z 分数、T 分数等。如原始分数并未呈现正态分布，也可通过对数转换等方式将原始数据转换成趋于正态分布的分数。

（六）描述性统计案例分析

通过描述性统计获得的结果也是一种非常重要的研究成果。特别是在一些调查研究中，将调查对象相关的特征以数据方式呈现，对得出研究结论具有重要作用。我们以李辉、罗文蔚和何慧华等学者的研究论文《父母屏幕成瘾与儿童屏幕成瘾的关系：一种链式中介模型》① 为例，对此予以说明。

该研究采用问卷法对 477 名 3～6 岁幼儿父母开展调查，旨在了解父母屏幕媒介成瘾与幼儿屏幕媒介成瘾的关系，进而验证父母焦虑与亲子关系在父母屏幕媒介成瘾和幼儿屏幕媒介成瘾的关系中所起的中介作用。因此，研究中首先对父母屏幕媒介成瘾、幼儿屏幕媒介成瘾、父母焦虑和亲子关系等四个核心变量进行描述性统计。该研究论文分别统计分析了上述四个变量的均值和标准差（见表 6－4）。通过这些统计量（均值±标准差）可以看出父母屏幕媒介成瘾、幼儿屏幕媒介成瘾、父母焦虑和亲子关系等变量的一般水平和离散程度。此外，如表 6－4 所示，研究者还采用了皮尔逊相关系数呈现了父母屏幕媒介成瘾、幼儿屏幕媒介成瘾、父母焦虑和亲子关系四个变量之间的相互关系。从表中可以看出幼儿屏幕成瘾与父母屏幕成瘾、父母焦虑正相关，而与亲子关系负相关。

表 6－4　各变量的描述统计与相关分析

变量	均值	标准差	1	2	3	4
1. 幼儿屏幕媒介成瘾	18.53	6.34	—			
2. 父母屏幕媒介成瘾	28.80	10.16	0.35**	—		
3. 父母焦虑	39.75	8.32	0.37**	0.34**	—	
4. 亲子关系	61.25	8.58	−0.49**	−0.36**	−0.54**	—

注：** $p < 0.01$。

① Li H，Luo W，He H. Association of parental screen addiction with young children's screen addiction：a chain-mediating model [J]. International journal of environmental research and public health，2022，19 (19)：12788.

三、推断性统计

与描述性统计主要用于对所获得的数据进行概括不同，推断性统计就是根据样本的情况推论总体的情况。总体的数量一般比较庞大，要测量总体中的每个对象通常不太现实，因此我们需要选出样本来代表总体。换言之，我们可以把样本统计量作为总体参数结论的基础。例如，当我们对某一年龄段幼儿的视力发育程度感兴趣时，我们可以通过抽取样本的方法来研究一部分幼儿的情况，进而根据研究的结论来推断这一年龄段幼儿总体的情况。可见，推断性统计非常依赖于样本与总体之间的关系，如何抽取样本，如何估计抽样误差，如何根据样本参数来检验有关总体的特征，这是我们讨论的重点。

（一）抽样分布

抽样分布是指样本统计量的分布，即通过从总体中抽取一定数量的随机样本得到的统计量的分布。本书前面有专门章节探讨了抽样的问题，尽管有多种多样的方法，但其根本目的都是在一定的限制条件下最大可能减少抽样误差，增强对总体特征的估计能力。在统计学上，抽样分布是一个理论的概率分布，它是统计推断的基础。而在实际的研究中，不会也不可能穷尽所有可能的样本，但通过借助抽样的概率分布理论，可以在一定范围内估计总体的特征量。

但是，样本只是总体的代表，只能呈现总体的有限信息，不能完美、精确地描述总体的情况。一般情况下，抽样过程中产生的样本统计量与总体参数之间会存在一定的差异，而这个差异就是抽样误差。标准误差是与抽样误差紧密关联的统计量，它是所有抽样误差的标准差。通过计算标准误差，研究者可以估计出总体参数的变动范围。很明显，如果样本量比较小；标准误差就比较大；如果样本量比较大，标准误差就比较小；当抽取了整体中的所有对象时，标准误差就变成零。

我们以平均数为例，来看抽样分布的特征。假定还以 3 名幼儿的身高为总体，我们每次从中抽取 2 名幼儿的身高为样本，一共可以抽到 3 组样本。分别计算 3 组样本的平均数，你会发现，样本的平均数都与总体的平均数存在一定的误差，有些比较小，有些比较大。同时，你会发现所有 3 组样本平均数的均值与所有幼儿的身高均值相等。基于同样的道理，当我们采用随机抽样的方法抽取所有可能的样本时，样本的平均数总会在总体平均数附近随机变化，并且会呈现出正态分布。

基于上述样本统计量的特征，研究者可以采用区间估计的方法来获得总体参数的变动范围。通常在教育研究中，研究者会采用 95%置信区间，这意味着，在 100 次判断中，仅有 5 次犯错误的可能。在一些情况下，也有研究者采用 99%的置信区间，这样犯错误的比例会减少到 1%。

（二）假设检验

前面我们提到，推断性统计就是通过样本的统计量来估计总体参数的过程。在一些研究中，我们仅需要了解总体参数的取值范围，而在大量的研究中，研究者希望通过对样本的研究来验证对总体的某些判断是否正确，后者被称为假设检验（hypothesis testing）。

假设是开展假设检验的前提条件。通常情况下，假设有两种类型，即零假设（或称虚无假设，可写为 H_0）和备择假设（或称研究假设，可写为 H_1），而且这两种假设是相互独立的。零假设就是有关样本总体参数的一种判断，认为当前样本所属的总体和假设总体之间没有差异，它通常是研究者希望推翻的假设。例如，一项关注幼儿园教师获得的社会支持与职业认同感的研究，其零假设为"幼儿园教师获得的社会支持与职业认同感之间并不存在相互关联"。与零假设相反，备择假设通常是研究者想要验证的判断，往往是研究者依据理论基础和已有经验，对研究结果预先提出的一个期望假设。例如，前述研究中的备择假设可以表示为"幼儿园教师获得的社会支持与职业认同感之间存在着相互关联"。综上而言，假设检验的推理逻辑就是"反证法"，如果能够证实零假设为真，那么备择假设为假；反之，备择假设则为真。

如前所述，根据概率分布的原理，样本平均数受到抽样误差影响会形成一个围绕总体平均数的概率分布。统计学上把拒绝零假设的概率称为显著性水平。在教育研究中，常用 $p\leqslant 0.05$、$p\leqslant 0.01$ 两种显著性水平作为判断零假设是否成立的标准。当我们采用 95%的置信区间进行统计决断拒绝虚无假设时，实际上有 5%犯错的可能性，即虚无假设为真而被拒绝。假设检验中将这类错误称为第一类错误。与其相应的还有第二类错误，即当虚无假设为假却被研究者接受。当然，无论是第一类错误还是第二类错误，都是研究者希望尽力避免的。然而，第一类错误和第二类错误之间是相互关联的，如果提高拒绝虚无假设的显著性水平，就会有更多的虚无假设被接受，也就是增加了第二类错误的可能。两者似乎很难达到一种理想的状态。在实际的研究工作中，我们可以根据研究结果可能造成的影响来合理地安排两类错误的显著性水平。假如采纳研究结论（拒绝虚无假设）可能带来非常大的益处，但不采纳也不会造成太大的后果，那么就可以适当降低第一类错误的显著性水平，反之亦然。

（三）常见的推断性统计方法

教育研究中的推断性统计方法在很大程度上就是进行参数的显著性检验（significant testing）。当概率值小于研究者设定的显著性水平（通常是 0.05，即 95%的置信区间）时，就要做出拒绝虚无假设的判断，相反，当概率值大于显著性水平时，就要做出接受虚无假设的判断（或者说拒绝研究假设）。常见的推断性统计方法有 t 检验、卡方检验、方差分析等。研究者在分析数据时，往往要依据数据类型（类别数据/定量数据）和数据总体分布情况来选择合适的推断性统计方法。这些常见的统计检验方法的选择依据见表 6－

5。由于各种检验方法相对比较复杂，要详细了解需要专门学习教育统计的课程，并且常见的统计软件均包含了类似的检验功能，这里仅做简单介绍。

表 6-5　常见的推断性统计分析方法选择

分析方法	功能介绍	一句话说明	数据类型
交叉（卡方）	差异关系	不同性别【X】人群是否抽烟【Y】的差异情况	X（类别）Y（类别）
方差分析	差异关系	不同收入【X】群体的身高【Y】是否有差异？	X（类别）Y（定量）
t 检验	差异关系	不同性别【X】群体的身高【Y】是否有差异？【X 仅 2 个类别，比如男和女】	X（类别）Y（定量）

注：表格节选自 SPSSAU 分析方法选择表（https：//spssau. com/helps/basics/methodchoice. html）。

1. t 检验

t 检验是最基本也是最常用的显著性检验方法，通常用于检验两组观测值的均值之间的差异是否显著。之所以被称为 t 检验，是因为它是根据 t 分布来确定抽样概率的。t 分布是由一系列的随机样本的 t 值构成的，会随着样本容量的变化而变化，样本量（n）越大，自由度（df）越大，t 分布就越接近于正态分布。例如，当样本量足够大时（超过 120），t 分布接近标准正态分布。使用 t 分布进行显著性检验时可以采用 t 值表。

t 分布主要用来对平均数进行显著性检验，依据检验原理，t 检验主要包括单样本 t 检验、独立样本 t 检验和配对样本 t 检验。单样本 t 检验用来检验样本均值与总体均值或某已知值之间的差异。独立样本 t 检验，通过检验平均数差异的显著性来确定两个组别所属的总体是否具有同质性。配对样本 t 检验用来检验两个彼此关联的样本的均值间的差异。t 检验还用在对相关系数、回归系数等的检验上，在这两种情况下，考查的虚无假设是相关系数或回归系数等于零，通过 t 检验来判断是否可以拒绝这一虚无假设，从而得出存在显著相关关系或回归系数显著的结论。以黄娟娟、李洪曾（2015 年）发表在《学前教育研究》杂志上的学术论文“幼儿园教师专业自觉现状与发展特点”① 为例，研究者就采用了 t 检验的方式进行了推断性统计分析。研究者指出：为了考察问卷的可靠性，研究者对数据采用统计分析软件 SPSS 17.0 进行了独立样本各因素分析。首先对“专业自觉总体”“专业自觉认识”“专业自觉动机”“专业自觉情感”“专业自觉行为”5 个方面按总分由低到高排序，确定第 27 和第 73 百分位数，然后将全部调查对象分为三个等级，即分成高、中、低三组，最后进行独立样本 t 检验，即对高、低两组对象每一项目的均数差别进行检验，各项目的区分度显著性检验结果显示都具有显著性意义（$p<0.05$，或 $p<0.01$）。而对这 5 个方面进行的质性信度系数 α 分析结果显示，问卷各分量表的信度（α 系数）在 0.85～0.91 之间，说明各分量表 α 一致性信度很高，具有一定的可靠性。对调查所得数

① 黄娟娟，李洪曾．幼儿园教师专业自觉现状与发展特点［J］. 学前教育研究，2015（8）：47－53.

据，全部采用 SPSS 17.0 统计软件进行整理和分析。

在这里，研究者以 t 检验的方式比较了高、中、低三组在每个项目上的均值，表明各项目均具有较好的区分度。此外，在比较不同学历、不同职称和不同地区教师专业自觉水平时，研究者也采用了 t 检验的方式，得出不同类别教师在专业自觉平均水平方面是否存在差异的结论。

2. 卡方检验

当我们想要了解两个或多个类别的群体是否服从某种分布时，就需要用到卡方检验（χ^2 检验）。卡方检验根据样本的频数分布来推断总体的分布。与平均数差异检验不同，χ^2 检验的数据并不需要其为连续变量，对样本总体的分布也没有服从正态分布的要求，并且，χ^2 检验不仅可以比较两个组别，还可以比较多个组别之间的差异。χ^2 检验不是对总体参数的假设检验，也不是对总体参数之间是否存在差异做检验，它主要适用于对总体分布的假设检验。

例如，当我们了解到某一样本中不同群体的比例时，我们可以提出关于总体中各类群体是否服从某种理论分布的假设。比如，男女生人数是否相等，优良中差各类学生比例是否符合 1∶2∶1∶1 的分布，等等。

在实际的研究中，χ^2 检验能够提供对有关群体分布较好的说明。我们以朱小虎、孔克勤的研究①为例。研究者在摘要中指出：研究采用 MBTI-M 版对 S 市 120 名吸毒者施测，发现吸毒者的人格类型分布与一般人有非常显著的区别，吸毒者在感觉（S）、情感（F）和判断（P）维度的分布显著地多于一般群体。吸毒者的机能类型主要是 SF 型，NT 型的非常少。吸毒者具有代表性的人格类型是 ESFP。

该研究需要分析特定群体的人格类型分布比例，为了得出研究结论，需要将吸毒者的人格类型分布与常态人群人格类型分布予以比较。因此，研究中多次采用了 χ^2 检验。我们仅举其中一例。研究者在比较吸毒者 16 种人格类型分布与一般人群的分布时指出：

对吸毒者的 16 种人格类型与一般人群的分布进行卡方检验，$\chi^2=99.785$，$p<0.001$，差异极其显著，其中，差异最大的依次是 ESFP、ISFP、ENTJ 几种。在人格内向与外向这一维度上，吸毒者与一般人群没有差异，我们将 SFP 组合与 SFJ 组合的吸毒者与一般人群中 SFP 与 SFJ 的分布进行了卡方检验，$\chi^2=15.54$，$p<0.001$。这表明，在 SF 组合的吸毒者中，有更多 SFP 的组合。

本例中，由于要比较吸毒者人群 16 种人格类型的分布比例与常态群体之间的差异，研究者采用了 χ^2 检验，并据此得出两者差异极其显著的结论。

3. 方差分析

在通常的研究中，研究者往往需要对三个或三个以上样本的均值差异进行显著性检

① 朱小虎，孔克勤．吸毒者整体人格探析［J］．心理科学，2007（1）：155－157.

验。显然，前面所介绍的 t 检验不能很好地满足这一研究需求。而方差分析（ANOVA）则可以对三个或三个以上样本均值的差异显著性程度进行一次性综合检验。方差分析的理论假设是，如果组和组之间是同质性群体，其方差应该是不存在差异的。如果差异很大，达到了统计上的显著性水平，就可以判断它们并非来自同一总体。方差分析使用的是 F 分布，因此有时也会被称为 F 检验。F 分布是一个右侧拉长的分布，也会随着样本容量的变化而变化。

研究者在选择方差分析时，首先要保证数据符合 F 分布的三个重要假设，即正态分布、变异的同质性和独立性，这也是选择方差分析的前提条件。因此，适合方差分析的各样本数据须是正态分布，样本方差相同（方差齐性），而且各样本是相互独立的随机样本。

我们选取孟祥蕊等人（2020 年）发表的《3～5 岁幼儿情绪调节策略类型倾向与执行功能的关系》[①] 为例说明方差分析在学前教育研究中的应用。该研究首先采用潜在剖面分析探索 3～5 岁幼儿情绪调节策略的类型倾向，并将其分为积极型、矛盾型、被动型、成长型四种类型。然后，研究者采用单因素方差分析，探索幼儿情绪调节策略类型倾向与其执行功能的关系。研究发现积极型、矛盾型、被动型、成长型幼儿在执行功能的四个维度上均存在显著差异：抑制自我调控[$F(3,467)=15.26, p<0.001$]、认知灵活性[$F(3,467)=15.06, p<0.001$]、元认知指数[$F(3,467)=11.55, p<0.001$]、总的执行功能[$F(3,467)=16.05, p<0.001$]。

总的来说，无论采取哪种统计推断方法，研究者都必须清楚这些结论都是基于概率分布获得的，因此都在一定程度上可能存在某种风险。当然，正确地使用统计推断方法、合理进行抽样和研究设计可以从一定程度上减少这种风险。

第二节 质性数据分析

质性的资料往往是以文本形式描述的人物、活动和事件。质性分析不需要像量性分析方法一样将研究资料以数字形式来表征。由于质性分析过程在很大程度上不如量性分析明确和可验证，这类方法常常遭到批评。然而，质性分析方法依然非常有用，并且随着各种质性分析方法的逐步完善和系统化，社会科学研究中对质性方法的应用也在逐步增加。

陈向明指出："质性研究方法是研究者本人作为研究工具，在自然情境下采用多种资料收集方法对社会现象进行整体性的探究，使用归纳法分析资料和形成理论，通过与研究对象互动对其行为和意义建构获得解释性理解的一种活动。"[②] 可见，与量化数据分析通

① 孟祥蕊，刘文，车翰博，刘方，胡文文．3～5 岁幼儿情绪调节策略类型倾向与执行功能的关系［J］．学前教育研究，2020（7）：14－23.

② 陈向明．质的研究方法与社会科学研究［M］．北京：教育科学出版社，2000：15.

常更关注验证某种假设不同，质性研究中的分析更为关心的是对研究对象形成某种理解，甚至形成某种理论建构。量化数据将生动鲜活的现实状况转化为单纯的数字表征，尽管质性研究也需要对搜集到的各类资料进行分类归总甚至编码，但往往会保留很多丰富的细节，展示更多过程性的内容，也倾向于描述更为复杂和细微的相互关系。

一、扎根理论

扎根理论是1967年格拉泽和斯特劳斯提出的专门针对定性研究的研究方法，主要是通过实际观察，获得原始研究资料，并通过归纳、概括经验，然后系统地提出某个理论的一套方法。这种研究方法的本质是在系统地搜集原始研究资料的基础上，发现事物之间的联系，并提出能够反映事物现象本质的核心概念，建构社会理论。其核心是研究者要从经验和事实中提取新概念。因此，扎根理论是一套自下而上建构理论的方法，在研究之前一般没有理论假设，需要在原始资料深入分析的基础上归纳出概念和命题，最终形成理论框架。

具体来讲，对资料进行编码是扎根理论的重要步骤，以确定概念类别以及各个类别的属性，然后通过比较和关联的方式，将这些类别联系起来，并勾勒出初步的理论。再返回去重新查阅原始研究资料，对建构的理论进行验证和不断优化，最终解决研究问题。

二、质性数据录入与整理

（一）数据录入和整理

很多量化研究中，研究者首先需要搜集数据，然后才进入数据分析过程。但对于质性研究而言，数据的搜集过程往往持续较长时间，并且与数据分析交织在一起。因此，无论采取何种质性研究方法，如观察、访谈、档案分析、作品分析、田野分析等，都需要不断地完善和充实自己的数据，同时要在理解的基础上对资料进行最合理的归纳与整理。因此，在质性研究中，整理资料和分析资料通常是需要同步进行的两种活动，因为整理活动需要建立一定的分析基础之上。所以在实际研究中，研究者不要将整理资料与分析资料作为完全相互独立的且前后相继的活动。

由于质性数据可能以多种媒介形式出现，通常需要将这些资料分门别类储存到计算机中。在大多数情况下，现场的观察和访谈可能有录音或录像的记录，也有观察记录和访谈记录，研究者应在力所能及的范围内尽量既保留原始录音和录像，又能够详尽地保留观察记录和访谈记录。在此要特别提醒，研究者应该在初步整理完各种原始资料之后，及时对这些最初的质性数据进行纸质复印或电子备份处理，以便今后查找所需。

有时候，质性研究者在研究过程中会产生一些即时出现的概念、想法或某种假设，有时会对自己的研究进行某种反思，有时会对自己使用的方法进行思考，这类资料对于研究同样重要。及时记录这些内容并在恰当的时间进行整理也非常有用。研究者可以采用书写备忘录的方式进行记录，也可以在观察或访谈记录等产生这些想法的原始资料上面加注。

无论是整理原始的研究数据还是完成备忘录，重要的都在于以某种方便检索和理解的方式将原始资料进行整理储存，方便后续的编码和分析过程。

（二）质性数据的编码

对原始资料进行逐级编码是扎根理论最核心的工作。编码并非质性研究独有的方法，在量化研究中，数字资料往往也需要进行编码。但两者存在很大的差异，量化数据的编码往往是根据一定的规则可以自动化进行的。而质性研究的编码则包含着大量的分析工作，编码分析的过程实际上就是研究者不断进行理解概括、不断推进研究进展的过程。

编码实际上是两个同时进行的过程，一是逐步减少资料，二是逐步对资料进行概括归类。通过编码，大量的原始资料被分解为一个个可以掌控的资料类别，各类资料之间的关系也逐步变得清晰和明确。而始终伴随这一过程的就是对资料的概念化。

质性研究者从资料搜集开始就在不断对其研究内容进行概念化。通过对搜集到资料的理解，研究者可以按照主题、概念或某种具有相似性的特征进行分类，这就是最基本的编码过程。在这一过程中，研究者可能会通过借鉴已有的某种理论来理解和划分搜集到的资料，也可能通过资料中反复出现的规律性内容逐步形成某种解释、概念甚至理论。当资料与既有的理论或解释形成冲突时，研究者需要思考可能的原因和解决的方式，通过不断地调整可能的理论或解释与实际资料之间的矛盾，逐步形成稳定的建构。

斯特劳斯等人曾界定了三种质性资料编码方式，分别称为开放式编码、轴心式编码和选择式编码①。这三类编码也就是我们熟知的一级编码、二级编码和三级编码。当研究者刚开始进行资料搜集和分析时，往往会采用开放式编码。他们往往会先设置一些主题，然后为资料进行编码。通过慢慢阅读田野记录、历史资料或其他内容，寻找重点内容、关键事件或主题，并予以记录。接下来，研究者会在记录卡片边缘或计算机记录文件中做标记，一般采用不同的颜色或其他类似的方法。在接下来的分析中，研究者可以创造新的主题，也可以改变这些最初的编码。如果能够以一种灵活的方式借助某种理论框架来进行编码，会更有帮助。尽管有些研究者建议开始编码时就使用一系列的概念，但往往是在阅读资料记录的过程中形成编码主题。因此，无论开始编码时是否按照一系列主题进行，开放式编码后，研究者都要制作一个编码主题名单。这对于看出主题、发现主题和建立主题之间的联系均有益处。

轴心式编码与开放式编码不同，从一开始，研究者就是从一组初步的代码或概念群开

① STRAUSS A，CORBIN J. 质性研究概论［M］. 台北：巨流图书公司，1997：117－135.

始的。采用这种编码方式，研究者更关心的是最初编码的主题而非资料。当然，在编码过程中会出现新的代码和新的想法，研究者要进行记录。但主要的任务仍然是不断审视和检验最初的代码。在不断地将各种想法或主题组织在一起的过程中，研究者逐步明确分析关键概念的轴心所在。在轴心式编码过程中，研究者要不断思考何谓因、何谓果、何谓条件、何谓相互作用、何谓策略、何谓过程，并寻找能够将它们组合在一起的类别或概念。他们可能经常会问：可以把现在的概念再区分成子维度或子类别吗？可以把几个紧密相关的概念合成一个更大的概念吗？可以把类别按时间、空间或与研究主题的远近进行排序吗？轴心式编码不仅能增强研究者对概念或主题之间联系的思考，还能产生新的问题。它能提示剔除某些主题或更深入地审视其他主题，它还能增强证据与概念之间的联系。

通过开放式编码和轴心式编码，研究者明确了研究项目的核心主题，接下来就要采用选择式编码了。选择式编码要求浏览所有的资料和前期的编码。在所有的资料搜集工作都结束后，研究者有选择性地使用那些能够说明主题、可进行比较和对照的个案。这一过程应该在研究者的概念已明确，并开始围绕核心构想进行整体性分析时才会开始。例如，在罗文蔚、何慧华和李辉等学者（2023 年）发表的学术论文《上海园长的数字领导力模型：一项基于扎根理论的研究》中①，研究者采用基于扎根理论的编码方法，对访谈数据进行了三个阶段的编码处理：开放式编码、轴心式编码和选择式编码。首先，开放式编码，全面分析了访谈记录，将与数字领导力概念相关的所有意义单元进行编码，生成了一个初步的主题列表，并为每个主题制定了简要说明或关键词清单。这个过程产生了 59 个初步编码的数字领导力概念。其次，轴心式编码，研究者重新分析了所有访谈内容，并对比了这些初始编码的描述，最终确定了 23 个主题。最后，选择式编码，涉及到对数据的重新编码和合并 23 个主题。过于狭窄的主题与相关主题合并，形成更广泛的定义；而过于宽泛的主题，将被拆分为两个不同的主题。最终，研究者确立了 12 个精炼主题和 3 个核心主题。选择式编码与开放式编码非常不同，它是在核心主题或概念的引导下进行的，需要研究者不断反思和重新组织前期已确定的主题，并需要同时探讨和分析多个不同的主题。其主要目的是在所有主题中找到一个统领性的核心主题，形成对庞杂资料的理论性把握。

（三）编码举例

为了帮助读者更加清晰地理解编码，接下来还以前文提到的一篇博士论文《幼儿园亲师关系质量研究》为例②。该研究采用质性研究初步建构幼儿园亲师关系质量模型，从而为幼儿园亲师关系质量问卷的编制提供现实证据。该研究分别对 6 名教师、8 名管理者和

---

① Luo W., He H., & Li H. Chinese Model of Digital Leadership in Early Childhood Settings: A Grounded Theory Study [J]. Early Education and Development, 2023: 1-15.

② 张晋. 幼儿园亲师关系质量研究 [D]. 重庆：西南大学，2020.

8名幼儿家长开展深度访谈，并采用扎根理论研究方法对由访谈录音转换而成的文本资料进行编码加工。

首先，对文本资料进行开放式编码。这一过程包括两大步骤：一是概念编码，即对原始资料进行完整阅读，并寻找研究对象自身的一些原生概念。二是次要范畴，即对原生概念进行分类整理。例如，家长访谈中的原始资料为“老师有时会主动来告诉我，你们家女儿最近表现怎么样？他有时候会和我沟通最近的表现，就是小朋友在幼儿园的表现。”这段原始资料的概念编码为“告知幼儿发展情况”，次要范畴为“信息对称”。

其次，在开放式编码的基础上进行主轴编码。研究者接下来对开放式编码进行关系分析并建立主要范畴。通过研究分析，将开放式编码形成的次要范畴最终归纳为结构维度、影响因素和影响结果三大主要范畴。例如，次要范畴“信息对称”归属于主要范畴“影响因素”。

最后是选择式编码阶段。研究者对主轴编码的结果进行系统分析，归纳出“家长亲师关系质量”和“教师亲师关系质量”两大核心范畴。通过将两大核心范畴相结合，最终形成“幼儿园亲师关系质量”这一中心议题，并在中心议题的基础上，形成以因果关系为脉络的故事线，进而构建出了“幼儿园亲师关系质量 TCS 模型”。

三、质性数据资料的分析策略

如前所述，质性研究中对数据资料的分析和整理是交织在一起的，很难明确区分何谓整理、何谓分析。之所以将两者分别论述，是为了行文方便。尽管资料的搜集大多都会持续很长时间，但对资料的分析一般可以分为初步浏览、整理编码、分析抽象、反思验证四个阶段。初步浏览阶段主要是对各种资料进行粗略的阅读和熟悉，使研究者再次进入研究现场，为后续工作提供基本的场景和思考空间。整理编码阶段是质性研究最为漫长和艰苦的阶段，研究者不仅要详细阅读和整理原始资料，对其进行可能的编码，还需要随时记录可能产生的各种思考和想法，并随着资料掌握和思考的深入，不断反思、整理和重构，最终形成一套清晰的内容框架并将资料分门别类予以整理。分析抽象阶段延续了整理编码阶段的概念体系，但更加关注概念之间的关系以及抽离出的理论与现实资料之间的调和程度，并关心这些概念体系与更上位的概念和体系之间的关系。当研究进入尾声，核心的概念和主题逐步清晰时，研究者仍需要反过来再次审视抽象的概念甚至理论与所搜集资料之间的关系，修正和弥补可能的缺漏和偏颇。

与量化分析大都有固定的方法不同，质性数据分析方法多样，且并不确定，在很大程度上依赖研究者的主体作用发挥，然而通过分析众多成功的质性研究，研究者总结了一些常见的分析策略，恰当运用这些策略会事半功倍。

（一）举例说明法

对于很多研究者而言，质性研究之前他们往往掌握了某些相关的理论并对这些理论进行了详细的比较分析，并且往往在研究初始阶段就已经选择了其中的某些理论或对现有理论进行了某种修订或补充。然而，这些理论很多时候都是抽象的或者从其他相关领域借鉴的，在所研究的领域缺少验证。

对于这类研究者而言，重要的是通过研究找到能够支持这些理论的资料和证据。一种可以采取的方式是对所持的理论模型进行足够详细的概念解释和适用说明，然后通过列举一个或多个典型的个案来说明理论模型的适用性。另一种方式是基于某种时间或空间的差异，同时列举分析多个个案，并基于这些个案之间内在的一致性来说明所持理论，并指出理论在具体时空中不同的表现特征。

（二）比较分析法

比较是基本的思维推理过程，也是基本的研究过程。在质性研究中，特别是对于研究初期缺少深入理论建构的研究者而言，由于资料本身的庞杂和研究者自身概念体系的不完善，通过比较寻找共同特征，发现差异之处，进而不断完善概念体系成为这类研究者最为重要的工作内容。基于 19 世纪英国哲学家密尔（John Stuart Mill）所提出的一致性和差异性比较的方法，形成了比较分析法。

一致比较法关注的是不同案例之间的共同之处。研究者找出具有同样结果的案例，接着试图为其找到共同的原因，当然这些案例可能在其他方面会有不同，但这不是重点。当研究者认为可能成为原因的某些特征并非所有案例共享时，这种特征就被排除了。这非常容易理解：只有所有案例共有的某些特征才可能成为共同的原因，这就是一致比较法的关键。

相对而言，差异比较法更难理解一些。这种方法可以单独使用，也可以与一致比较法配合使用。首先，找到那些具有许多共同特征但在某些关键方面不同的案例。其次，找到使这些案例具有相同结果和原因的特征，同时找到另一组在结果和原因方面不同的案例。这样，研究者就可以比较两组案例，找到那些没有出现相同结果，同时没有出现的相应原因特征，据此就可以发现可能的原因。

（三）理想类型法

韦伯的理想类型法是很多质性研究者经常使用的一种分析方法。理想类型就是有关社会关系和过程的模型或抽象认识①。这些模型或认识是纯粹的标准，数据资料或现实状况可以与其相互对照。理想的类型是人为构造且用于比较的，因为从没有现实状况能够拟合它。尽管如此，它仍然可以作为判断现实与其接近程度的标准。纽曼（W. Lawrence Neu-

① 纽曼．社会研究方法：定性研究与定量研究［M］．北京：人民邮电出版社，2010：467－468.

man）指出，很多研究者会将韦伯的理想类型与一致比较法相结合。尽管一致比较法关注的是实际个案间的共同之处，但比较也可以在实际个案与理想类型之间进行。就是说，研究者可以构造出一个理想的类型，然后再比较它与实际案例之间的异同。

（四）流程图法

质性研究者不仅可以对不同的个案进行比较分析，还可以根据事件发生的顺序进行分析。历史研究者长期以来关注对事件发生顺序的记录，而对于质性研究者来说，不仅要关注这种顺序，还要关注事件之间的前后关系。研究者采用流程图的方法不仅表征事件的先后次序，还试图理解事件之间如何相互关联。

以上介绍了几种常见的质性分析方法，但实际上质性研究的方法非常多，并且在很大程度上带有研究者个体的特色。然而，无论采取何种质性分析方法，质性研究者都在持续地进行理论与分析的互动。研究过程是一种开放的结构，当既有的模式、概念甚至理论与搜集的资料不相匹配的时候，需要不断地进行相互调适。同时，由于质性研究搜集了大量丰富生活的案例资料，研究者很容易迷失在具体的细节中而难以抽离，或者造成理论深度不够，或者造成理论过于依赖主观直觉。

四、质性数据分析案例

质性研究结果的撰写主要是采用“深描”（thick description）的方式。与定量研究比起来，定性研究更加关注潜在的框架与事件之间的联系、互相的影响以及经验的价值和意义。深描的方式具有解释性，能够具体阐述事件的来龙去脉，包括个体在事件中行为和思想的转变、潜在的态度等，而不是仅仅停留在对事件或环境的表面分析上。

在学前教育研究领域，经常会出现使用质性研究方法的教学研究。幼儿园的一线教师并不擅长设计实验研究，不擅长通过数理统计的方式得出研究结论，这样的结论也很难直接运用于幼儿园的日常教学情境。相反，幼儿园教师擅长从实际工作中提出研究问题，利用观察等方式来解决研究问题，因此，质性研究更加符合幼儿园教师的实际工作需求。目前也有越来越多的幼儿园教师尝试行动研究，以直接解决教学研究问题。但这里需要指出的是，定性研究并不等同于教学总结、教学反思和观察小结。在指导学生的过程中，经常有学生将幼儿园的观察小结等内容拼拼凑凑，希望利用这些工作中积累的材料来完成毕业论文。但教育科学研究的方法和过程更具系统性，需要缜密的设计和思考，需要投入更多的时间和资源，与实际工作中的反思与小结差别很大。例如，某研究者基于儿童的立场，采用参与观察法和情境访谈法收集了小班幼儿入园适应过程中的冲突与规约应对情况①。

① 林兰，高珠峰．小班幼儿入园适应过程中的冲突与规约应对：基于儿童立场的质性研究［J］．学前教育研究，2020（9）：23－38.

资料收集结束后，研究者运用质性资料分析软件 Nvivo 12 plus 分别对参与观察资料、访谈资料进行编码整理。质性数据分析部分的研究结果表述如下：

外显的行为表现常常是研究中最容易被观察到的现象。在本研究中，小班幼儿初入幼儿园后表现出了 4 种外显的焦虑行为，分别是：哭泣、自语、恋人恋物、拒绝参加班内活动（见表 6－1）。

表 6－1　幼儿分离焦虑外显行为表现编码

主题	类属	次类属	码号
幼儿分离焦虑的外显行为表现	哭泣	大声哭 瘪嘴/低声哭/默默哭 躲进午休室哭	(1) 紧抱妈妈的腰，放声大哭，哭到身体抽动。 (2) 冲爸爸妈妈离开的方向挥手，站在原地不离开。 (3) 一个人躲进午休室，没有脱鞋子就爬上了床，趴在床上，头埋进枕头里开始哭。
	自语	重复说 假想说	(1) 吃点心的时候，重复说："这是我的水杯，里面的水是我妈妈给我倒的，我喝完水妈妈就来接我了，爸爸也会来，外婆也会来。我妈妈还会给我买推土机、棒棒糖。" (2) 区域活动时，指着绘本上的画面跟同伴说："我妈妈带我去度假了，这是我，这是我的妈妈，这是我的爸爸，这是你的爸爸，这是你的妈妈。"
	恋人恋物	黏着家长/教师 拒绝放下自己带来的物品	(1) 入园，站在教室门口一直趴在爸爸身上，紧紧抱着爸爸哭泣。(1.2) 进入班级后，幼儿一直在 S 老师的旁边说"我要妈妈"。此后，S 老师走到哪儿，幼儿就跟到哪儿。 (2) 进入教室后，幼儿一直背着自己的书包和水壶不肯放下。对同伴说："书包是妈妈给我准备的，水是妈妈给我倒的，我要我的妈妈陪陪我。"
	拒绝参与班级活动	拒绝饮食/喝水/午睡 拒绝游戏 拒绝与人互动	(1) 午饭时间，坐在餐桌旁一直哭，嘴里说着："老师，我想睡觉，很困了，不要吃饭，我想回家。" (2) 早晨入园，爷爷走后，C 老师叫幼儿去玩玩具，幼儿说："我不想玩玩具。"自己坐在椅子上，两三分钟后开始哭。 (3) 整个上午幼儿都在哭泣，午餐前他自己进入午休室，躺在了自己的小床上。

如表 6－1 所示，尽管幼儿显露出的外显焦虑行为有 4 种，但其实质都指向了幼儿对原有家庭生活环境及依恋对象的不舍。小小的孩童，用自己的眼泪、哭喊述说着自身对原有环境的不舍，以及身处新环境的不安。

第七章

阶段五：撰写研究论文（步骤8）

撰写研究报告或研究论文是完成一项研究的最后一步，也是呈现研究成果最直接的方式。研究报告或研究论文在表述上要满足四点要求：第一，科学性。科学性是研究成果的生命所在，研究报告或研究论文在撰写中必须对文中使用的概念进行符合科学理论的阐释；理论观点表述正确、完整；论证要以事实为依据，材料可靠；统计方法恰当，呈现的数据与图表准确无误；对结论的阐述合乎实际，证据充分且符合逻辑推理。第二，创新性。创新性是衡量学前教育研究成果质量水平高低的重要依据。在研究论文撰写中，要独立思考，不能人云亦云，但提倡创新，并不是刻意追求文章全篇都是新东西，无视他人的研究成果，研究者需要正确处理创新与借鉴的关系。第三，规范性。规范性是实现学前教育研究信息处理与传播的前提需要，也反映出研究者严谨的治学态度和优良的写作修养。研究报告或研究论文的表述虽无定法，但有常规可循。在撰写时，要按照一定的格式，不能忽视最基本的规范要求。写作之前要有明确的计划和提纲，要根据研究的结构特点和逻辑顺序、研究课题的任务和内容来考虑表达的形式和表述的方式。第四，可读性。为了便于传播和交流，研究报告或论文在不损害规范性的前提下，尽可能使用简洁的语言；采用专门的名词术语时不能故弄玄虚；文字切忌带个人色彩，一般不采用比喻、拟人、夸张等修辞手法；不可把日常概念当作科学概念。一篇高质量的论文，不仅要有创见，也要讲究辞章，达到科学与文学、科学与美学的最佳结合。

本章主要介绍两种类型研究论文的撰写方式：第一种是学位论文（thesis）。主要针对需要完成学位论文的学生，重点论述如何完成研究报告（research report）式的学位论文。第二种是期刊论文。主要针对研究者或一线的幼儿园教师，介绍如何在完成研究后撰写期刊论文，发表自己的研究成果。

第一节　研究报告型学位论文的撰写

一、研究报告型学位论文的框架结构

一般而言，研究报告包括标题、正文、参考文献以及附录四个部分，学位论文的最后也包括致谢这一部分。标题部分包括论文的题目、作者、摘要和关键词，正文部分包括问题的提出、文献综述、研究设计、研究结果和讨论与总结，附录部分可以呈现研究者在研究过程中使用的研究工具、原始数据记录等，具体见表 7-1。

表 7-1　研究报告框架结构

题目
作者
摘要（200～300 字）
关键词：3～5 个
一、问题的提出（研究背景、研究目标、研究问题与研究价值等）
二、文献综述（核心概念的界定、国内外相关文献等）
三、研究设计（研究对象、研究设计、研究方法、数据分析方法等）
四、研究结果
五、讨论与总结（研究结论、对研究结果的讨论）
六、附录（问卷、观察表格、访谈记录、个案记录的照片、文档等）
七、致谢等

二、研究报告各部分的撰写

（一）题目、摘要与关键词

首先，研究题目要准确、简明扼要地反映研究问题。研究题目在表述上最好包括三个中心词，即研究对象、研究内容和研究方法。如果研究采用的是多种研究方法，题目可以写出主要的方法或不显示研究方法。另外，题目也是文摘、索引或题录等情报资料的重要组成部分，是查找文献资料的主要线索，所以，题目所用的每一个词语必须考虑到有助于选定关键词和编制题录、索引等二次文献，避免使用不常见的缩略词、字符、首字母缩写字、代号和公式等。

其次，摘要是研究报告必不可少的部分，也是很重要的部分，一般建议研究者最后完成摘要。摘要应具有独立性，即不阅读报告的全文，就能获得必要的信息。摘要的内容是研究报告全文的浓缩，一般包括研究问题、研究目标、研究内容、研究方法、研究结果和结论等，重点是结果和结论。摘要以文字为主，简明准确，正文中的图、表和公式等非文字部分一般不列入摘要，字数一般控制在 200～300 字。摘要是对研究报告说明性的介绍，多用客观表述的方式如实报道，不作主观评价，增强客观效果。有时读者在阅读文献时会先看摘要，再决定是否采纳这份文献，甚至有些读者只看摘要，因此，摘要虽然字数不多，但其重要性不言而喻。

最后是提出关键词，关键词一般 3～5 个为宜。关键词一般都是本研究的核心概念，有时也会将研究对象作为关键词，一般会在正文部分对关键词进行界定。因此，在选择关键词时需要采用科学的学术术语，便于使读者迅速了解研究的主要内容，且为文献标引和检索提供方便。在排列上，通常依概念的由大到小或论述问题的先后顺序。

（二）正文部分

研究报告正文的第一部分是“问题的提出”。在此部分，研究者需要交代研究背景、研究目标和研究价值等内容。研究背景可以从宏观的社会热点、政策背景这个角度探讨，也可以从自己所关注的一线实践中产生，还可以从相关的理论研究中分析。研究目标的表述可以相对微观，直接进入本研究的主要内容。最后探讨一下研究的价值，研究价值部分就是探讨研究的意义，回答“为什么要进行这项研究?”这个问题，可以从理论价值和实践价值两个方面来讨论。理论价值也称学术价值，主要是指该研究在解释教育现象的本质特性方面的价值，以及在补充、完善与深化现有科学理论方面所产生的影响与意义；实践价值也称应用价值，主要是指该研究所提出的全新的或者更为有效的实践方法，以及在改善现有行动策略、提高教育质量和效益、促进儿童和教育者的发展等方面的价值与影响。撰写研究价值时，理论意义与实践意义均需要涉及，但也可以根据研究课题的实际情况有所侧重。

正文的第二部分为文献综述。文献综述的撰写在本教材的第三章中有十分具体的要求，这里不再赘述。需要向研究者说明的是，核心概念的界定可以放在此部分，也可以单独成为一个部分。另外，有些研究者采用了先阐述文献再提出研究问题的方式，理由是先阐述文献综述，才能更科学、准确地梳理出研究问题，因此这种方式也可行。

正文的第三部分一般是研究设计或者研究方法。在此部分研究者首先需要交代研究对象。研究对象分为两类：一类是个案研究的研究对象，“个案”不一定是一个个体，也可以是一所幼儿园，或者几个个体组成的一个小群体。因此，在对此类研究对象进行阐述的过程中，还需要补充说明选择这一个案的理由与过程，并且大致阐述此个案与本研究相关的特征，如果需要，也可说明其家庭结构或教养人的特征等相关信息。另一类是实验研究或调查研究的研究对象，需要从总体中抽取样本来获取研究对象。对该部分的阐述，需要研究者说明抽样的方式，或者所获取样本的方式，同时还需要报告样本容量以及样本的人口学特征，如年龄（教龄）、性别、受教育程度、收入水平、职业等。这个部分的报告内容与搜集的数据质量密切相关，比如在某个家长问卷中研究者想搜集家庭收入水平的数据，但由于大部分样本并没有提供此信息，则无法汇报该部分的情况。

其次介绍研究设计或者研究方法。这里有两种情况：一种情况是研究者采用了实验设计的方式进行研究，那么在此部分要阐述清楚设计方案，比如是否设置实验组与对照组、实验控制的手段或策略是什么、实验程序如何进行等；另一种情况是没有实验设计，但需要通过多种方式搜集资料或数据，比如运用问卷法、观察法与访谈法等，那么就要说明每种方法的设计思路、具体内容以及实施细节等。如使用观察法，则需要列出观察提纲，即明确观察什么、怎么观察、记录哪些内容。若使用到专门的测量工具，则需要说明该测量工具的出处、具体内容和此工具在先行研究中的信效度，来论证该工具的科学性与适宜性。一般在此类量性研究中，研究者还会汇报该测量工具在本研究中的信度——克伦巴赫 α 系数。而质性研究也需要在研究设计部分汇报使用的研究方法，比如个案分析法、历史分析法等。此部分的最后，需要说明数据整理与分析的途径。无论是质性研究还是量性研究，都需要说明数据分析的工具与策略。一般来讲，量性研究需要说明使用的统计软件，比如 SPSS、SAS、R 语言等，并针对研究假设提出统计的方式。质性研究也可以使用相应的数据处理工具，比如 Nvivo 软件等，还可以说明如何将原始数据进行转录、如何对描述性的文字材料进行编码、分类处理等。

研究设计或研究方法是最能体现研究者水平的环节，设计的合理与否直接关系到研究的可行性与创新性水平。此部分的撰写一般来讲比较容易出现“过于简单”的问题，如研究程序交代不清楚、研究工具描述不具体、研究方法阐述不严谨等。研究者需要交代清楚自己的研究设计思路、方法与研究过程，最好的效果就是其他研究者在阅读了此部分后能够复制此研究。

正文的第四部分为研究结果，主要是呈现数据分析的结果。在量性研究中，可以针对每个研究问题或假设搭建汇报结果的框架。首先汇报描述性统计的结果，比如平均值、方差和标准差等；然后汇报假设检验的统计结果，并通过图或表的形式来比较直观地呈现研究结果。图或表的使用要根据一定的格式要求，按文中出现的顺序，为附图或附表排定数字顺序，如图 1、图 2，表 1、表 2 等，注意图与表的序号应分别排定，不能混淆。另外，不能因为使用了图、表就完全放弃文字描述，还要用简明、规范的语言（包括统计术语）对图表进行解释和说明，且要与研究假设和问题相联系。呈现研究结果时，作者要根据读者的水平来确定是否要恰当地介绍一些统计学的知识，如果是用计算机程序处理资料，就要说明所用软件系统的名称及来源，或自编程序的可靠性根据。质性研究的研究结果是根据对质性数据进行编码、分类等得出的问题框架，再分别进行阐述与分析，分析过程中最好能提供案例或者原始数据（比如访谈的回答等）来增加论证的力度。研究结果部分不宜掺入研究者的主观议论、讨论，以及其他人的研究结果，不宜评述研究结果的内在含义。结果部分需要的只是客观地描述事实与数据，评论应放在讨论部分展开。

正文的第五部分，也就是最后一个部分是讨论与结论或讨论与总结。这个部分首先要总结研究所得出的重要结论，通常是以罗列的方式来撰写。而讨论的部分是对为什么会得出这样的结论进行分析，通常会与先行研究的研究结果进行比较，来讨论产生异同的可能原因。此部分还会讨论本研究的不足之处，比如研究对象采集上的缺陷、研究设计或研究方法上的不足等，以及在此研究的基础上所得出的今后的研究方向等。此部分的撰写要切实地与研究结论相联系，而不是宽泛地提出一些建议或原则。

（三）参考文献部分

参考文献主要是指作者在论文撰写过程中阅读过的、对研究具有一定借鉴价值的文献资料，包括电子文献与网站信息。注释的呈现方式一般分为脚注（页末注）和尾注（文末注）两种。脚注是将引文出处置于当页的下方，直接引用的文献一般采用脚注的方式；尾注是将引文出处置于全文后部，尾注一般罗列间接有借鉴价值的文献资料。在正文中，需要按照引用顺序用阿拉伯数字编号。有时引文不是来自原作者的文章，而是来自他人的文章，即引文的引文，则应注明“转引自”字样。由于专业的特殊性或国际惯例，参考文献的写法要根据各学校或专业学位论文的具体要求而定，并不是完全一致的。具体的格式一般按照引用文献的类别有所不同，主要分为图书著作、学术期刊、报纸、学位论文与电子文献这几类。

（四）附录与致谢

附录不属于正文，是对正文的补充，一般学位论文的附录会包括有呈现与补充价值，但又无法在正文中阐述的内容，比如研究使用的问卷、访谈提纲、观察评定表格、访谈实录、测量工具、活动计划、教材与教案、原始的数据搜集文档、计算程序、统计表格等。这些内容可以保障论文的完整性，又不会损坏论文的精练与条理。

致谢的部分往往是学位论文的最后部分，也是研究者表达对完成此研究有直接贡献及帮助的人士和单位表示感谢的部分。要完成一项研究极有可能需要来自不同方面的帮助、支持与鼓励，因此，致谢的撰写是表达研究者对各方面感激之情的机会。撰写时言辞应该恳切，实事求是，尽量指出具体的人提供的具体的帮助。

第二节　研究论文案例分析

一、本科学位论文案例分析

以下为某直辖市市属高校的本科生毕业论文案例（见表 7 - 2），主要的结构包括以下几个部分：

√ 封面（论文题目是：大班幼儿视角下的“父职画像”及其特征研究）

√ 中文摘要、关键词

√ 英文摘要、英文关键词

√ 目录
√ 正文
√ 参考文献
√ 附录
√ 致谢

表 7-2　本科学位论文实例分析

实例	评析
大班幼儿视角下的"父职画像"及其特征研究 **封面（略）**	论文题目要精炼，能够高度概括研究对象、核心概念等
摘要：父亲参与教养是近年来家庭养育的重要研究议题。本研究以幼儿园大班幼儿为视角，收集和分析幼儿的"父职画像"，旨在从幼儿内心深处感受和体验理想父亲的角色表现，尝试了解"父职画像"的特征，为父亲在家庭教育中的表现提供合理的改进建议。 本研究选取上海市示范性J幼儿园的一个大班的30名幼儿作为研究对象，采用访谈法和绘画作品分析法相结合的研究方法。从外在形象、内在品质和陪伴行为三个方面分别从外表、情感、性格、能力、言语和动作这六个维度收集了30名幼儿的"父职画像"。通过主题编码的方式对幼儿的访谈结果进行分析，并对其相应的绘画作品要素进行作品分析。 通过调查研究，结果显示：幼儿心目中的"父职画像"是：身材高大匀称且衣着多变的爸爸，他的性格有趣且有耐心，在工作上很能干，在生活中也无所不能。爸爸能够常常陪伴和帮助孩子，喜欢与孩子好好地沟通，愿意和孩子一起玩游戏和互动。 通过分析幼儿心目中的"父职画像"，研究者发现幼儿的"父职画像"的特征是：父亲能够做到"外在美"和"内在美"的统一；幼儿提出的期望具有从希望转变为现实的可能性；幼儿能在亲子活动中获得归属感和自我价值感。	摘要部分应涵盖研究背景、研究目的、研究设计、研究结果和研究意义等内容
基于已有调查与分析，研究者认为，"父职画像"的特征能够直接地为父亲教养幼儿提供改进建议，幼儿视角下父亲角色的教育建议为：温暖陪伴是前提、善于倾听是良方、亲子共长是目标。 **关键词**：幼儿视角；父亲角色；父职画像 Abstract（略） Keywords（略）	关键词可从题目、研究内容、研究结论中析出，数量应控制在3～5个
目录 一、研究背景 …… 1 二、文献综述 …… 1 （一）核心概念界定 …… 1 1. 父亲角色 …… 2 2. 父职画像 …… 2 （二）关于角色期望的研究 …… 2 1. 关于外部期望的相关研究 …… 3	

续表

实例	评析
2. 关于自身角色期望的相关研究 …………………………………… 3 3. 外部和自身期望对比的研究 …………………………………… 3 （三）关于父亲角色的理论研究………………………………… 4 1. 父亲角色研究的发展阶段 …………………………………… 4 2. 父亲角色的相关理论 ………………………………………… 5 （四）关于父亲角色的实证研究………………………………… 6 （五）问题提出…………………………………………………… 7 三、研究方法 ……………………………………………………… 8 （一）研究对象…………………………………………………… 8 （二）研究方法…………………………………………………… 8 1. 半结构访谈 …………………………………………………… 8 2. 绘画作品分析 ………………………………………………… 8 （三）数据分析…………………………………………………… 9 四、研究结果 ……………………………………………………… 9 （一）幼儿对父亲角色的外在形象的期望和特征……………… 9 1. 形象期望："高大上" ………………………………………… 9 2. 期望特征：向美而生，主动求变 …………………………… 12 （二）幼儿对父亲角色的内在品质的期望和特征 …………… 12 1. 情感期望："遮风挡雨" ……………………………………… 12 2. 性格期望："和蔼可亲" ……………………………………… 15 3. 能力期望："超人爸爸" ……………………………………… 16 4. 期望特征：内外兼修，完美无瑕 …………………………… 18 （三）幼儿对父亲角色的陪伴行为的期望和特征 …………… 18 1. 言语期望："谈笑风生" ……………………………………… 18 2. 行为期望："亲密无间" ……………………………………… 20 3. 期望特征：心有所属，价值认同 …………………………… 22 五、总结与讨论…………………………………………………… 23 六、研究不足……………………………………………………… 24 七、教育建议……………………………………………………… 24 （一）温暖陪伴是前提 ………………………………………… 25 （二）善于倾听是良方 ………………………………………… 25 （三）亲子共长是目标 ………………………………………… 25 参考文献…………………………………………………………… 26 **正文**（节选） 节选一：问题的提出部分 二、文献综述 （五）问题提出 综上所述，国内外已有不少关于角色期望的研究，且对象不同，视角丰富，对社会各行各业角色的认知和完善起到重要作用。另外，从古至今国内外对父亲	目录一般涵盖三级标题，排版时应注意字体、字号、行间距的合理性与美观性。建议采用 word 自动生成目录

续表

实例	评析
角色的研究不仅内容众多，而且意义重大，其突破了父亲在家庭角色中单一的养育者的角色认知，使社会及父亲自身从更多方面观察和了解父亲的角色和职能。然而现有的研究也有不足之处：第一，研究者发现先行研究多为社会或父亲自身对于角色期望的评价和看法，很少有从幼儿视角出发，表达对父亲真实的看法和需求，父亲难以了解角色对应的幼儿本身对于父亲角色的真实期望，从而提升父亲的教养质量；第二，现有的研究方法比较单一，缺乏直接证据和一手资料。 因此，本研究以幼儿为视角，半结构化访谈其对父亲的真实看法和需求，同时收集幼儿心目中理想的“父职画像”，即是幼儿心中期待的或者喜欢的父亲的外在形象和内在品质以及在亲子活动中的陪伴行为。其中，外在形象期望即“外形”一个维度，内在品质期望包括“情感”、“性格”和“能力”三个维度，在亲子活动中的陪伴行为期望包括“言语”和“动作”两个维度。本文将从以上六个维度来具体直观地了解幼儿对于父亲角色的期望，通过“父职画像”的一手资料，结合访谈法进行数据分析，进一步了解和分析父职的缺失，提出改进方法，希望为父亲更好地教养幼儿提供帮助。研究问题如下： 1. 在幼儿心目中父亲的外在形象期望是什么？幼儿对于父亲外在形象期望的特征是什么？ 2. 在幼儿心目中父亲的内在品质期望是什么？幼儿对于父亲内在品质期望的特征是什么？ 3. 幼儿心目中对于父亲在亲子活动中陪伴行为的期望是什么？幼儿对于父亲陪伴行为期望的特征是什么？ 节选二：研究结果部分 四、研究结果 （一）幼儿对父亲角色的外在形象的期望和特征 1. 形象期望：“高大上” 在外形维度，幼儿的父亲角色期望主要表现在身高、体型和衣着。首先，幼儿的“父职画像”的第一点是身高要高。在绘画前对幼儿访谈的过程中，研究者首先问幼儿“爸爸的外形是什么样子的？长得是高高的还是矮矮的？”几乎所有孩子都说爸爸长得是高高的。比如： 研究者：你们的爸爸都这么高吗？ 幼 1：我的爸爸很高，他比我高多了，比妈妈还高！（见图 1） 幼 2：我的爸爸很高，他能保护我！（见图 2） 幼 3：我的爸爸不高，妈妈长得更高。 研究者：你希望爸爸在外形上有什么变化吗？ 幼 3：我希望爸爸再高一点，要比妈妈高。 在绘画时，很多孩子会把爸爸画得顶天立地，有的甚至比建筑物还高。 研究者：爸爸旁边的是什么建筑物？ 幼 4：是金茂大厦和东方明珠！（见图 3） 研究者：金茂大厦和东方明珠是不是很高呀？ 幼 4：是的，我之前和爸爸去过了，我以后还想再让他陪我去。	正文部分一般包括研究背景、文献综述、研究方法、研究结果、结论与讨论、创新点与研究不足、教育建议等

续表

实例	评析
研究者：爸爸比金茂大厦还要高啊，你的爸爸真的有这么高吗？ 幼 4：是的，我的爸爸可高了，他比房子还高，他是工程师，会盖房子，他可厉害了！ 由此可知，孩子们大多都觉得自己爸爸长得很高，觉得爸爸长得高是可以来保护自己的。并且会将爸爸和妈妈的身高进行对比，也会将爸爸的身高和自己进行对比，希望长大了以后和爸爸一样高。基于大班幼儿的身心发展水平，孩子们的“父职画像”是高大强壮的，因此希望父亲长得比母亲高，即使有些孩子父母的现实情况是母亲较高，孩子的理想父亲形象依旧是希望父亲能够更加高大。  图1  图2  图3 **参考文献**（略） **附录**（略） **致谢**（略）	参考文献应注意数量不可过少，格式要正确。最好是最近几年的高质量的权威文献 研究中所使用的问卷、量表、访谈提纲、观察记录表等应放置在附录部分

二、硕士学位论文案例分析

以下是上海师范大学教育学院学前教育专业硕士学位论文案例分析（见表 7－3）。

表 7－3　硕士学位论文实例分析

实例	评析
母亲教养知识、亲子互动质量与婴幼儿社会情绪能力关系的研究 **摘要**：随着我国“全面二孩”政策的放开，越来越多的家庭选择生二孩，新生儿人口数将迎来新的高峰。家庭是婴幼儿成长的主要场所，早期家庭教养质量对婴幼儿今后的人生发展轨迹有着深远的影响。其中，母亲的教养知识、亲子互动的质量都对婴幼儿今后的发展发挥着直接或间接的作用。近年来，国外对儿童社会情绪能力的研究热潮引起了人们对婴幼儿社会情绪能力的广泛关注，不少研究者受布朗芬布伦纳的生态系统理论的影响，将视角投向了构成婴	摘要部分要介绍研究背景、研究目的、研究方法和研究结果

续表

实例	评析
幼儿发展微观系统中的家庭。基于此，本研究以上海地区为例，旨在探究母亲教养知识的现状、母亲教养知识对婴幼儿社会情绪能力的影响，母亲教养知识对亲子互动质量的影响、亲子互动质量对婴幼儿社会情绪能力的影响，以及母亲教养知识对亲子互动质量与婴幼儿社会情绪能力的调节作用。 本研究分为两个研究：研究一主要通过问卷调查的方式对 244 名月龄为 12～36 个月的婴幼儿母亲进行评估，探究母亲教养知识与婴幼儿社会情绪能力的关系。研究二则通过问卷调查法与观察法相结合的方式考察母亲教养知识、亲子互动质量与婴幼儿社会情绪能力的关系。结果表明：(1) 母亲教养知识总体处于中等偏下水平，且与母亲学历、家庭月总收入显著相关。(2) 母亲的教养实践知识与婴幼儿社会情绪能力各纬度及总分均呈显著正相关，而母亲的发展规律及里程碑知识方面的知识与婴幼儿注意力、模仿或游戏、求精动机、移情、总分均呈显著正相关，进一步回归分析结果表明，母亲教养实践知识可以预测婴幼儿注意力、模仿或游戏、求精动机、移情、亲社会同伴关系及社会情绪能力总分。(3) 母亲的亲子互动质量各纬度得分及总分均高于平均值，说明亲子互动质量处于中等偏上水平，其中母亲在情感支持策略上的平均得分最高，在回应性策略上的得分最低。(4) 母亲的教养实践知识能调节回应性策略对婴幼儿求精动机的影响，当母亲教养知识较高时，回应性策略能够显著正向预测婴幼儿求精动机。 **关键词**：婴幼儿；母亲教养知识；亲子互动质量；社会情绪能力	
目录 第 1 章 绪论（略） 1.1　研究背景 1.2　研究意义 1.3　核心概念的界定 第 2 章 文献综述（略） 2.1　父母教养知识的相关研究 2.2　亲子互动的相关研究 2.3　母亲教养知识与亲子互动质量的关系	正文的绪论、文献综述与研究设计也是开题报告中的核心内容
2.4　影响婴幼儿社会情绪能力的因素 2.5　总结与研究内容 第 3 章 研究一：母亲教养知识与婴幼儿社会情绪能力关系的研究（略） 3.1　研究目的 3.2　研究设计 3.3　数据分析 3.4　研究结果 3.4.1　共同方法偏差检验 3.4.2　1～3 岁婴幼儿母亲教养知识现状 3.4.3　人口学特征与母亲教养知识的关系 3.4.4　母亲教养知识与婴幼儿社会情绪能力的关系 第 4 章 研究二：母亲教养知识、亲子互动质量与婴幼儿社会情绪能力的关系研究（略）	研究结果部分呈现对各个研究问题的探究结果，包括呈现统计数据与质性案例
4.1　研究目的 4.2　研究对象 4.3　研究方法 4.4　研究结果	讨论部分罗列主要结论并对结论进行分析与探讨

续表

实例	评析
4.4.1　亲子互动质量的描述统计 4.4.2　母亲教养知识与亲子互动质量的相关关系 4.4.3　亲子互动质量、母亲教养知识与婴幼儿社会情绪能力的相关关系 4.4.4　母亲教养知识的调节效应分析 第 5 章 总结与讨论（略） 5.1　研究结果的总结 5.2　研究结果的讨论 第 6 章 研究不足与展望（略） 6.1　研究存在的不足 6.2　进一步的研究方向 参考文献 附录 致谢	

资料来源：李雪莹．母亲教养知识、亲子互动质量与婴幼儿社会情绪能力关系的研究［D］．上海：上海师范大学，2018.

三、期刊论文案例分析

期刊论文的撰写与毕业论文不太一样，其实每一本学术期刊都有其发表的偏好，包括研究领域的偏好、格式的偏好以及审稿偏好等。我们也很鼓励愿意将自己的研究进行发表的本科生尝试期刊论文的投稿，并一步一步接受审稿人的修改意见，进行修改和说明，并使其文章最终得到发表。当然很多时候，我们的稿件会被拒收，这也是学术发表常见的现象和每一位学者必须要面临的考验。以下从论文的结构出发，介绍一篇发表在《学前教育研究》上的学术论文，作为学前教育领域高水平期刊论文发表的样例（见表 7－4）。

表 7－4　期刊论文实例分析

实例	评析
看电视对幼儿执行功能的即时与长时影响 ——基于一项追踪研究的发现 熊怡程　喻昊雪　刘玉平　李　卉 （华中师范大学教育学院，武汉 430079；华中师范大学幼儿园，武汉 430079） 摘要：执行功能是幼儿诸多方面发展的心理基础，电子媒体对幼儿执行功能的发展有着重要影响。本研究采取间隔 6 个月、持续 1 年的追踪设计，利用交叉滞后分析，验证看电视对幼儿执行功能的即时与长时影响。结果发现，随着时间的推移，幼儿 12 个月后的执行功能得分显著高于幼儿在研究开始时和 6 个月时的执行功能得分；在研究开始、6 个月和 12 个月这 3 个时间点上，幼儿周末看电视的时间都显著多于平时；在这 3 个时间点上，幼儿每周看电视时间均与其执行功能呈负相关，表明看电视对幼儿执行功能有即时的消极影响。为保护幼儿的执行功能不受电视的即时负面影	摘要部分要梳理出论文的核心思想，包括研究背景、研究方法和研究结果

续表

实例	评析
响，父母应避免让幼儿过早接触电视，科学控制幼儿的电视收看行为，丰富幼儿假期在家的一日生活，增加亲子相处时间，用现实游戏等真实互动代替媒体形式的活动。 关键词：执行功能；电视；电子媒体；学前儿童	关键词3～5个，要概括出论文的关键概念
一、问题的提出（略） 二、研究方法 （一）研究对象 （二）研究工具 1. 媒体使用情况调查问卷（父母版） 2. 学前儿童执行功能量表 （三）研究过程 （四）数据处理 三、研究结果与分析 （一）幼儿执行功能的差异性分析 （二）每周收看电视时间的差异性分析 （三）平时/周末收看电视时间的差异性分析 （四）每周收看电视时间与幼儿执行功能的相关分析 （五）每周收看电视与幼儿执行功能的交叉滞后分析 四、讨论 （一）幼儿的执行功能随年龄的增长而提升 （二）收看电视时间与幼儿执行功能呈负相关关系 （三）收看电视难以长时预测幼儿的执行功能 （四）未来展望 五、教育建议 （一）避免让幼儿过早接触电视 （二）科学控制幼儿的电视收看行为 （三）丰富幼儿假期在家一日生活 （四）提供高质量的亲子互动	论文框架包括问题的提出、研究方法、研究结果与分析、讨论和教育建议五个部分。论文结构规范，是量性研究论文的常见格式
参考文献（略）	
A Longitudinal Study on the Present and Long Effects of Television on Children's Executive Function XIONG Yicheng，YU Haoxue，LIU Yuping，LI Hui （School of Education，Central China Normal University，Wuhan 430079 China；The Kindergarten of Central China Normal University，Wuhan 430079） Abstract（略） Keywords（略）	

资料来源：熊怡程，喻昊雪，刘玉平，李卉．看电视对幼儿执行功能的即时与长时影响：基于一项追踪研究的发现［J］．学前教育研究，2022（8）：53－63.

参考文献

1. 钟和顺．会读才会写：导向论文写作的文献阅读技巧［M］．韩鹏，译．重庆：重庆大学出版社，2015.

2. 科宾，施特劳斯，等．质性研究的基础：形成扎根理论的程序与方法：第 3 版［M］．朱光明，译．重庆：重庆大学出版社，2015.

3. 张燕，邢利娅．学前教育科学研究方法［M］．2 版．北京：北京师范大学出版社，2014.

4. 张翔升．学前教科研方法与研究性学习［M］．上海：华东师范大学出版社，2014.

5. 鲁德斯坦，牛顿．顺利完成硕博论文：关于内容和过程的贴心指导：第 3 版［M］．席仲恩，沈茳，王蓉，译．重庆：重庆大学出版社，2014.

6. 王成刚，袁爱玲．幼儿教师如何做教科研［M］．福州：福建教育出版社，2013.

7. 邱皓政．量化研究与统计分析：SPSS（PASW）数据分析范例解析［M］．重庆：重庆大学出版社，2013.

8. 庞丽娟，洪秀敏．中国学前教育发展报告［M］．北京：北京师范大学出版社，2012.

9. 黄娟娟．幼儿教师教育科研指南［M］．北京：北京师范大学出版社，2012.

10. MUKHERJI P，ALBON D. 早期儿童教育研究方法［M］．费广洪，郑福明，译．北京：高等教育出版社，2012.

11. 张晖．幼儿园教育科研指南［M］．南京：南京师范大学出版社，2011.

12. 霍力岩，姜珊珊，李敏谊．学前教育研究方法［M］．北京：高等教育出版社，2011.

13. 秦金亮．幼儿园教师教科研写作［M］．北京：高等教育出版社，2011.

14. 维尔斯马，于尔斯．教育研究方法导论：第 9 版［M］．袁振国，主译．北京：教育科学出版社，2010.

15. 德威利斯．量表编制：理论与应用［M］．席仲恩，杜珏，译．重庆：重庆大学出版社，2016.

16. 风笑天．社会研究方法［M］. 4 版．北京：中国人民大学出版社，2013.

17. 麦克诺顿，罗尔夫，等．早期教育研究方法：国际视野下的理论与实践［M］. 李敏谊，滕珺，译．北京：教育科学出版社，2008.

18. 张宝臣，李志军．学前教育科学研究方法［M］. 上海：复旦大学出版社，2007.

19. 高尔 J P，高尔 M D，博格．教育研究方法：实用指南：第 5 版［M］. 屈书杰，郭书彩，胡秀国，译．北京：北京大学出版社，2007.

20. 陶保平．学前教育科研方法［M］. 上海：华东师范大学出版社，2006.

21. 刘晶波．学前教育研究方法［M］. 北京：人民教育出版社，2016.

22. 米勒．发展的研究方法：第 2 版［M］. 郭力平，邓锡平，钱琴珍，等译．上海：华东师范大学出版社，2004.

23. 张齐．SPSS for Windows 在心理学与教育学中的应用［M］. 北京：北京大学出版社，2009.

24. 王彩凤，庄建东．学前教育研究方法［M］. 北京：北京师范大学出版社：2011.

25. 郑日昌．心理与教育测量［M］. 北京：人民教育出版社，2015.

26. 陈向明．质的研究方法与社会科学研究［M］. 北京：教育科学出版社，2000.

27. 巴比．社会研究方法：第 11 版［M］. 邱泽奇，译．北京：华夏出版社，2010.

28. 金勇进，杜子芳，蒋妍．抽样技术［M］. 4 版．北京：中国人民大学出版社，2015.

29. 刘红云．高级心理统计［M］. 北京：中国人民大学出版社，2019.

30. 克雷斯维尔．混合方法研究导论［M］. 李敏谊，译．上海：格致出版社，2015.

图书在版编目（CIP）数据

学前教育科学研究方法 / 何慧华主编. --2 版. --
北京：中国人民大学出版社，2023.7
21 世纪学前教师教育系列教材
ISBN 978-7-300-31864-6

Ⅰ.①学… Ⅱ.①何… Ⅲ.①学前教育-科学研究-研究方法-幼儿师范学校-教材 Ⅳ.①G610-3

中国国家版本馆 CIP 数据核字（2023）第 121983 号

21 世纪学前教师教育系列教材
学前教育科学研究方法（第二版）
主　编　何慧华
副主编　李　辉
Xueqian Jiaoyu Kexue Yanjiu Fangfa

出版发行	中国人民大学出版社		
社　　址	北京中关村大街 31 号	**邮政编码**	100080
电　　话	010－62511242（总编室）		010－62511770（质管部）
	010－82501766（邮购部）		010－62514148（门市部）
	010－62515195（发行公司）		010－62515275（盗版举报）
网　　址	http://www.crup.com.cn		
经　　销	新华书店		
印　　刷	中煤（北京）印务有限公司	**版　　次**	2019 年 5 月第 1 版
开　　本	787 mm×1092 mm　1/16		2023 年 7 月第 2 版
印　　张	11.5	**印　　次**	2025 年 1 月第 2 次印刷
字　　数	230 000	**定　　价**	36.00 元

教学支持说明

（教学课件）

中国人民大学出版社教育学科秉承“出教材学术精品，育人文社科英才”的出版宗旨，多年来，出版了大批高质量的教育学、小学教育、学前教育专业教材和学术著作。

我们为本教材制作了相应的 PPT 教学课件，任何一位采用本书作为授课教材的教师均可免费获得该课件。为了确保该课件仅为授课教师获得，烦请您填写如下材料，并将相关信息通过 E-mail 发送给我们，我们将在收到相关信息后通过 E-mail 给您发送该课件。欢迎您加入我们的 QQ 群（教育新视野交流群，群号为 159813080），或登录我社官方网站（www. crup. com. cn），注册并认证成为教师会员，以获得更好的服务。

我们的联系方式：

地址：（100872）北京市中关村大街甲 59 号文化大厦 1202 室
中国人民大学出版社

电话：（010）62515955　62515383

E-mail：ggglcbfs@vip. 163. com

QQ 群：159813080

兹证明__________大学/学院__________院/系__________专业__________学年第________学期开设的______________课程，采用中国人民大学出版社出版的______________________________（书名、作者）作为本课程教材。授课教师为__________，授课班级共______个、学生______人。授课教师需要与本书配套的教学课件。

联 系 人：____________________

通信地址：____________________

邮　　编：____________________

电　　话：____________________

E-mail：____________________

系/院主任：__________（签字）

（系/院办公室章）

______年_____月_____日